FOCUS
集中力

ダニエル・ゴールマン
土屋京子=訳

nbb
日経ビジネス人文庫

FOCUS
The Hidden Driver of Excellence
by Daniel Goleman

Originally published in 2013 by Harper.
Japanese translation rights arranged with Brockman, Inc., New York.

Daniel Goleman

FOCUS《フォーカス》 集中力

The Hidden Driver of Excellence

あとに続く世代のために

目次

Contents

第1章

鋭敏な能力

マンハッタンのアッパー・イーストサイドにあるデパートの一階フロアで買い物客の動きに目を配る警備員ジョン・バージャーは、注意力の見本のような存在だ。目立たない黒のスーツに白いシャツ、赤いネクタイ。ウォーキー・トーキーを手に、ジョンはたえず歩きまわり、つねに買い物客に視線を注いでいる。いわば、動く監視カメラだ。

楽な仕事ではない。フロアには常時五〇人以上の買い物客がいて、宝石カウンターをのぞき込んだり、ヴァレンティノのスカーフを品定めしたり、プラダのポーチを手に取ったりしている。ジョンの視線は、品物を見てまわる客たちに注がれている。

ジョンは、買い物客のあいだを縫うように歩きまわる。「ブラウン運動」を想起させる動きだ。財布売り場の奥で数秒ほど立ち止まって買い物客に視線を注いだあと、フロアを見渡せるドアのそばへすばやく移動し、かと思うと、こんどはフロアの隅に立って怪しい三人組を油断なく見張る。

買い物に夢中になっている客と対照的に、ジョンはフロア全般に隙のない視線をサーチライトのように走らせている。

インドに、「スリは、たとえ聖者と行き合っても、ポケットにしか目が向かない」ということわざがある。人ごみの中で、ジョンの視線はスリを探してたえず動きまわる。さながら、ギリシャ神話に登場する一つ目の巨人キュクロープスのようだ。ジョンの姿は、集中力の権化《ごんげ》だ。

ジョンの視線は何をスキャンしているのだろうか？「目の動きやからだの動きから」万引きしそうかどうかわかるのだと、ジョンは言う。一カ所に集まっている客。周囲をこそこそ見まわしている客。「もう長いことやっているので、ほんのちょっとした動きでわかるんですよ」五〇人の買い物客の中から一人に焦点を合わせると、ジョンはそれ以外の四九人を含めてありとあらゆるものを捨象する。そして、集中を妨げる要因が無数に存在する状況下で、最高の集中力を発揮する。

このように広い範囲を意識しつつ、一方で異常な個別的要素にも警戒を向けるためには、さまざまな種類の注意力が必要となる。持続的注意、監視的注意、空間的注意、そして、それらすべてを管理する注意。それぞれの注意は脳内の異なる回路によって働き、どれも欠くことのできない重要な機能だ。(注1)

警備員ジョン・バージャーの例に見られるような異常を検知するための継続的スキャン能力は、比較的早い時期から科学的研究の対象とされてきた。人間が警戒状態を維持するためには何が必要か、という研究は、第二次世界大戦中に始まった。レーダーのオペレーターが長時間にわたって緊張を維持できることが軍事的に必要だったからだ。当直時間が終わりに近づいて注意力が低下するとミスが多くなるという事実がきっかけとなって、研究が進んだ。

冷戦のまっただ中、わたしはある科学者を訪ねたことを覚えている。その科学者はペンタゴン（米国防総省）の依頼を受けて、三日ないし五日間睡眠を取れない状況下で注意力を維持するための研究をおこなっていた。ペンタゴンは、第三次世界大戦が起きた場合、地下深くのシェルターで生きのびた軍人が三日ないし五日ほど不眠不休で任務に当たらなければならないだろう、と想定していたのだ。さいわい、研究成果を現実に照らして確かめてみる機会は実現しなかったが、研究の結果は、三日以上不眠不休でもモチベーションが高ければ人間の注意力は維持できる、というものだった（モチベーションが下がれば、即座に居眠りが始まるが）。

最近になって、注意力に関する研究は、徹夜中の注意力を解明する研究よりはるかに広範囲に発展した。その結果、どのような課題を遂行するうえでも注意力が決め手となることがわかってきた。注意力が妨げられるとパフォーマンスが落ち、注意力が向上するとパフォーマンスが上がる。人生をうまく生きられるかどうかが、この鋭敏な能力にかかっているのだ。ほとんどの場面では注意力とパフォーマンス・レベルの関係は表面化しないが、実際には、人間が達成しようとするすべての事柄において、この関係は大きな影響を及ぼす。

注意力は、無数の知的活動に内在している。基本的なものを列挙するだけでも、理解、記憶、学習、自己の感情を分析する能力、他者の感情を読む能力、対人関係を円滑にこなす能力、などがある。

注意力は人生に多大な影響を及ぼすものなのに、あまり認識されておらず、重視もされていない。本書におけるわたしの目標は、このように過小評価されている漠然とした心の能力にスポットライトを当てることだ。

最初に、まず、注意力の基本を押さえておきたいと思う。警備員ジョン・バージャーの監視態勢は、注意力の一形態にすぎない。認知科学では、集中的注意、選択的注意、全般的注意、さらには自己の精神活動を監督する内向的注意など、広範にわたる注意力が研究対象となっている。

人間の重要な諸能力は、こうした基礎的な働きにもとづいている。たとえば、自己管理能力の基礎となるのは自己認識であり、対人関係スキルの基礎となるのは共感である。これらはＥＱ（情動の知性）の基本だ。こうした能力の高さは、人生やキャリアの充実度を左右する。

さらに、システム科学の考え方を応用すれば、人間をとりまく外界に対する広範な集中力について考え、世界を動かす複雑なシステムへの理解を深めることができる。(注2) そうした外界への集中力は、じつは難しい課題を秘めている。人間の脳は、本来、システム思考が苦手なのだ。とはいえ、システム認識は、組織、経済、地球環境などを理解するうえで役に立つ。

集中力は、自己への集中、他者への集中、外界への集中、の三つに分類できる。よりよく生きるためには、三つの集中すべてに熟達することが必要だ。さいわいなことに、神経科学の研究や学校現場からは、注意力を向上させることは訓練によって可能である、という報告がある。注意力は筋肉とよく似ていて、あまり使わなければ退化し、鍛えれば向上する。本書では、適切な習慣によって注意力の向上が可能なこと、集中が苦手な脳でもリハビリ可能なことを紹介する。

リーダーの立場にある人が結果を出すためには、三種類の集中力すべてが重要だ。自己への集中は、自分の直観や指針となる価値観に波長を合わせて賢明な判断を下すために必要だ。他者への集中は、他者との関係を円滑にするために必要だ。外界への集中は、より広い世界で生きていくうえで必要だ。自己への集中ができないリーダーは、舵取りを誤る。他者への集中ができないリーダーは、混乱を招く。より大きなシステムに向けた外界への集中ができないリーダーは、思わぬところで足をすくわれる。

三タイプの集中力は、リーダーのみならず、すべての人間にとって有益な能力だ。わたしたちは誰もが環境問題と直面し、現代生活の緊張や競争や誘惑だらけの環境に生きている。三つのタイプの集中力を活用してバランスのとれた生き方をすれば、幸福で充実した毎日を送ることができるだろう。

「注意（attention）」はラテン語の「attendere（手をさしのべる）」から生まれた言葉で、人と周囲の世界をつなぎ、経験に意味を与える。「注意は人間の認識を裏付け、思考や感情を随意に統制する」ためのメカニズムを提供する、と、認知神経科学者のマイケル・ポスナーとメアリ・ロスバートが書いている。(注3)

この研究分野の大御所アン・トレイズマンは、注意力の使い方しだいで世界の見え方が違ってくる、と指摘している。(注4) つまり、ヨーダの言う「集中力が真実を見抜く」ということである。

目の前の人間への無関心

バケーションの島へ向かって快走するフェリーの船上で、小さな女の子が母親にしがみついている。しかし、母親のほうはｉＰａｄを見るのに夢中で、自分の子には目もくれない。

数分後、暗い夜道を週末の保養地へ向かう乗り合いバンの車中でも、同じような光景がくりかえされた。バンには九人の女性グループが乗り合わせたのだが、乗り込んで一分もたたないうちに、暗いバンの中、九人全員の手元でｉＰｈｏｎｅやタブレットの画面が青白く浮かび上がった。メールを送ったり、フェイスブックの画面をスクロールしたりしながら、たまに気のない会話が交わされるだけで、ほとんど誰もが無言のまま時間が過ぎていった。

フェリーの船上の母親の無関心も、九人の女性グループの沈黙も、テクノロジーが人間の注意を奪って人間関係を断ち切ってしまう現実を如実に示している。二〇〇六年、pizzled という言葉が英語の語彙に加わった。これは puzzled（困惑する）と pissed（頭にくる）を組み合わせた造語で、一緒にいる相手が目の前で携帯電話を取り出して他の誰かと話しはじめたときの気分を表す言葉として使われた。当時、そういう場面で、人は傷つき、腹を立てたものだ。今日では、そんなことはあたりまえになってしまっているが。

こうした変化の震源は、未来を築くティーンエージャーたちだ。この一〇年を見てみると、若者が一カ月に打つメールの数は三四一七通に急増し、数年前に比べて倍増している。一方、電話での通話時間は減っている。(注5)アメリカのティーンエージャーは、平均して一日に一〇〇通以上のメールを送受信している。眠っている時間を除けば、一時間あたり一〇通だ。自転車に乗りながらメールしている子どもを見かけたこともある。

わたしの友人の話を紹介しよう。「最近、ニュージャージー州に住んでいるいとこを訪ねたのだが、そこの子どもたちはありとあらゆる電子機器を持っていて、わたしが見たのはうつむいている子どもたちの後頭部だけだった。みんな、誰からメールが来たか、フェイスブックに何がアップされたか、つねにｉＰｈｏｎｅをチェックしているか、さもなければゲームに夢中になっていた。自分の周囲で起こっていることにはまったく興味がなくて、ろくに会話もできないんだ」

今日の子どもたちは新しい現実の中で育ちつつある。これまでの人間の歴史に例を見ないほど機械のほうを向き、人間を見なくなっている。これは、いろいろな面で問題だ。一つには、子どもの脳において、社会的回路や情動的回路は日常で出会うあらゆる人間との接触や会話を通じて発達していくものだからだ。脳の回路は人間との交流によって形作られるのに、人間の相手をする時間が少なくなり、デジタル・スクリーンを見つめている時間が増えれば、こうした回路がうまく育たないおそれがある。

デジタル機器に夢中になれば、生身の人間と交流する時間が犠牲になる。非言語的サインを「読む」練習の機会が奪われるということだ。デジタルの世界で育った子どもたちはキーボードは器用に使いこなすかもしれないが、生身の人間と対面してその表情を読むことは苦手かもしれない。たとえば、いきなり会話を中断してメールを読みはじめたときに相手の顔に浮かぶ愕然《がくぜん》とした表情には気づかないかもしれない。(注6)

ある大学生は、ツイッターやソーシャル・ネットワークなどのバーチャル世界に入り浸る一方で「自分の夕食をネットに投稿する」生活のわびしさや孤立感を認めている。この大学生の話では、クラスメートは会話する能力を失いつつあり、大学生活を豊かにする内省的な会話など望むべくもないという。そして、「誕生日でも、コンサートでも、ふつうに友人と遊んでるときでも、パーティーでも、すぐにその場から離脱して」デジタル世界の友人知人に向けて、いまどんなに楽しくやっているかをアップせずにはいられない、というのだ。

さらに、注意力の基本である認知能力、すなわち話題についていく能力、課題をやりとげる能力、学習したり創造したりする能力も、危機にさらされている。ある意味では、延々と電子機器を見つめて過ごす経験によって若者たちは特定の認知スキルを取得している、と考えられないこともない。しかし、その同じ時間のあいだに他の重要な知的スキルを取得しそこなうのではないかと危惧する声もある。

中学二年生を担任する教師から、こんな話を聞いた。この教師は、長年にわたって授業でエディス・ハミルトンの『ギリシア神話』を教えてきた。生徒たちには人気の教材だったのだが、五年ほど前から「生徒たちがあまり熱心でなくなりました」と言う。「成績の優秀な生徒たちでも、この本に夢中にならないのです。本が難しすぎる、文章が複雑すぎる、一ページ読むのに時間がかかりすぎる、というのです」

メールでこま切れの短い文章ばかり読んでいるせいで、生徒たちの読解力が落ちてきているのではないだろうかと、この教師は考えていた。前の年一年間でテレビゲームに費やした時間が二〇〇〇時間に及ぶ、と話した生徒もいるという。くだんの教師は、「『ワールド・オブ・ウォークラフト』に夢中になっている生徒に句読点の使い方を教えようとしても難しいですね」と嘆いていた。

極端な例では、台湾や韓国などアジア諸国の中には、若者のインターネット中毒を国家の健康をむしばむ危機ととらえているケースさえある。アメリカでも、ゲームをする八歳から一八歳の子どもたちの八パーセント前後が、精神医学の基準に照らして依存症と判定されている。脳を調べてみると、こういう児童たちがゲームをしているとき、報酬に関係する神経回路においてアルコールや薬物の依存症患者と同様の変化が起きていることがわかった。（注7）昼間ずっと眠っていて夜中じゅうゲームに熱中し、ろくに食事もとらず、風呂にもはいらず、家族からとがめられると暴れ出す、というゲーム中毒者の恐ろしい話も聞く。

人と人のあいだにラポール（調和的な人間関係）が成立するためには、双方からの集中が必要だ。日々の生活に注意を散漫にさせる要素があふれている現状を見るにつけても、現代において人間関係を育てる努力の必要性をますます痛感せざるをえない。

あふれかえる情報と注意力の貧困化

一方で、大人のあいだでも、注意力低下の弊害が出はじめている。メキシコの大手ラジオネットワークの宣伝担当者が、こう嘆いていた。「四、五年前までは、プレゼンで五分間のビデオを作れていたのですが、いまでは一分半が限度です。それまでに相手の関心を引けなければ、みんなメールのチェックを始めてしまうんです」

大学で映像芸術を教えている教授は、尊敬するフランスの伝説的映画監督フランソワ・トリュフォーの伝記を読んでいるのだが、「一度に二ページ以上読めないんです」と嘆いていた。「パソコンを開いて、新着メールがあるかどうかチェックせずにはいられないんです。重要なテーマを追究する集中力が続かなくなってきているような気がします」

自分に向かって話をしている相手に注意を向けるよりも、メールやフェイスブックのほうをチェックせずにはいられない状態が高じると、「アウェー」（人間の社会的相互作用を鋭敏な目で観察した社会学者アーヴィング・ゴッフマンの言葉）の状態になってしまう。すなわち、いま目の前で起こっていることに関心が向いていない状態である。

二〇〇五年に開催されたオール・シングス・デジタル会議で、主催者はメイン会議場のWi－Fiを切った。会場各所でノートパソコンの画面が青白く光り、聴衆がステージでおこなわれている行事に集中していないことがわかったからだ。このときの聴衆は、いわゆる「アウェー」の状態で、ある参加者の言葉を借りるならば、「恒常的な注意散漫状態」に陥り、発言者からの情報インプットと会議場にいる他者からの情報インプットと自分のノートパソコンでおこなっている作業からの情報インプットとで、ひどく集中を欠く状態になっていたという。(注8) そのような注意散漫に対処するため、シリコンバレーでは会議中にノートパソコンや携帯電話などのデジタル機器の使用や持ち込みを禁止する企業もあるという。

ある出版社の重役は、携帯電話をしばらくチェックしないと「いらいらしてくる」と打ち明けてくれた。「メールの着信があったときの快感が恋しくなるのです。誰か他の人と一緒にいるときに携帯をチェックするのは失礼だとわかっているのですが、中毒のようにがまんできないのです」。そこで、この重役は、夫とのあいだである決めごとをした。「仕事から帰ってきたら、携帯電話を引出しにしまうことにしました。目の前にあると、触りたくなって、チェックせずにはいられないので。いまでは、以前よりお互いに対して心を向けるようになり、よく話をするようになりました」

人間の集中力は、内からも外からもつねに妨害にさらされている。問題は、注意散漫がどれほどの代償をもたらしているか、である。ある金融会社の重役は、こう話してくれた。「会議の最中に自分がよそごとを考えていたことに気づいたときは、いまどれだけのチャンスを逃したのだろうか、と気になります」

わたしの知り合いの医師のクリニックでは、仕事の能率を上げるために注意欠如障害やナルコレプシーの薬を自己流で服用している、と話す患者がいるという。ある患者（弁護士）は、「この薬を飲まないと、契約文書がちゃんと読めないんです」と言ったという。かつては、こうした薬を処方するには医師の診断が必要だった。いまでは、多くの人がパフォーマンスを上げるためにこうした薬を常用している。ティーンエージャーの中にも、注意欠如障害の症状を偽って興奮剤を処方してもらう若者が増えている。集中を高めるための薬物として使っているのだ。

リーダーシップのコーチをしているコンサルタントのトニー・シュワルツは、こんな話を聞かせてくれた。「わたしたちは、クライアントに自分が注意力をどう使っているかを自覚してもらうところから始めます。どのケースにおいても、注意力は有効に使われていません。注意力は、いま、わが社のクライアントのあいだで最大の関心事です」

次々に殺到するデータに追いたてられて、人々は手抜きに走る。電子メールの重要性をタイトルだけで判断したり、留守電をろくに聞かずに消去したり、メッセージやメモを走り読みしたり。これは、単なる注意力の問題ではなく、メッセージが多すぎて内容を考える時間がなくなっているせいだ。

こうしたことすべては、すでに一九七七年の時点で、ノーベル経済学賞を受賞したハーバート・サイモンが予見していた。来るべき情報過多の時代について、サイモンは、情報が消費するのは「受け手の注意力である。したがって、情報が豊富になれば、注意力の貧困を招く」と書いている。(注9)

第 I 部

「注意」を解剖する

Part I
The Anatomy of Attention

第2章

基本

ティーンエージャーのころ、わたしはバルトークの弦楽四重奏曲を聴きながら宿題を片付けるのが習慣になっていた。どういうわけか、バルトークの不協和音をシャットアウトしようとする意識が、水酸化アンモニウムの化学式などに集中するのに役立った。

それから何年もあと、締め切りに追われながら《ニューヨーク・タイムズ》紙の記事を書くようになったわたしは、昔バルトークの音楽を意識から排除する訓練をしていたころのことを思い出した。当時の仕事場は《タイムズ》紙の科学部で、学校の教室ぐらいの部屋に一ダースばかりの科学部記者と半ダースばかりの編集者がぎっちり机を並べて仕事をしていた。

仕事場は、つねにバルトークばりの不協和音に満ち満ちていた。すぐそばで、いつも三、四人がしゃべっていて、電話取材中の話し声が耳に飛びこんでくる。部屋のむこうのほうでは、編集が、「いつになったら記事が上がるんだ！」と叫んでいる。仕事場が静かなときなど、まずなかった。

それでも、わたしを含めて、科学部の記者たちは、毎日ちゃんと締め切りに間に合うように記事を書き上げていた。「集中したいんだ、みんな静かにしてくれ！」と叫ぶ記者は一人もいなかった。みんな、騒音をシャットアウトし、それまでにも増して集中しようと努めるだけだった。

そうした騒音の中での集中は、選択的注意、すなわち次々に襲ってくる刺激を無視して一つの目標だけに神経を傾注する能力である。それは、現代心理学の創始者ウィリアム・ジェームズが「同時に存在するいくつかの認知や思考の対象のうちの一つに焦点を合わせ、それを明瞭にとらえること」（『神経心理学事典』医学書院）とした注意の定義にほかならない。(注1)

集中を乱す要因は、感覚的なものと情動的なものに大別される。感覚的なものは、さほど問題にはならない。たとえば、この本を読んでいるとき、本文の周囲にある余白に関心を向けないようにすることは、たやすい。あるいは、舌が上の口蓋に触れたのを一瞬だけ感じても、すぐに忘れることができる。脳は、たえず流れ込んでくる音、形、色、味、におい、感触、等々のはてしない刺激を取捨選択しているのである。

二番目の、情動にかかわる刺激のほうは、もう少し手ごわい。近所のコーヒーショップのざわざわした空気の中でメールに返信を打つ程度のことは、さほど難しくはないかもしれないが、その場面で誰かが自分の名前を口にするのが聞こえたら、その声を無視してメールを続けるのはほとんど不可能だろう。反射的に、自分について何を言われているのか、耳をそばだててしまうに違いない。そうなったら、もうメールどころではない。

その程度ならまだしも、恋人との破局のような人生の一大事に見舞われたとしたら、どんなに集中力のある人でも、そのことばかりが頭に浮かんできてしまうだろう。それは無理もないことで、脳は心配ごとの処理方法をとことん考えようとするのである。それが前向きの思考に転じるか、それとも無益な懊悩《おうのう》に終わるかは、悩みごとを頭の中から追い払って当面の解決策を考えつけるか、それとも悩みの堂々めぐりに陥ってしまうか、による。

集中が低下すれば、それだけ結果は悪くなる。たとえば、大学のスポーツ選手が不安感によってどれくらい集中を乱されるかテストしてみたところ、その結果と次のシーズンの競技生活における成績とのあいだに有意な相関関係が認められた(注2)。

一つの目標に集中して他のすべてを無視する能力は、脳の前頭前野が支配している。前頭前野にある特定の神経回路が、脳に入ってくる信号の中で集中したいもの(メール)を増幅し、無視しようと決めたもの(隣のテーブルでしゃべっている人たちの声)を弱めようとするのである。

集中力を保つには、気を散らす情動的要因を無視する必要があるから、選択的注意を支配する神経回路には情動を抑える働きも含まれることになる。つまり、集中力の高い人は情動面での動揺を受けにくく、危機的状況にも動じにくく、人生の大波をかぶっても情動面で落ち着いていられる、ということだ(注3)。

一つの関心事を捨象して次の関心事に移ることができないと、いつまでも心配ごとの堂々めぐりを続けることになる。これが病的なレベルになると、うつ状態に陥ったり、不安障害に陥ったり、強迫性障害に陥ったりする。一つの関心事を捨象して次のことに関心を向ける能力は、健やかに生きるうえで欠かすことができない能力だ。

選択的注意の能力が高ければ高いほど、目の前の活動に没頭できる。パーティー会場でも、集中力の高い人は、すぐ目につく。集中力の高い人は会話に没頭でき、すぐそばのスピーカーから歌が大音量で流れていても、相手の目をしっかり見つめて話を聞くことができる。一方、集中できない人は、視線が次から次へと移って、注意が定まらない。

ウィスコンシン大学の神経科学者リチャード・デイヴィッドソンは、人生に欠くべからざる能力の一つとして集中力をあげている。(注4) デイヴィッドソンは、集中力が高まっている状態において前頭前皮質が意識の対象と同調することを発見し、これを「位相同期」と呼んだ。(注5) たとえば、一定の音が聞こえるたびにボタンを押す、という行為に集中している人の脳波を測定すると、前頭前野の電気的活性が対象となる音と正確に同期していることがわかる。

集中が強ければ強いほど、「位相同期」も強くなる。集中が切れて、よそごとを考えたりすると、同期は解消してしまう。(注6) そうした状態は、注意欠如障害の人たちに特徴的に見られる。(注7)

集中できると、学習効果も上がる。学習課題に集中しているとき、脳はその情報をすでに知っている情報と照らし合わせ、新しい神経結合を作ろうとする。注意が散漫になると、脳の中では、学習しようとしていたことと無関係ないろいろなおしゃべりの回路が活発になる。集中が失われれば、学習している内容はきちんと記憶されない。

注意散漫がもたらすもの

ここで、ちょっと質問をしてみよう。

1 耳から聞こえた音と脳波が同調することを、専門的に何と呼ぶか？
2 集中を阻害する二大要因は、何か？
3 集中のどのような面に着目すると、大学スポーツ選手の競技成績を予言することができるか？

以上の質問に即座に答えられた人は、本書を読んでいるあいだ集中が持続していた読者である。答えはここまでの数ページに書いてある（左端にも書いておく）。答えが思い出せなかった読者は、本書を読みながらあちこちで気が散っていたのかもしれない。よくあることだ。

本を読んでいるあいだ、時間にして二割ないし四割ほど、人の注意は散漫になる。これが学生であれば、気の散る時間が長いほど、勉強の成果があがらないという結果につながる。(注8)

注意が散漫になっていないときでも、文章が意味不明になった場合（たとえば、「サーカスを見に行くためにお金を工面しないといけない」という文章が「お金を見に行くためにサーカスを工面しないといけない」となった場合）、約三割の読者はしばらくのあいだ（平均して一七語）文章を読みつづけてから初めて、文章がおかしいことに気づく。

本を読むにしても、ブログなどの文章を読むにしても、人間の頭は読んでいる内容の意味が通るように頭の中でモデルを構築しながら、同じ話題に関して自分がすでに知っている世界観と関係づけて読んでいる。こうしてネットワークのように理解がつながっていくことが、学習の大前提となる。理解のネットワークを構築している最中に気が散る回数が多いほど、そして読みはじめてから集中が切れるまでの時間が短いほど、学習の成果は穴だらけになる。

本を読んでいるとき、人間の脳は本に書いてある考察や経験を具象化する理解のネットワークをつなげようとしている。そうした深い理解の一方で、インターネットでは気を引くものが次々に現れ、集中がたびたび中断されたり散漫になったりする。ネットを通じて次々に届くメールやビデオや画像やその他さまざまなメッセージは、ニコラス・カーが「深い読解」と命名

答え　１　位相同期
２　感覚的要因と情動的要因
３　その選手がどれくらい不安感を無視して集中できるか

した読み方によってもたらされる十全な理解を妨げるものであるように思われる。「深い読解」には集中の持続と対象への没頭が必要で、根拠の怪しいこまぎれの事実を追いかけて跳び歩くネットの世界とは対極にある。[注9]

教育がウェブの活用へ重心を移していくにつれて、注意力を散漫にするインターネットという名のマルチメディアによって学習が阻害される脅威が増大しつつある。はるか昔の一九五〇年代、哲学者マルティン・ハイデガーは、前方に立ちはだかる「テクノロジー革命の波」は「人間を非常に魅惑し、魅了し、惑わせ、欺くものであるので、いつの日か、計算的思考だけが唯一の思考方法として、受け入れられ、実践されるようになるかもしれない」[注10]（ニコラス・G・カー著『ネット・バカ』篠儀直子訳、青土社）と警鐘を鳴らした。そして、それは、ハイデガーが人間性の本質とみなす思考のあり方である「瞑想的思考」を駆逐するものとなるだろう、と警告している。

わたし流に解釈するならば、ハイデガーの言葉は、深い思索の根底を支える能力、すなわち目の前で進行中の事象に対する集中を持続する能力が蝕《むしば》まれていくことを警告しているのだと思う。深い思索には集中の持続が欠かせない。気が散れば散るほど、思索は浅くなってしまう。同様に、思索が短時間のこまぎれになればなるほど、内容は些末なものになっていくおそれが大きい。もし今日ハイデガーが生きていたとして、ツイッターでつぶやいてくださいなどと頼まれたら、さぞショックを受けることだろう。

現代人の注意力は低下したか

人で混みあうスイスのコンベンション・ホールで、上海から招かれたスイングバンドがしゃれた音楽を演奏している。ホールには数百人が歩きまわっている。会話に熱中する人々の中で、小さな丸いバーテーブルに陣取ったクレイ・シャーキーが一心不乱にノートパソコンのキーをたたいている。

ニューヨークを中心に活動するソーシャル・メディア専門家のクレイとは面識があったが、直接会える機会は多くない。数分のあいだ、わたしは一メートルばかり離れたところで右手側に立ってクレイを眺めていた。クレイの集中力にいくらかでも余計な幅があれば、ぎりぎり視界に入るだろう、という位置に。しかし、クレイはわたしが声をかけるまで、まったく気づかなかった。声をかけると、クレイは驚いたように顔を上げ、そこからわたしたちの会話が始まった。

集中力は限りのある能力だ。夢中でキーボードをたたいているあいだ、クレイの集中力はすべてノートパソコンに向いていたのだった。

これまで、人が注意を向けることのできる情報件数の上限は「七プラスマイナス二」件である、とするのが定説だった。これはジョージ・ミラーが一九五〇年代に心理学の有力な学会誌で提唱した有名な数字である。（注11）

しかし、最近になって、認知科学者のあいだでは、上限はせいぜい四件ではないか、とする議論が展開されるようになった。(注12)新説はそこそこ世間の耳目を集め、人間の集中力の限界は七件から四件に低下した、という新しい説が喧伝《けんでん》されるようになった。「知力の限界を発見——同時に四件が限界」と報じた科学のニュースサイトもあった。(注13)

これは二一世紀の日常生活が注意散漫になってきているせいだ、として集中力の低下傾向を嘆く論調もあったが、それはデータの読み違えというものだ。

「ワーキング・メモリーが縮小したという事実はありません。テレビのせいで人間のワーキング・メモリーが小さくなったというようなことではないのです」と、ジョンズ・ホプキンス大学の認知科学者ジャスティン・ハルバーダは述べている。一九五〇年代には誰でも最大で「七プラスマイナス二」件の情報が処理できたのに現在はそれがたったの四件になってしまった、というわけではないのだ、と。

「人間の脳は、限られた能力を最大限に使おうとします」と、ハルバーダは説明する。「したがって、われわれは、記憶術を工夫するわけです」。つまり、「4、1、5」というバラバラの要素をひとまとめにして「市外局番415」というふうに記憶するわけである。「われわれが何か記憶しておこうとする場合、結果的にその限界は七プラスマイナス二件かもしれません。しかし、それをもっと細かく見てみれば、基本的な記憶能力が四件で、記憶術の工夫によってさらに三、四件の記憶が可能になる、ということなのです。だから、四件という数字も、七件という数字も、両方とも正しいのです。要は、どういうふうに測るかの違いです」

もう一つ、注意をいろいろな対象に「分散」することが可能だと考える人もいるようだが、これも認知科学者に言わせれば、フィクションにすぎないようだ。注意というのは風船をふくらますように大きくして同時並行的に使えるものではなく、決まった細いパイプラインを選択的に使うようなものらしい。注意を「分散」できるように見えるのは、実際には、パイプラインをすばやく切り替えているのである。しょっちゅう切り替えていると、一つのことに全面的な注意を注ぐ能力が落ちてくる。

「コンピューター・システムで最も重要なのは、もはやプロセッサでもなく、メモリーでもなく、ディスクでもネットワークでもなく、人間の注意力である」と、カーネギーメロン大学の研究グループが指摘している。[注14]この人間側の問題について、同グループが提案している解決策「プロジェクト・オーラ」は、集中を妨げる要素を最小限にすることを目標としている。つまり、コンピューター・システムの煩わしさをなくして、使う人間がいらいらしなくてすむようにしよう、というのである。

使いやすいコンピューター・システムをめざすのは、たいへん結構である。しかし、この解決策では、それほど目ざましい効果はあがらないかもしれない。必要なのはテクノロジーの改善ではなくて、人間の脳の働きを改善することだからだ。注意散漫の原因は、テクノロジーよりも、むしろ、それを使う人間を次から次へと襲う刺激のほうにある。

そこで、話はふたたびクレイ・シャーキーによるソーシャル・メディア研究の成果に戻る。[注15]

人間は誰しも一人で同時にあらゆる事象に集中することはできないが、皆の力を合わせれば、全体として広範に注意することが可能になり、各人が必要に応じてそれにアクセスすることができる。その好例がウィキペディアだ。

シャーキーが著書『みんな集まれ！――ネットワークが世界を動かす』で書いているように、注意は記憶や認知スキルと同じく多くの人々のあいだで広範に共有できる能力だ。ネットの「トレンド・ランキング」などを見ると、集団としての注意がどこにどれだけ向けられているかがわかる。テクノロジーの助けを借りられるぶん人間の学習能力や記憶力が低下したと主張する向きもあるが、テクノロジーは脳を補強するプロテーゼのようなもので、それによって個々人の注意が向上する、という主張もある。

重要な情報（たとえば、組織やコミュニティにおける暗黙の了解事項など）をもたらしてくれる社会的つながりの数が増えれば増えるほど、ソーシャル・キャピタル（および注意の範囲）は増大する。思いがけない人と人のつながりによって、世の中の情報を取り込む目や耳が増え、複雑な社会や情報の中で暮らしていくうえで有益な知識が得られる場合もある。ふつう誰でも、数人程度の強い絆（信頼できる親友）を持っているが、数百人といわゆる「弱い絆」（たとえばフェイスブックの「友だち」）でつながりあうこともできる。弱い絆は注意の範囲を拡大してくれる貴重な絆であるし、お買い得情報やいい仕事やデートの相手とめぐりあうきっかけになるかもしれない。(注16)

多数の知見を連繫させれば、人間の認知能力を何倍にも大きくすることができる。個人のワーキング・メモリーの容量は変わらなくても、莫大なデータの総和から情報を引き出すことができる。さまざまな集団に属する個々人が寄与した結果としての集団的知性は、多数の目による認識の総和、すなわち最大の集中を可能にしてくれる。

集団的知性を研究しているマサチューセッツ工科大学（ＭＩＴ）の研究チームは、こうした能力を発揮できるようになった背景にはインターネットによる注意の共有があると見ている。古典的な例をあげるならば、何百万ものウェブサイトが個々にカバーしている範囲は狭いが、ウェブ検索によって必要なサイトを選び出し、それぞれの知的成果を効率的に利用できる、ということだ。(注17)

ＭＩＴの研究グループにとって、基本的な問題は、「人々とコンピューターをつないだ結果として、人類全体が個人や集団よりも賢明に行動できるためには何が大切か」という点だ。日本流に言うならば、「三人寄れば文殊の知恵」を実現するための前提条件というところだろうか。

楽しく働く人の共通点

重要な質問を一つ。あなたは、朝、目がさめたとき、会社や学校へ行くのが楽しみですか？その日の予定にとりかかるのが楽しみですか？

ハーバード大学のハワード・ガードナー、スタンフォード大学のウィリアム・デイモン、クレアモント大学院大学のミハイ・チクセントミハイは、「グッドワーク」に焦点を合わせた研究をしている。「グッドワーク」とは、能力的に優れている、夢中になって取り組める、やっていることの価値を倫理的に肯定できる、と三拍子揃った理想的な状態をいう。(注18) このような仕事は、全身全霊を注ぐことのできる天職である場合が多い。仕事に没頭できる状態は快感であり、快感は「フロー状態」の情動マーカーである。

日常生活でフロー状態になれることは、あまり多くない。(注19) 人間の気分を無作為に調査してみると、ほとんどの時間において人はたいていストレスまたは退屈を感じていて、ほんのたまにフロー状態を味わうだけだ。フロー状態を一日に一回以上経験する人は、全体のわずか二〇パーセントしかいない。一日に一回もフロー状態に至らない人は、一五パーセント前後にのぼる。

フロー状態をより多く経験するためには、仕事と好きな作業が一致することが重要であり、仕事が非常に楽しいという幸運な人たちは、フロー状態を多く経験できる。どのような分野であれ、優れた結果を出している人（少なくともそういう結果に恵まれている人）は、こうした幸運な組み合わせに出会えた人たちだ。

とはいえ、べつに転職しなくても、フロー状態に達する道はいくつかある。一つは、能力の限界ぎりぎりの「なんとか達成できそうな」目標にチャレンジすること。もう一つは、情熱を燃やせる対象を選ぶこと。モチベーションがフローをもたらす場合も少なくない。ただ、どちらも注意を高める手段であって、いずれにせよ最終的には一〇〇パーセントの集中を通過しなくてはフローには至らない。どのようにしてフローを達成するにしても、強い集中が決め手となる。

課題を処理するための最適な状態にあるとき、脳の中ではいろいろな部分が密接にタイミングを合わせて協調的に働いている。(注20) 理想的な状態に至ると、目の前の課題を達成するために必要な脳の回路が非常に活発に働き、一方、課題と無関係な回路は鎮静して、脳全体が目的に向かって調和した状態になる。脳がこのような状態にあるときは、目的のいかんにかかわらず、自己最高の結果をおさめられる可能性が高い。

しかし、仕事の現場で調査をしてみると、理想とはかけはなれた脳内状態で過ごしている人が多い。とりとめのない夢想にふけり、ウェブサイトやユーチューブを渡り歩いて何時間も無駄に過ごし、必要最小限の仕事しかできていない。集中とはほど遠い状態だ。このような集中や関心の欠如は、とくに単純な作業をくりかえす職種に多く見られる。注意散漫になりがちな労働者を集中させるためには、仕事に対するモチベーションや熱意を高めること、目的意識を喚起すること、そして少々のプレッシャーを与えることが必要だ。

一方で、神経生物学者が「疲労困憊《こんぱい》」と呼ぶ状態に陥っている労働者も少なくない。絶え間ないストレスによってコルチゾルやアドレナリンが過剰になり、神経に負担がかかっている状態だ。そうなると、関心は仕事ではなく心配ごとのほうへ向いてしまう。このような情動的疲労は、燃え尽き症候群につながりかねない。

一〇〇パーセントの集中はフロー状態へ至るカギだ。しかし、一つのことがらに集中して他を無視しようとすると、それがある種の目に見えない緊張状態を引き起こすことになる。脳の上層と下層のあいだで、大いなるせめぎ合いが始まるのである。

第3章　心の中のトップ・ダウンとボトム・アップ

「わたしは数論の問題を考えていたが、うまく解決できず、自分の失敗に嫌気がさして、数日を海辺で過ごすことにした」(注1)。一九世紀のフランス人数学者アンリ・ポアンカレが、こう書いている。

さて、ある朝、ポアンカレが海を見下ろす切り立った崖の上を散歩していたとき、突然天啓のように解が降りてきた。「不定値三元二次形式における整数系の変換は、非ユークリッド幾何学のそれとまったく同じである」と。

それが具体的にどう証明されたのかは、ここでは問題ではない（ありがたいことに。というのも、わたし自身、まるで理解できないから）。興味深いのは、解がどのようにしてポアンカレに降りてきたのか、というところである。「簡潔に、唐突に、そして直接的確信をもって」降りてきた、非常に驚いた、とポアンカレは書いている。

創造性に関する逸話は、こうしたエピソードに事欠かない。一八世紀から一九世紀に生きた数学者カール・ガウスは、ある定義を証明しようと四年間も考えつづけたが、解に至らなかった。ところが、ある日、「突然の閃光のごとく」解がひらめいたのだという。それまで苦悶して考え抜いた努力がどのようにして閃光のごとき洞察につながったのか、自分でも皆目理解できなかったという。

これは、いったいどういうことだろう？　わたしたちの脳は、二つのなかば独立したシステムから成り立っている。一方のシステムは大容量の計算能力を備えていて、つねに稼働しており、黙ってさまざまな問題を解決し、複雑な問題にいきなり解答を提示して、わたしたちを驚かせる。このシステムは意識の及ばないレベルで働いているので、わたしたちはその働きに気づかない。そして、このシステムは、文章の構文を決めることから本格的な数学定理の証明に至るまで、営々と考えつづけた末の解答を青天の霹靂《へきれき》のごとく、しかもさまざまな形で提示してくる。

この、いわば心の「舞台裏」で働いている注意は、予期せぬ事態が起こったときに、表舞台に登場する。たとえば、車を運転しながら携帯電話で話しているとき（運転の部分が舞台裏で働いている注意にあたる）に、突然クラクションを鳴らされて、信号が青に変わっていたことに気がつく、という具合だ。

この神経回路の大半は脳の深いところ（大脳皮質下）にあり、その働きの成果が大脳のいちばん上の部分である新皮質に伝えられて初めて、当人の意識にのぼることになる。ポアンカレもガウスも、問題を考え抜いた結果、脳の深いところから画期的な解答を得たのである。

「ボトム・アップ（下から上へ）」というフレーズは、認知科学において、脳の深い部分からのこうした働きかけについてよく使われる言葉になった。(注2) 同じように、「トップ・ダウン（上から下へ）」は、主として大脳新皮質レベルからの働きかけについて使われる。大脳新皮質は皮質下の回路を監視し、新皮質の目標を実行させようとする。まるで二つの脳が働いているかのようだ。

皮質下の回路には、次のような特徴がある。

- 反応速度が速い（一〇〇〇分の一秒単位）
- 無意識で自動的（つねにオンの状態）
- 直観的で、連想ネットワークを通じて働く
- 衝動的、情動に支配されている
- 習慣的行為を実行させ、行動を導く
- 世界観を決める

一方、新皮質の回路には、次のような特徴がある。

- 反応速度が比較的遅い
- 随意的

●努力的
●自制をつかさどり、ときには自動的な習慣行為を制止したり衝動を抑え込む
●新しいモデルを学習し、新しいプランを作り、自動的な行動をある程度まで管理することができる

能動的注意、意志力、意図的選択はトップ・ダウンであり、受動的注意、衝動、自動的習慣はボトム・アップである。

ボトム・アップのシステムはマルチタスクで、じつにさまざまな情報のインプットを同時進行でスキャンしている。周囲の状況も、まだ完全に集中の対象となっていないことがらまで含めてチェックし、知覚の及ぶすべての分野を分析して、重要であると判断して選択したものを知らせてくる。トップ・ダウンの回路は、ボトム・アップ回路が知らせてきたことがらを一つずつ取り上げて、もう少し時間をかけて吟味《ぎんみ》分析する。

われわれ人間は、自分が意識的にとらえている世界こそが脳の働きのすべてだと思い込んでいるが、実際には、脳の働きの大部分は舞台裏のボトム・アップ・システムによって処理されている。

トップ・ダウンの脳が集中の対象に選んだと思っていること、考えたと思っていること、実行したと思っていることの大部分（すべてという説さえある）は、実際にはボトム・アップの

脳がやらせていることなのだ。これが映画だとしたら、トップ・ダウンの脳は「自分が主役だと思っているけれども、じつは脇役だった、という役どころだろう」と、心理学者ダニエル・カーネマンが皮肉っている。(注3)

進化の過程を何百万年かさかのぼってみると、ボトム・アップの神経回路が短時間の思考や衝動や即決を好む理由がわかる。前頭部にあるトップ・ダウンの回路はあとから脳に付け加わったもので、完全に成熟したのはまだほんの数十万年前にすぎない。

トップ・ダウン回路のおかげで、人間の脳には自己認識、思索、熟考、計画などの能力が加わった。トップ・ダウンの集中によって、脳を意識的に働かせることが可能になる。わたしたちが一つの課題、計画、あるいは感覚などから別の課題や計画や感覚へと注意を移すと、脳内ではそれに関係する回路が活性化する。楽しくダンスを踊った記憶を心に呼び起こせば、喜びと動きに関係するニューロンが活発になる。愛する人の葬儀を思い出せば、悲しみの回路が活性化する。頭の中でゴルフのスイングをしてみると、そうした動きを調整するニューロンの結びつきが少し強化される。

人間の脳はたしかに進化の優秀な産物ではあるが、完璧なものではない。(注4)脳の中でも起源の古いボトム・アップの回路は、先史時代の人類にとっては、おおむね有効に機能していたようであるが、今日では、その構造が問題を引き起こすこともある。浪費癖、依存、無謀なスピード運転などは、このシステムの失調が引き起こす問題だ。

進化の初期においては、サバイバルの必要性から、脳の大半をボトム・アップ回路が占めていて、生殖や育児も、快をもたらす対象も不快をもたらす対象も、脅威から逃げる行動も、獲物を追いかける行動も、すべてあらかじめ脳内にプログラムされていた。しかし、現代では事情が大きく異なる。ボトム・アップの思いつきや衝動は間断なく起こるものの、わたしたちはトップ・ダウンで人生のさまざまな問題を処理しなくてはならない。

不意を突かれると、脳はつねにボトム・アップの対応に走ろうとする。省エネで動こうとするのだ。何か新しいことをおぼえるには能動的な注意が必要で、エネルギーを要する。しかし、いったん習得してしまえば、それはどんどん習慣化されていき、ボトム・アップの回路、とくに脳の底の部分（脊髄のすぐ上にあるゴルフボール大の基底核という神経節）が担当するようになっていく。同じ手順を練習すればするほど、脳の他の部分が担当していた課題が基底核の担当に移管されていく。

ボトム・アップのシステムとトップ・ダウンのシステムは、最小の努力で最大の結果を得られるように役割を分担しあっている。慣れてルーティンが簡単になってくると、習得したことは脳の「トップ」から「ボトム」へと受け渡される。すると、その課題はしだいに注意を払わなくても自動的に実行できるようになっていく。

その究極の形は、専門の知識や技術を極めた結果、楽々とハイレベルの課題に対応できるようになったチェスの名人であり、自動車レースのドライバーであり、名画を描く芸術家である。

習熟が不十分であれば、こうした作業はどれも意識的な集中を必要とする。しかし、十分なレベルのスキルを習得したならば、特段の認知的努力を払う必要はなくなり、トップレベルのプレーヤーだけに許される高みへ注意を向ける余裕が生まれる。

世界クラスのチャンピオンたちが証言するように、トップクラスの戦いになると、相手も同じように何千時間という練習をこなしてきているわけだから、勝負は精神状態にかかってくる。自分がどれくらい集中できる精神状態にあるかが結果を左右するのだ。リラックスしてボトム・アップの動きに身を任せられれば、それだけ頭も鋭敏に働く。

たとえば、フットボールのクォーターバックでスポーツ解説者から「フィールドがよく見えている」と高く評価されるようなスター選手を考えてみよう。そういう選手は、相手チームのディフェンス・フォーメーションの動きを読んで次の動きを予測できるので、プレーが始まると瞬時に相手の動きに対応して貴重な一、二秒をかせぎながらパスの通りそうな選手を見つけることができる。「フィールドが見える」のは、練習を積み重ねた結果、最初のうちは多くの注意を必要とした動作（自分に向かってくる相手選手をかわす）が自動的にできるようになっているということだ。

脳の計算能力からすると、あちこちから体重一〇〇キロを優に超える巨漢が飛びかかってくるプレッシャーの中でレシーバーを見つけるのは簡単なことではない。クォーターバックは、相手チーム一一人全員の動きを判断して対応しながら、同時に自分のチームのレシーバーたちの位置とパスコースを頭に入れておかなくてはならない。こういう離れわざは、練習を積み重ねたボトム・アップの回路に任せるのがいちばんうまくいく。一つ一つの動きをいちいち意識的に考えていたら、とても間に合わないだろう。

失敗の方程式

二〇〇八年の北京オリンピック女子一〇〇メートル・ハードルで、ロロ・ジョーンズは金メダルを手中におさめかけていた。ジョーンズはトップに立ち、好調なリズムでハードルを軽々とクリアしていったが、そこで異変が起きた。

最初は、微妙な違和感だった。次のハードルが近づいてくるのが速すぎるような感覚が生じたのだ。そこで、ジョーンズは「ていねいに跳ぼう……足をしっかり動かしていこう」と考えた。

その結果、ジョーンズは力みすぎ、動きが硬くなって、一〇台のハードルの九台目を倒してしまった。ジョーンズは七位に終わり、トラックに倒れ込んで涙にくれた。(注5)

二〇一二年のロンドン・オリンピックでふたたびレースに臨む直前、ジョーンズは前回のオリンピックで敗北に終わったレースを鮮やかに思い出していた。神経科学者の視点から言うならば、この状態が失敗につながることは明白だ。練習を重ねて肉体の動きを完璧におぼえこんでいる運動の神経回路に任せておけばよかったのに、細かいテクニックのことを考えはじめた時点で、ジョーンズはボトム・アップのシステムに任せた状態から、トップ・ダウンの干渉を許す状態に移ってしまったのだ（このとき、ジョーンズは四位に終わった）。

脳に関する研究から、トップアスリートが試合中にテクニックのことを考えはじめると、必ずといっていいほど失敗につながることがわかっている。実験で、一列に並んだコーンのあいだをジグザグドリブルする一流サッカー選手に、自分の足のどちら側でボールを扱っているかを気にしながらドリブルさせたところ、ミスが多くなった[注6]。また、野球選手がボールを打つときにバットの軌道を意識しながらスウィングさせたところ、同じようにミスが増えた。

経験を積んだアスリートの場合、肉体の動きは長時間の練習によって運動皮質に深く刻まれており、干渉されないときがいちばんうまく働く。前頭前野が活発になって、自分の動きがどうか、どうやって動くのか、どういう動きをしてはいけないか、などと考えはじめると、脳はコントロールの一部を前頭前野に譲ってしまう。前頭前野は、考えることや心配することは得意だが、肉体の動きそのものを知っている部分ではない。一〇〇メートル・ハードルであろうと、サッカーであろうと、野球であろうと、こういう状態になったら、失敗する。

ミネソタ・ツインズ球団で選手たちにピーク・パフォーマンスを教えているリック・アバマンが、こう言っている。「監督が試合のビデオを見せて、次のゲームではこういうことをするな、という指示ばかりすると、決まって選手がミスするんだ」

スポーツだけの話ではない。性行為も、分析しすぎたり自己批判しすぎたりすると、うまくいかなくなる。学会誌の論文タイトルに「ストレス状況下でリラックスする努力の逆効果」とあるように、リラックスも、考えすぎるとうまくいかない。(注7)リラックスも、性行為も、自然な展開に任せておくのがいちばんで、無理をしてもうまくいかない。このようなときには副交感神経系が働くのだが、通常、副交感神経系は脳の考える部分とは無関係に活動するものなのだ。

エドガー・アラン・ポーは、口外せずにおこうと心に固く誓ったやっかいな話題にかぎって口にしてしまう、という不幸な心の動きを「天邪鬼《あまのじゃく》」と呼んだ。ハーバード大学の心理学者ダニエル・ウェグナーは、「人はなぜ最悪のタイミングでまずいことを考え、口走り、やってしまうのか」という絶妙なタイトルの論文の中で、天邪鬼を勢いづかせてしまう脳のメカニズムを説明している。(注8)

ウェグナーによれば、人は気が散ったりストレスがかかったり何らかの心労を抱えていればいるほど、失敗しやすくなるという。そのような状況下では、ふだん人間が起こすかもしれないミスを監視している脳のコントロール・システム（たとえば、あの話題は口にするな、など）が、本人の気づかぬところで起爆剤として働いてしまい、まさに避けようとしていたミス（その話題を口にする）を誘発してしまう、ということなのだ。

ウェグナーは、ある実験で、ボランティア被験者に特定の言葉を考え**ない**ようにと指示したうえで、被験者に言葉の連想ゲームをさせてすばやく答えるようプレッシャーをかけたところ、皮肉なことに、被験者たちは「考えないように」と言われた言葉を口にしてしまうことが多かった。

注意に負担がかかりすぎると、脳のコントロール能力が低下する。だから、非常にストレスの大きい場面にかぎって、よく知っている人の名前が思い出せなかったり、誕生日や記念日など人間関係で重要なデータが出てこなかったりするわけだ。(注9)

もう一つ例をあげるならば、肥満も同じだ。研究者たちは、アメリカで最近三〇年ほどのあいだに肥満が増えたのはコンピューターなどハイテク機器が爆発的に普及した時期と重なっており、これは単なる偶然の一致ではない、と指摘している。人の注意を散漫にさせるデジタル機器に囲まれた生活は、ほとんどつねに脳に負担がかかっている状態なのだ。そして、その負担の代償として、自制がすり減っていく。

ダイエットの決意など、無駄なことだ。デジタル世界に没入しているうちに、人間は無意識にポテトチップスに手を伸ばす。

ボトム・アップ回路の悪事

心理学者を対象としたある調査で、自分自身についてどうにも理解できなくて気にかかっていることがあるか、という質問をした。(注10)

ある心理学者は、自分は二〇年ものあいだ、陰気な空模様のせいで人生のすべてが絶望的に感じられてしまうという傾向を解明するために研究を続けてきたが、陰鬱な天気によって人の気分が暗くなる仕組みについてよくわかっているはずなのに、それでも自分は空が暗いと気分も暗くなる、それがなぜなのかわからない、と答えた。

別の心理学者は、自分は他人の研究がひどく見当違いだと酷評する論文を書かずにいられないのだが、自分でもその理由がわからない、そんな論文など当の研究者たちは一人として相手にしてもくれないのに、と答えた。

さらに別の心理学者は、自分は「男性の性的妄想バイアス」(女性が愛想よくしてくれると、自分に気があると誤解する)について研究してきたにもかかわらず、自分自身その妄想から抜けられない、と答えた。

ボトム・アップの回路は貪欲に、しかもひそかに、日常生活の中でたえずいろいろなことを学習している。そうした暗黙の学習は、当人の意識にのぼることはないにもかかわらず、良きにつけ悪しきにつけ、人生を方向づける影響を及ぼす。

オートマチックなシステムは、たいていは好都合に働く。だから、わたしたちはよそごとを考えていても、日常生活に対処できるのである。けれども、このシステムには弱点もある。情動や動機は、自分でもほとんど気づかないうちに性向や偏見を作り出し、しかも当人は自分がそれに気づいていないことにさえ気づかないのだ。

一つの例が社交不安障害だ。一般的に、不安障害のある人はほんのわずかでも脅迫的なものに視線が向いてしまう。他人が一瞬でも不機嫌そうな表情をすると、それを見逃すことができない。ふだんから自分は社会的にダメな人間だと思い込んでいるせいだ。こうした情動反応は、たいてい本人が気づかないところで起こり、そういう人たちは不安になりそうな状況を避けようとする。

ボトム・アップ回路がひき起こすこうした偏向を治すには、患者本人が気づかない方法で注意パターンを書き換えてやることが必要だ。これは「認知バイアス調整（CBM）」と呼ばれる療法で、たとえば、重度の社交不安障害がある患者の場合には、群衆の写真を見せて、写真に光が当たるのが見えたら即座にボタンを押す、という課題を与える。(注11) この際、写真に写っている群衆の中で、しかめ面のような脅迫的な顔にはぜったいに光を当てないようにする。こうした操作は患者にはわからないようにおこなわれるが、何度か治療を重ねるうちに、ボトム・アップの回路は脅迫的でない対象に注意を向けることを学習する。患者は自分の注意パターンが書き換えられたことにまったく気づかないうちに、社交不安の度合いが低くなっていく。(注12)

これはボトム・アップ回路がよい方向に使われた例であるが、こうした回路の働きは広告にも利用されている。マーケティングの分野で脳科学の成果が応用されて、消費者を無意識のレベルで操作する手法が登場するようになった。たとえば、消費者にぜいたく品を見せたり、あるいは単にぜいたく品のことを考えさせるだけで判断が自己中心的になることが、研究によって明らかになっている。(注13)

無意識の選択に関する研究の中でもとりわけ熱心に研究が進められている分野は、消費者が品物を選ぶとき、何が決め手になるかについての研究だ。マーケティング関係者は、人間のボトム・アップ回路に働きかける方法を知りたがっている。

マーケティング研究の結果、消費者にスクリーン上でドリンクを見せたとき、意識に残らないほどの（しかしボトム・アップ回路は気づく程度の）速さで一瞬だけスクリーンを横切った顔が楽しそうな表情だった場合、怒った表情の顔が横切った場合よりも多くドリンクを飲むことがわかってきた。

このような研究からわかることは、消費者はマーケティングの働きかけにほとんど気づいていないにもかかわらず、実際には消費行動が影響を受けている、ということだ。（注14）

現代生活における衝動の支配力は、看過できないレベルまで来ている。洪水のように押し寄せる広告は人間のボトム・アップ回路を利用して数限りない商品への欲望をあおり、どうやって支払いの工面をするかも考えずに消費行動へと走らせる。衝動に支配された結果は、お金の使いすぎや借りすぎだけではすまない。過食や、菓子の依存からネット中毒まで、さまざまな習慣がやめられなくなるケースもある。

神経はハイジャックされる

他人のオフィスに足を踏み入れたとき、最初に何に目が行くだろうか？　それが、その時点であなたのボトム・アップ回路の方向性を読み解くカギだ。金儲けに興味がある人なら、すぐにコンピューター画面の収益グラフに目が行くだろう。クモ恐怖症の人なら、窓枠の隅に張られたクモの巣に目が行くだろう。

これは無意識の選択で、こうした注意の捕捉は扁桃核《へんとうかく》（情動的な意味を判断する脳の見張り番）が何らかの意味のある対象を見つけたときに起こる。それが巨大な昆虫であるのか、激怒した顔なのか、あるいは愛らしい幼児なのかを見れば、脳の本能的な関心がどちらを向いていたのかがわかる。(注15) 脳の奥に位置するこのボトム・アップ・システムは、前頭前野のトップ・ダウン・システムよりはるかに敏捷《びんしょう》に反応する。そして、新皮質に向けていち早く信号を送り、のんびりしている実行機能センターをたたき起こして注意を喚起する。

人間の脳の注意メカニズムは、人類が危険なジャングルで生きのびるあいだに何十万年もかけて進化してきた。ジャングルの中では、どこからヘビが飛び出してくるかわからないし、トラが襲ってくるかわからない。扁桃核がすばやく反応してヘビやトラの攻撃を避けることのできた祖先たちの神経構造が、今日まで受け継がれてきたわけである。

人間の脳は、いまだにヘビとクモを警戒するようにできており、ボトム・アップの回路はヘビやクモが視界を「見た」と認識できないほど短い一瞬だけかすめた場合でも気づいて、すばやく警報を発する（ヘビやクモの専門家でも、それらが視界をすばやく横切っただけで注意の捕捉が起こる。ただし、警報は出ない）。(注16)

脳は情動の表れた顔、とくに激怒した顔を無視することができない。怒っている顔は、非常に目を引きやすい（注17）。群衆を見渡したとき、まず最初に怒っている顔が目に飛び込んでくる。扁桃核は、アニメを見ているときでさえ、楽しそうな顔より眉をしかめた顔のほうをめざとく見つける。

安全のためであれ、捕食のためであれ、性交のためであれ、ヒトは「正常域を超えた刺激」に反射的に注意を向けるようにできている。ヒモの先に結びつけたネズミのおもちゃを追いかけずにはいられないネコと同じだ。現代社会においては、これと同じように本能的な反応に働きかける広告が人間のボトム・アップ回路をくすぐり、反射的注意を惹起する。商品をセックスや名声と結びつけるだけで、これと同じ回路が活性化して、わたしたちは自分で気づいてもいない理由でモノを買うことになる。

人によっては、特定の性向ゆえにいっそう広告に乗せられやすいケースもある。アルコール依存症の人はウォッカの広告に目がくぎ付けになるし、男好き（女好き）な人は旅行の広告に出てくるセクシーなモデルに目を奪われる。

これはボトム・アップ回路によって選択された注意で、こういう注意の捕捉は無意識の自動的選択だ。人間はぼんやりしているとき、気が散っているとき、あるいは大量の情報に圧倒されているときに、とくにこうした情動に集中を乱されやすい。

さらにまた、情動は暴走することがある。わたしは、きのうデスクトップコンピューターに向かってちょうどこの部分を執筆していたのだが、いきなり前触れもなしに激しい腰痛に襲われた。いや、前触れは、その日の朝からかすかにあったのかもしれないが、とにかく机の前に座っていたとき、脊椎《せきつい》の下のほうから脳の疼痛《とうつう》を感じる部分まで、激しい痛みが一気に走ったのである。

立ち上がろうとしたものの、あまりの痛さに、わたしはへなへなと椅子に座りこんだ。さらに悪いことに、わたしの頭は最悪の事態を想定しはじめた。これで自分は一生不自由なからだになるに違いない、定期的なステロイド注射が必要になるに違いない……と。そして、パニックになった頭は、さらにとんでもない記憶を呼び起こした。製薬会社の不衛生な工場で作られたステロイド剤に真菌が混入していたことが原因で、ステロイド注射を受けた患者二七人が髄膜炎で死亡した事件があった、と。

ちょうどそのとき、わたしは文章を一段落カットして、それをこの章にペーストしようとしていたところだったのだが、痛みと不安に注意を奪われて、移動しようとしていた段落のことをすっかり忘れてしまった。そして、その部分の文章はどこかのブラックホールへ消えた、というわけだ。

こうした情動のハイジャックが起こるのは、扁桃核のしわざだ。扁桃核は脳の中で脅威を察知するレーダーの役目を果たしており、周囲に危険がないかつねに見張っている。そして、危険を察知すると（危険と思い込むと、と言うべきかもしれない。扁桃核の判断はよく間違うから）、前頭前野につながっている神経回路のスーパーハイウェイが矢継ぎ早に信号を伝えて、下の脳が上の脳を支配する形になる。そうなると、人間の注意は狭くなり、不安の対象にくぎ付けになる。そして、いろいろな記憶が浮上して、目の前の脅威といささかでも関係のあることがらを思い出しやすくなる。肉体は、戦うか逃げるかに備えてストレス・ホルモンが大量に分泌されて過熱状態になる。こうして、気になることに意識が固着して、他のことは意識から飛んでしまうのだ。

情動が強ければ強いほど、固着も強く起こる。情動のハイジャックは注意を強力に固着させる接着剤だ。ただ、ここで問題なのは、注意が捕捉された状態がどのくらい長く続くか、だ。結論から言えば、それは人それぞれで、扁桃核の興奮を鎮める前頭前野の左側部分の強さによる。

扁桃核（脳の左側と右側に一個ずつある）から前頭前野につながる神経のスーパーハイウェイは、左右の前頭前野に向かって枝分かれしている。情動のハイジャックが起こったとき、扁桃核の神経回路は右脳を支配する。しかし、左脳は前頭前野から下の脳へ向けてハイジャックを鎮める信号を送ることができる。

情動の回復力は、要するに、心の動揺からどれくらい速く回復できるか、ということに尽きる。回復力の高い人は、そうでない人に比べて、左脳の前頭前野が三〇倍も活発に働いている。(注18) ありがたいことに、第五部で触れるように、扁桃核を鎮める左の前頭前野の回路は、鍛えることが可能である。

能動的注意と受動的注意

友人とわたしは客で混みあうレストランで会話に熱中していた。ランチは終わりかけていた。友人はおしゃべりに夢中で、最近とくに強く印象に残った出来事について話をしていた。話に夢中になりすぎて、友人は食事の手が止まっていた。わたしの皿は、少し前に下げられたあとだった。

そのとき、ウェイトレスがテーブルにやってきて、友人に「お食事、お楽しみいただけていますか？」と聞いた。

友人はウェイトレスにほとんど目もくれずに「いや、まだ」と言ってウェイトレスを追い払い、あいかわらず熱心に話しつづけた。

言うまでもなく、友人の返事はウェイトレスが実際に尋ねた内容に対応した返答にはなっておらず、その状況でたいていのウェイターやウェイトレスが口にするはずの「お食事はお済みですか？」に対する返答である。

小さな間違いだが、これがボトム・アップ回路で自動的に動いているときの不利な点だ。現実に起こっていることを見過ごして、思い込みで対応してしまうのである。

昔、まだ職場でコピー機の前によく順番待ちの列ができていたころの話だが、ハーバード大学の心理学者エレン・ランガーがコピー待ちの列の先頭に並んでいる人のところへ実験協力者を行かせて「ちょっとコピー取りたいんです」と言わせる実験をした。

言うまでもなく、列に並んでいる人はみなコピーを取ろうとして順番を待っているわけだ。しかし、多くの場合、列の先頭に並んでいる人はランガーの実験協力者に順番を譲ったという。これは受動的注意の実例である、とランガーは指摘する。これと対照的に、能動的注意が働いた場合、列の先頭に並んでいる人は、ほんとうにそれほど急を要するコピーなのかどうか尋ねるだろう。

能動的注意はトップ・ダウンの活動であり、この回路が働いていれば、ぼんやりと事態をやりすごすことはない。コマーシャルの文言を「ほんとうにそうだろうか?」と疑ってみることもできるし、自分の周囲で起こっていることに鋭敏に対応できるし、無意識にやってしまう癖を見直したり改善することも可能になる。このような目標に集中した注意は、無思慮な思考を制止し抑制する。(注19)

つまり、情動はわたしたちの注意を駆り立てようとするが、意識的な努力によって情動をトップ・ダウンで制御することも可能なのだ。そうなれば、前頭前野が扁桃核を管理し、暴走を制することができる。脳の反応をトップ・ダウンの回路がコントロールできていれば、激怒している人の顔にも、愛らしい赤ちゃんの顔にさえも、注意を奪われずにいることが可能になるのだ。

第4章

「うわの空」でいるメリット

ここで少し戻って、もう一度「考える」ということについて考えてみよう。わたしがここまで書いてきた文章には、暗黙の偏向がかかっている。すなわち、集中して目標を達成しようとする意識性（注意）は、気の向くままに開かれた意識性よりも価値がある、という偏向だ。注意は問題を解いたり目標を達成したりするために使うものであるというふうに安易に想定してしまうと、課題から解放された瞬間に徘徊《はいかい》を始める人間精神の豊かさを軽視することになる。

注意は、どんな種類の注意であっても、それなりの用途がある。人間の思考の半分ほどが夢想であるという事実そのものからしても、夢想にふける精神には何らかの利点があると考えるべきだろう。[注1]「マインド・ワンダリング（心の徘徊）」、すなわち精神活動の対象から注意がそれて徘徊する心の動きについて、われわれはそろそろ考え方を改めるべきかもしれない。マインド・ワンダリングは意味のあることから遠ざかる思考ではなく、意味のあることへ向かっていく思考である、と。[注2]

マインド・ワンダリングを調べようとすると、パラドックスに陥ってしまう。トップ・ダウン回路を使って理解しようとしても、ボトム・アップ回路の働きは見えてこないのだ。被験者にマインド・ワンダリングをするよう指示することなど、不可能だ(注3)。マインド・ワンダリングを現在進行中の形でとらえようとするならば、たまたまそういう状態になった瞬間をつかまえるしかない。研究手段があるとすれば、被験者の脳をスキャンしながら不規則なタイミングで頭の中にいま何が浮かんでいるかを尋ねる、という方法だろう。その結果、いろいろな思考がごちゃまぜになって出てくるだろうが、その中にマインド・ワンダリングの場面もたくさん含まれているに違いない。

意識的な集中からそれていこうとする脳の作用があまりに強いので、認知科学者たちは、マインド・ワンダリングが脳の「デフォルト」状態なのだろうと考えている。何らかの課題をこなしていないと脳は徘徊を始めるようにできている、ということだ。画像診断装置を使ったさまざまな研究の結果、このデフォルト回路は脳の内側部《ないそくぶ》にあることがわかってきた。

さらに最近の脳スキャンを使った研究によって、驚くべきことが明らかになった。マインド・ワンダリングのあいだ、脳内で活発になっている領域が二つあるのだ。脳の内側部がマインド・ワンダリングに関係していることはずいぶん昔から知られていたのだが(注4)、もう一つ、前頭前皮質の実行機能をつかさどる部分もマインド・ワンダリングに関係していることがわかった。この部分は課題に集中しつづけるうえで最も重要な部分であるとされてきたにもかかわらず、スキャンの結果、この部分もマインド・ワンダリング中に活発に動いていることがわかったのである。

これは、少しややこしい。結局のところ、そもそもマインド・ワンダリングというのは目の前の仕事、とくに認知能力を必要とする課題から注意をそらしてパフォーマンスを妨げるものではないか。目下のところ、研究者たちは、マインド・ワンダリングによってパフォーマンスが低下するのは、脳の実行機能を他のことに使ってしまうのが原因だろう、と解釈している。

そこで、徘徊する心は何に向けられているのか、という問題に戻ってくるわけであるが、たいていの場合、マインド・ワンダリング中の心は目下の個人的関心事や未解決の課題など、何らかの結論を出さなければならないことに向けられている。マインド・ワンダリングによって現在進行中の課題に対する集中は妨げられるかもしれないが、一方で、人生にかかわる重要な問題を解決する役に立っている一面もあると考えられる。

加えて、マインド・ワンダリングは創造性を解放してくれる。心が徘徊しているあいだは、ダジャレから発明や独創的思考に至るまで、一瞬のひらめきを必要とする知的作業がスムーズに進む。実際、複雑な数学の問題を解く、というような認知制御とワーキング・メモリーがおおいに必要な知的作業に熟達した人でも、一〇〇パーセント集中した状態からスイッチオフできないと、創造的なひらめきを得るのに苦労するかもしれない。（注5）

他にも、マインド・ワンダリングが役に立つ方面としては、未来の展望を描くこと、内省、複雑な世の中に対処すること、創造的アイデアの育成、臨機応変な集中、学習した内容を定着させること、記憶を整理すること、人生をじっくり考えること、そして、集中しすぎた脳を休憩させること、などがあげられる。(注6)

いま少し考えてみたら、あと二つ、マインド・ワンダリングが役に立つ方面を思いついた。一つは、忙しい日常に紛れて忘れていた用事を思い出すこと。もう一つは、気晴らし。読者のみなさんも、心の徘徊に身をゆだねてみれば、まだいくつもマインド・ワンダリングの利点を思いつくことだろう。

セレンディピティを活かすには

ペルシャのおとぎ話に「セレンディップの三人の王子たち」という話がある。主人公の王子たちは、いつも偶然と知恵に助けられて、自分たちが探し求めてい、な、か、ったものを発見する。(注7)自由に発揮される創造性も、これと似たところがある。

「新しいアイデアは、自分自身の内面で発想を許可しないと生まれてこないものです」と、セールスフォース社のCEOマーク・ベニオフから聞いたことがある。「わたしはオラクルの副社長をしていたとき、ハワイへ行って一カ月間とにかくリラックスしたんです。そして、そのときに、自分のキャリアを変える新しいアイデアや展望や方向が見えてきたんですよ」

ハワイでリラックスしていたときに、ベニオフはクラウド・コンピューティングの将来性に気づき、オラクルを辞して、賃貸アパートの一室でセールスフォース社を設立し、当時まだきわめて先進的だった概念を売り込みはじめた。そして、セールスフォース社はいまや何百億ドル規模に成長した産業分野の草分け的存在となったのである。

反対に、仮説に固執しすぎる科学者は、予想にあてはまらない発見をノイズやエラーとして片付けてしまい、新発見のチャンスを見落としがちだ。ブレーンストーミングで新しいアイデアに否定的な意見ばかり述べる人も、革新的なひらめきの芽を摘んでしまう。

開かれた意識性は、創造的な技術革新や意外なひらめきを生み出す基盤だ。開かれた意識性においては、反対のための反対もないし、批判や決めつけもない。ただ頭に浮かんでくることを受け容れるだけだ。

しかし、すばらしいひらめきを得たあと、その成果をつかみとるためには、ひらめきを実用化するための集中モードに切り替える必要がある。セレンディピティ（幸運なひらめき）を活かすには、可能性をキャッチする開いた意識性に加えて、ひらめきを実現化するための集中力も必要なのだ。

人生において、創造的なチャンスがきれいに整った形で訪れることは、まずありえない。むしろ、創造的な解決策の模索が要求されるようなケースが多い。ルイ・パスツールの言葉どおり、チャンスは心構えのできているところに訪れる、ということだ。夢想は創造的発見の培地なのである。

創造性のステージを典型的にモデル化してみると、集中の三段階に分けることができる。第一段階は、方向を見定め、探求し、あらゆる情報収集に没頭する時期。第二段階は、特定の創造的課題に選択的注意を向ける時期。第三段階は、開かれた意識性、すなわち自由に連想を働かせて解決を浮かび上がらせ、そこに向かって進む時期。

創造的なひらめきが浮かぶ直前、マインド・ワンダリングに関係する脳の領域が活発になることがわかっている。そして、興味深いことに、注意欠如障害のある人たちの脳を調べてみると、この部分が非常に活発なのである。注意欠如障害のある成人の場合、そうでない人に比べて独創的思考のレベルが高く、実際に創造的な成果を達成するケースも多い(注8)。ヴァージン・グループを築きあげた実業家リチャード・ブランソンは、自らを注意欠如障害がありながらも成功した例であると公表している。

アメリカ疾病予防管理センターの統計では、子どもの一〇パーセント近くに多動性に関連した何らかの障害が見られるという。成人になると、多動性は消失し、注意欠如障害が残る。成人の四パーセント前後にこうした障害があると思われる(注9)。レンガの新しい用途を見つける、というような創造的課題を与えられると、注意欠如障害のある人たちは、集中力が続かないにもかかわらず(あるいは、集中力が続かないからこそ、というべきかもしれない)、優れた結果を出す。

これは参考になる事例だ。ボランティア被験者に物品の独創的な使い道を考えてもらう実験をしたところ、気が散っていた被験者のほうが、集中していた被験者より四〇パーセントも多く独創性のある答えを思いついた。また、小説、特許、芸術などの分野で実績をあげている人たちを被験者として、課題に対する集中とは無関係な情報をどれくらい排除できるかテストしたところ、こういう人たちの意識は他の人たちよりも集中からの逸脱が多かった。これは開かれた意識性を示していて、このことが創造的な仕事に有利に働いているのではないかと考えられる。(注10)

特別な芸術家でなくても、わたしたちがひらめきを得るときは、直前に脳内にリラックスした開かれた意識状態を示す特徴的なアルファ波が現れている。これは脳が夢想している状態だ。脳は広範な回路にさまざまな種類の情報を保管しているので、意識が自由に動きまわれる状態にあると、偶然の連想や新奇な組み合わせを思いつく確率が大きくなる。

ラップミュージックで即興的に言葉を紡いでいく「フリースタイル」のパフォーマンス中のラッパーの脳内では、他の回路に加えてマインド・ワンダリングの回路も活発になっている。(注11)それによって、広範囲の神経ネットワークが次々につながることが可能になる。脳を広範囲で動員できると、リズムに乗って、新しい連想や創造的ひらめきが生まれてくるのだ。

ほとんど誰もが同じ情報にアクセスできる先進社会においては、新しい価値は、独創的な統合、アイデアの斬新な組み合わせ、手つかずの可能性を開く鋭い問いかけ、などから生まれる。創造的なひらめきによって、さまざまな要素が有用かつ新鮮な形で結びつけられた結果である。

リンゴを一口かじるところを想像してみてもらいたい。リンゴの皮のつややかな色、一口かじったときのガリッという音、口内に広がる味、香り、舌ざわり。リンゴにかぶりつく場面を生き生きと思い浮かべた瞬間、脳内ではガンマ波が出ているに違いない。そうしたガンマ波は認知神経科学者にはおなじみの現象で、バーチャルなリンゴにかぶりつく想像をするような脳内作業で、あるいは創造的ひらめきが訪れる直前に、決まって見られる。

だからといって、ガンマ波を創造性の秘訣のように見るのは深読みしすぎだろう。しかし、このような創造的ひらめきが生じるとき、夢や比喩や絵画理論や神話や詩歌に関係する脳の領域にガンマ波が出現するという点は、注目に値する。ここは制約のない無意識の領域だ。頭に浮かんだことを自己検閲なしに語るフロイトの自由連想法も、この開かれた意識性への扉を開く一つの方法だといえる。

人間の頭の中には、数限りない思考や記憶や連想の可能性が詰まっている。しかし、適切な思考が適切な記憶と適切な文脈においてつながる可能性、しかも、それが注意の及ぶ部分に出てくる可能性は、集中しすぎた状態だったり、ひらめきに気づかないほど注意散漫な状態だったりすると、大幅に減少する。

ひらめきは、他人の脳に保存された記憶から得られるケースもある。天文学者アーノ・ペンジアスとロバート・ウィルソンは、ほぼ一年のあいだ、従来の機器より格段に高感度の新型アンテナを使って広大な宇宙をスキャンしていた。すると、新しいデータが山のように飛び込んできた。ペンジアスとウィルソンは、分析を容易にするために、機器の不具合から生じていると思われる電波ノイズを取り除こうと苦労していた。

ある日、二人はたまたま会った核物理学者からひらめきを得て、これがノーベル賞につながった。「電波ノイズ」だと解釈していたものが実際にはビッグバンのかすかな名残であることに気づいたのである。

創造的になるための時間と空間

アインシュタインは、「直観は天与の才であり、理性は忠実なる召使である。わたしたちは召使を賛美し天与の才を忘れた社会を作ってしまった」と言ったとされている。(注12)

わたしたち大多数の人間にとって、一日の中で何ごとにも邪魔されずにものを考えることのできる時間は、あまり多くない。しかし、このような時間は、創造性にとって何よりも重要な要素の一つだ。

こうした時間に頭に浮かんだことが実際に新しいアイデアとして実を結ぶために、もう一つ必要なことがある。適切な環境だ。開かれた意識性を維持できる自由な時間が必要なのだ。たえず襲ってくる電子メールや書類や請求書などに忙殺されていては、脳は開いた意識性とは正反対の状態に陥ってしまう。日々の雑用や仕事に追いたてられているうちに、イノベーションは行き詰まってしまう。イノベーションは、開かれた時間に湧いてくるものだ。だからこそ、新発見のエピソードは、散歩中や入浴中あるいは長時間のドライブや休暇中にすばらしいアイデアがひらめいた、といった記述に事欠かないのである。開かれた時間は創造的精神を活性化させる。ぎっしり詰まったスケジュールは創造的精神を殺してしまう。

データ暗号化の創始者である故ピーター・シュワイツァーの例を紹介しよう。暗号化コードは、門外漢の目には何の意味もなさないように見えるが、これによって国家文書から個人のクレジットカードまでありとあらゆる秘密が守られている。(注13)シュワイツァーが得意としていたのは、合意のうえで暗号化コードの解読を試みて、システムが悪質なハッカーなどに侵入され秘密を盗まれるおそれがないかどうか検証する、という作業だった。

この作業は、とてつもなく複雑な暗号に対して幾通りもの解読方法を考え、その一つ一つを組織的に段階を踏んで検証していく、という気の遠くなるような内容だ。

集中が必要な作業をこなすシュワイツァーの仕事場は、防音室でもなければ、窓のない部屋でもなかった。たいてい、シュワイツァーは長い散歩をしたり目を閉じて日光浴をしたりしながら暗号の解読法を考えていたという。「端からは昼寝をしているように見えるけど、頭の中では高等数学をやっているんです」と、同僚が語る。「寝そべって日光浴をしながら、頭の中では超高速の演算作業をやっているんです」

このような時間と空間の重要性は、ハーバード・ビジネススクールの研究でも明らかになった。この研究では、複雑な情報テクノロジーの問題解決から台所用品の開発に至るまで、さまざまな革新的課題に取り組むプロジェクトチームに属する二三八名の知的労働者を調査した。(注14)

その結果、いいひらめきは、驚くようなブレイクスルーや目をみはるほどの大成功とは無関係だということがわかった。重要なのは、大きな目標に向けて小さな勝利（ささやかな革新や問題解決）を着実に積み重ねていくことだったのだ。創造的なひらめきがいちばん活発なのは、明確な目標が与えられており、かつ、そこに至る方法について自由が与えられている場合だった。そして、何より重要なのは、じっくり自由に考えをめぐらすことのできる時間が確保されていることだった。

第5章
集中と夢想のバランス

「逸脱した注意をくりかえし意識的に引き戻す能力こそは、判断力や性格や意志の根幹をなすものである」と、アメリカにおける心理学の始祖ウィリアム・ジェームズは指摘している。

とはいえ、「あなたの頭の中は、今やっていることに集中していますか?」と質問すると、半分くらいは、よそごとを考えていたという答えが返ってくる。(注1)

もちろん、今やっていることが何であるかによって、「イエス」と「ノー」の割合は違ってくる。数千人を対象として無作為に調査した結果によると、予想どおり、今やっていることに集中していたと答えた人の割合が群を抜いて高かったのは、性行為中の人たちだった。かなり水を開けられて二位だったのは、運動中の人たち。以下、会話中、遊んでいる最中、という順で続いた。一方、よそごとを考えていた割合が最も高かったのは仕事中の人たち、家でパソコンに向かっている人たち、そして通勤途中の人たちだった。

平均して、よそごとを考えていた人たちの気分は楽しくないことに偏向していた。一見してどちらでもなさそうな内容であっても、否定的な情動のトーンがかかっていた。よそごとを考えるという行為そのものが、楽しくない気分の原因となっていることも多いようだ。

とくに何も考えていないとき、わたしたちの思考はどこへさまよっていくのだろうか？　たいていは、もっぱら自分のことに向かっている。「自我」というものは、人生の出来事をあれこれ組み合わせて筋の通る話に仕立てることによって自己意識を作り上げるのである、とウィリアム・ジェームズが述べている。この「もっぱら自分に関する」筋書きは、刻々と移り変わっていく日常において永続性の感覚を生み出す。

「自我」は脳のデフォルト・ゾーン（集中を妨げる原因を作り出す部分）の活動を反映するものであり、周囲の現状とはほとんど無関係に、もっぱら自我についてとりとめのない考えをめぐらす。こういう心の癖は、集中の対象となる課題が一段落したところで決まって顔を出す。

創造的な連想を別にすれば、マインド・ワンダリング（心の徘徊）は自分のことや気になっていることに向かいがちだ。その日のうちに片付けなくてはならない用事とか、あの人にまずいことを言ってしまったとか、むしろこう言えばよかったのにとか。マインド・ワンダリングが楽しいことや空想的なことに及ぶ場合もあるが、たいていは思案や心配へ向かうほうが多い。

自己との対話や思案によって低レベルの背景的不安が生じているときは、前頭前皮質内側部がさかんに活動している。しかし、何かに完全に集中しているときは、その近くの前頭前皮質外側部がこの内側部を抑制している。つまり、選択的注意は、集中を妨げる最大要因となる情動回路を抑制するように働くのである。目の前の現実に対応するといったような能動的集中は「自我」を黙らせ、一方、自我のおしゃべりに身を任せた受動的集中は心を思案の沼に連れ戻そうとする。(注2)

集中を妨げる最大の要因は、他人のおしゃべりではなく、むしろ自分の頭の中のおしゃべりなのである。何かに完全に集中すると、この内なる声は沈黙する。たとえば、一〇〇から七ずつ引いていく計算に意識を集中すると、脳内のおしゃべりが静かになる。

集中と夢想のトレードオフ

法廷弁護士として、彼は依頼人が被った不法行為に対して激しい怒りを全身にみなぎらせて闘ってきた。憤慨を糧に、追及の手をひとときも緩めることなく相手を糾弾し、睡眠を削って訴訟の下調べや準備にあてた。依頼人の窮状に思いをはせ、夜も眠れないまま法廷戦術を考えめぐらす日も少なくなかった。

そんなある日、休暇中に、この弁護士はインストラクターについて瞑想の手ほどきを受けることになった。意外なことに、インストラクターはまず弁護士にレーズンを数粒渡し、一粒一粒に全神経を集中して豊かな風味を味わうよう指導した。レーズンを一粒口に入れたときの感触、噛んだ瞬間に口内に広がる風味、レーズンを噛みしめる音。弁護士は自分の五感に全神経を集中させた。

次に、インストラクターの指示に従って、弁護士はレーズンを噛んだときと同じように五感を自分の呼吸に集中し、頭の中にある思考をすべて放棄した。そのようにして、インストラクターの指導のもとで、弁護士は一五分間自分の呼吸に全精神を集中して瞑想した。

瞑想を続けるうちに、頭の中の声が静まっていった。「禅の境地にはいり込んだような気分でした」と弁護士は語った。そして、瞑想が非常に気に入ったので、その後、瞑想を毎日の習慣にした。「瞑想したあとは、心がとても落ち着くのです。すごくいい気分です」

このように全神経を五感に集中すると、脳のデフォルトであるおしゃべりが止む。マインドフルネス（弁護士が習った瞑想の形態）の状態で脳をスキャンすると、自我に向かう脳内のおしゃべりが静まっているのがわかる。(注3)

それだけでも、非常に穏やかな気分になれる。「没頭によってマインド・ワンダリングを脱して何かの活動に全面的に集中すれば、それだけ、デフォルトの回路が不活発になるということです」と、神経科学者のリチャード・デイヴィッドソンは言う。「難しい課題に集中しているときには、くよくよ考えごとをしている余裕はありませんからね」

「これも、人が登山などの危険なスポーツを好む理由の一つです。一〇〇パーセント集中しなければならない状況がいいのです」と、デイヴィッドソンは言う。全力で集中すると心がやすらかになり、歓びが得られる。「けれども、山から下りてきたら最後、ふたたび自己参照の回路が働いて心配ごとが顔を出すのです」

オールダス・ハクスリーのユートピア小説『島』には、訓練されたオウムが登場し、島民のいるところへ飛んでいっては、「いま、ここ、です。みなさん、いま、ここ、ですよ！」と鳴く。その声を聞くと、牧歌的な島民たちは白昼夢から醒めて、いままさに目の前で起こっている事象に集中しなおすのである。

メッセンジャーとして、オウムはふさわしい選択かもしれない。というのは、動物は「いま、ここ」のみに生きているからだ。(注4) 人のひざに乗ってきて撫でてくれと甘えるネコも、玄関で飼い主の帰りを待ちわびるイヌも、近づいてくる人間の意図を読もうと首をかしげるウマも、どれもみな「いま、ここ」に集中している。

目の前の刺激とは無関係にものを考える能力（過去に起こったこと、未来に起こるかもしれないことを考える能力）は、ヒトが他の動物と違うところだ。ハクスリーのオウムのようにマインド・ワンダリングを災いの元凶とみなす霊的慣習が少なくない一方で、進化心理学者たちはマインド・ワンダリングを大きな知的進化と見る。どちらにも真理がある。

ハクスリーが描いた世界においては、人間の充足に必要なすべては「永遠のいま」にある、ということになっている。しかし、「永遠のいま」ではない夢想にふけることのできる人間の能力こそが、計画や想像力にもとづいて人類がこれまで達成してきた成果の前提条件なのであり、ほぼ唯一、人類にしか達成しえなかったことなのである。

「いま、ここ」で進行中ではないことをじっくり考える（認知科学者はこれを「状況非依存性思考」と呼ぶ）ためには、五感で感じていることと頭の中で考えていることを切り離さなくてはならない。わたしたちが知るかぎり、人間ほど強力かつ頻繁に外発的集中から内発的集中へ切り替えができる生物は、他にない。

マインド・ワンダリングが活発になればなるほど、いま現在目の前で起こっていることが頭にはいりにくくなる。読書を例に考えてみればいい。ボランティア被験者に視線モニターをつけてジェーン・オースティンの『分別と多感』を読んでもらったところ、視線の逸脱が観察され、読書に集中できていないことがわかった。（注5）

視線が逸脱するということは、心が他へさまよって視覚と脳とのつながりが切れたことを表わす（心理学の本でも、官能小説でも、被験者が自分で読みたい本を選べたとすれば、視線の逸脱はそれほど多くなかったかもしれない）。

脳スキャンを受けている最中の人に、いま何を考えているか質問する、あるいは視線の揺れを測定する、といった方法で、神経科学者たちは、マインド・ワンダリングのあいだは感覚神経系が鎮静し、反対に「いま、ここ」に集中しているときはマインド・ワンダリングの神経回路が鎮静することを突きとめた。

神経レベルでは、マインド・ワンダリングと知覚的認識は互いに抑制しあう傾向にある。頭の中で考えていることに集中しようとすると、感覚系の情報が伝わらなくなる。逆に、夕陽の美しさに見とれていると、脳内のおしゃべりが静かになる。（注6）何かに完全に夢中になっているときは、他の情報ははいってこない。

通常、人間の脳は、周囲のことに注意を払いつつ、多少はマインド・ワンダリングもできる（あるいは、よそごとを考えながらも周囲のことに必要最小限の対応はできる）ようになっている。車を運転しながらとりとめもない夢想にふける、というように。もちろん、このように注意がおろそかになれば、危険が生じる。自動車事故で負傷した一〇〇〇人を対象におこなった調査では、約半数の人が事故直前に考えごとをしていたと答えている。考えごとに気を取られている度合いが大きいほど、交通事故を起こした割合も大きかった。(注7)

退屈な作業や慣れている作業で常時集中しなくてもいい状況に置かれると、心はマインド・ワンダリングに走りやすい。注意がそれてデフォルトの神経回路が活発になればなるほど、課題に集中する神経回路の活動は鈍る。夢想にふければ、そのぶん課題への集中や感覚認知に必要な神経エネルギーが使われてしまうので、当然、ミスが多くなる。

心の徘徊に気づくのは難しい

瞑想の基本編では、「マインド・ワンダリングに気づいたときは、心を集中の焦点に戻すようにしましょう」と教えている。ここで問題なのは、「気づいたときは」という部分だ。心が徘徊しはじめるときは、だいたい自分では気づかないものなのだ。瞑想中に心がそれても、自分では気づかないまま数秒、数分が経過する。あるいは、瞑想が終わるまでずっと気づかないかもしれない。

　こんな簡単なことがこれほど難しいのは、心が徘徊しはじめたことに気づくのに必要な脳の回路が、そもそも徘徊を始める神経回路に使われてしまうからだ。(注8)そのとき、脳のその回路は何をしているのだろうか？　どうやら、さまざまな思考の断片をつなぎあわせて、ひとつながりの思考（「今月の金の工面はどうしよう？」）を作ろうとしているようなのだ。そうした作業には、マインド・ワンダリングをつかさどる回路と組織化をつかさどる実行回路の両方が必要になる。(注9)

　マインド・ワンダリングの現場をつかまえるのは、なかなか厄介だ。マインド・ワンダリングにふけっているときは、そもそものことに気づいていない場合がほとんどだからだ。マインド・ワンダリングに気づくには、脳の活動を切り替えなくてはならない。このメタ意識が高いほど、マインド・ワンダリングは少なくなる。(注10)脳の画像検査の結果、マインド・ワンダリングに気づいた瞬間にメタ意識が働いて、脳の実行回路と内側部《ないそくぶ》回路の活動が弱まることがわかっている。ただし、両方とも完全に活動が抑制されるわけではない。(注11)

　現代生活では学校や職場で着席し何かに集中している態度が評価されるが、原始人類においてこうした態度がいつも有利に働いたとは限らない。ジャングルで生きのびることができるかどうかは、重大な場面で考えて迷っているよりも、迅速に注意を切り替えて行動できるかどうかにかかっていたのではないか、と主張する神経科学者もいる。いわゆる「注意欠如障害」は、進化の過程ではむしろ有利な資質だったかもしれず、それゆえ今日でもわたしたちの遺伝子プールに散見されるのかもしれない。

数学の難問を解くというような集中が必要な課題を与えられたとき、注意欠如障害のある人たちは、そうでない人たちよりマインド・ワンダリングが多く見られ、脳の内側部の回路が活発化する。(注12) しかし、適切な条件が整えば、注意欠如障害のある人たちも目の前の課題に集中できる。ただ、そうした条件が整いやすいのはアート・スタジオやバスケットボールのコートや証券取引所などであって、教室ではない、というだけのことだ。

意識を開くことの効用

二〇一二年一二月一二日、マヤ暦で世界の滅亡が予言された日（根拠はない）、妻とわたしは孫娘を連れてニューヨーク近代美術館を訪れた。孫娘は芸術に興味があって、有名な美術館へ行くのを楽しみにしていた。

美術館にはいってすぐのところに業務用の大きな掃除機が展示してあった。車輪が三個ついた真っ白なシリンダー型の本体に、美しいピンストライプの模様。透明なアクリル樹脂ガラスでできた立方体のケースにはいった掃除機が二段積みで展示され、下から蛍光灯に照らされて明るく輝いていた。しかし、孫娘はその展示には興味を示さず、上の階にあるゴッホの「星月夜」を見たがっていた。

ちょうどその前の晩、ニューヨーク近代美術館の主任学芸員が講演をしたのだが、そのテーマが「注意の集中と散漫」だった。注意の集中は、美術館の展示にとって何より肝腎なポイントだ。そもそも、どこを見るべきかを鑑賞者に伝えるために額縁というものがあるわけだから。アクリルガラスの立方体と蛍光灯の照明も、他のどこでもなくここに注目してください、このぴかぴかの掃除機を見てください、というメッセージなのである。

そのことに気づいてなるほどと納得したのは、帰りがけに美術館の広いロビーの通路からはずれた片隅に雑然と積み上げてある椅子の山に目が行ったときだった。何かのイベントに使う予定の椅子なのだろう。そして、そのすぐそばの物陰に、目を凝らせば掃除機らしいとわかる物体が置いてあったが、誰一人としてその掃除機に注意を払う人はいなかった。

わたしたちは「これに注目せよ」と示されたモノに注目しなければならないわけではない。スポットライトを浴びた掃除機を眺めようと、物陰にひっそり置かれた掃除機を眺めようと、自由なはずだ。注意のバランスが取れているというのは、何か特定のものにこだわることなく認識の範囲にはいってくるものをあるがままに受け止める心的状態を反映している。たとえば、何もかもが視界を淡々と流れていくような状態だ。

このような開かれた意識性は、日常生活においても目にすることができる。たとえば、店のレジで列に並んでいて、前の客に時間がかかってなかなか順番がまわってこないとき、腹を立てたり遅くなるのを気にしたりするのではなく、店に流れているＢＧＭに耳を傾けながら淡々と順番を待つ、といった心的状態のことだ。

ところが、情動反応を起こしてしまうと、これとは異なる注意モードに陥って、いらだちの対象しか目にはいらなくなってしまう。開かれた意識性を保てない人は、たとえば、空港のセキュリティチェックで自分の前に並んでいる人が機内持ち込み手荷物をスキャナーに通すのに手間取っている様子を見ていらいらしたあげく、搭乗ゲートで飛行機を待っているあいだもまだ腹立ちがおさまらない、といった状態になる。しかし、開かれた意識性を保つことができれば、情動のハイジャックが起こることはなく、その瞬間その瞬間を充実して過ごすことができる。

全般的注意を評価するテストの一つに、S、K、O、E、4、R、T、2、H、P……というようなアルファベットの羅列に混じって出てくる数字をどのくらい記憶しているか、というテストがある。

多くの人は、最初に出てきた数字（4）に注意を奪われて、二番目に出てきた数字（2）を見落としがちだ。注意が途切れるのである。しかし、全般的注意を保てる人は、二番目の数字もちゃんと記憶している。

注意をこの開かれたモードに保てる人は、自分の周囲がよく見えている。空港の喧噪《けんそう》の中でも、細かいことに気を取られず周囲の状況をきちんと認識できている。脳のテストでも、開かれた意識性の高い人は、一瞬だけ視界を横切った映像の詳細をより多く把握できている。注意

が途切れないのだ。(注13)

これは精神生活にも同様にあてはまる。開かれた意識モードにあれば、用件や会議に追いたてられているときよりも、感情、感覚、思考、記憶に敏感でいられる。「注意を広範に向けて開かれた状態に保っておく能力があると、決めつけたり反動的になったりするボトム・アップ回路の働きに足をすくわれることなく、平静な心で対処できます」と、デイヴィッドソンが述べている。

全般的注意を保つ能力には、マインド・ワンダリングを減らす効果もある。理想は、望むときだけマインド・ワンダリングに心をゆだねられるようになることだ、とデイヴィッドソンは述べている。

心の疲労を回復するには

家族とのバカンスを楽しもうと熱帯のリゾート地にやってきた雑誌編集者のウィリアム・フォークは、原稿を前にして、ビーチへ連れていってとせがむ娘を待たせることになってしまった。

「前はこんなふうじゃなかった」と、フォークは書いている。「バカンス中に仕事をするなんて、考えられないことだった。二週間のあいだ、上司とも、部下とも、友だちとさえ連絡を取ることなしに、すばらしい休暇を過ごしたものだ。でも、旅先にもスマートフォンやｉＰａｄやノートパソコンを持っていけるようになって、事情がすっかり変わってしまった。絶え間なしに情報や連絡がはいってくる生活に慣れてしまったのだ」(注14)

最近の情報過多によってどれほど知的な負担が増大したか、考えてみるといい。ネットニュース、メール、電話、ツイッター、ブログ、チャット等々、人間の認知処理機能は日々急増する情報にさらされている。

絶え間なく流入してくる刺激に抵抗して何かに集中しようとすると、緊張はいっそう強まる。一つのことがらに集中するには、他の多くのことがらを捨象しなくてはならない。それは知的努力を要する作業だ。

集中が続けば、筋肉を使いすぎた場合と同じように、知的に疲労する。能率が落ちたり気が散っていらいらしたり、といった精神的疲労の徴候は、集中を維持するのに必要な知的作業によって神経のエネルギー源であるブドウ糖が枯渇したことを示している。

注意が疲弊したときの対策は、肉体疲労と同じで、休息を取ることだ。が、精神の休息を取るには、どうすればいいのだろうか？

安らげる環境の中でのんびりして、トップ・ダウンの回路から受動的なボトム・アップの回路へ切り替えることをお勧めする。休息に最も効果的なのは自然の中に身を置くことだ、と「注意回復理論」を提唱するミシガン大学のスティーヴン・カプランは言う。(注15)

注意の回復は、集中を妨げる要因と戦おうとする努力から心を解き放って、心のおもむくままの対象に注意を向けることによって可能になる。しかし、心のおもむくままと言っても、ネットサーフィンやテレビゲームをしたりメールに返信したりしていては、心の疲労は回復しない。

定期的に情報テクノロジーから離れることは、よい効果をもたらす。静かな時間は集中力と心の平静を回復してくれる。しかし、それは初めの一歩にすぎない。カプランによれば、散歩に出ても、人ごみを縫って歩いたり、自動車をよけたり、クラクションの音や街のざわめきを無視したりしなくてはならないような散歩では、注意を休めることにはならないという。

それに対して、公園や木立の中を散歩すれば、注意を休めることができる。自然の中で過ごす時間は、心の疲労回復につながる。公園を数分歩くだけでも、あるいは美しい夕焼けに見とれるだけでも、チョウがひらひら舞うのを眺めるだけでも、効果がある。こうした行為はボトム・アップの注意を穏やかに活性化し、トップ・ダウン回路のエネルギー補給になる。そうすれば、注意力や記憶力が回復し、認知能力も改善する。(注16)

森林を散歩したあとは、繁華街を散歩した場合よりも集中力が向上し、集中力の必要な課題の成績が上がった、という研究報告がある。(注17)自然の風景を描いた壁画の前に座っているだけでも（とくに絵の中に水が描かれていれば）、街角のコーヒーショップに座っていたあとよりも集中力が向上していた。(注18)

しかし、である。こうした時間は集中しすぎた脳を休めるのには効果的かもしれないが、さらに忙しく思いをめぐらすデフォルト回路を活性化させてしまう効果もあるのではないか。忙殺されて疲れた心を切り替えるために、もう一つ大切なステップが、何かリラックスできる行為に集中するということだ。

大切なのは、何かに没頭できること、全面的な注意を注ぎつつも基本的に受動的であることだ。感覚神経系をおだやかに刺激してやると、この状態が起こる。感覚神経系が活発になると、意識的な集中が沈静化するのだ。楽しく没頭できることなら、何でもいい。前にも触れたように、多くの被験者の気分を調査した結果、最も多くの人が最も気持ちよく集中できたのは性行為であった。

何かに能動的に没入すると、脳内のおしゃべりが沈黙する。呼吸法からマントラまで、特別な意味を持たない課題に集中する瞑想法は、すべて、こうした効果をもたらすものだ。理想的な「隠遁《いんとん》」先として昔から推奨されている場所は、知的エネルギーの回復に必要な要素が揃っている。瞑想に適した修道院などは、心安らぐ静かな環境に作られている。

しかし、そこまで徹底する必要はない。ウィリアム・フォークにとって、治療法は簡単だった。要するに、仕事をやめて、娘と一緒に波とたわむれたのである。「娘と一緒に波打ちぎわで転げまわって大声をあげていたあいだ、わたしはいまこの瞬間に集中していた。心がすっきりした」

第 II 部

自己を知る

Part II
Self-Awareness

第6章 人生の内なる指針

カリフォルニア州セントラルバレーにある高校に通っていた時代、フットボールでも、バスケットボールでも、ディベートでも、わが校のライバルはハイウェイ99号を南下した隣町の高校だった。その高校に通っていた一人の生徒と、わたしは親しくなった。

高校時代、その友人はあまり勉強熱心ではなく、実際、落第寸前の成績だった。町の郊外にある牧場で育った友人は、一人きりで過ごす時間が長く、SFを読みふけっているか、でなければ改造車をいじるのが好きだった。高校卒業の一週間前、左折して自宅のドライブウェイへはいろうとした友人の小型スポーツカーに背後から猛スピードで走ってきた自動車が激突し、車は大破、友人はあやうく死にかけた。

大ケガから回復したあと、友人は地元のコミュニティ・カレッジに進学し、そこで創造的才能を活かして夢中になれる天職に出会った。映画製作である。映画学校に転校したあと、授業の課題で作った映画がハリウッドの監督の目にとまり、友人は助監督に採用された。そして、監督が長年あたためてきた低予算企画の映画化を任された。

それをきっかけに、友人は映画スタジオから監督兼プロデューサーとして仕事をもらい、自分で脚本を書いて小さな映画を撮った。その映画はスタジオの意向でズタズタに編集されたにもかかわらず、予想外の成功をおさめた。

とはいえ、自分の作った映画が上部の意向で勝手にカットされたり編集されたりしたことは、苦い教訓となった。友人にとって、自分の監督作品を守ることは何より重要だったのである。次にふたたび自分で脚本を書いて映画を撮ることになったとき、ハリウッドの大手映画会社が通常の条件での契約(会社が制作費を負担するかわりに編集権を留保する)を申し出たが、友人はそれを断った。映画監督として譲れないものがあったからだ。

友人は自主制作という形で制作のコントロール権を自分のものにし、最初の映画で得た利益をすべて二作目の映画につぎこんだ。しかし、完成を目前にして資金が底をついた。友人は融資を求めて銀行にかけあったが、どの銀行も融資を断った。一〇番目に訪ねた銀行で土壇場の融資がまとまり、企画が実現した。

その映画は『スター・ウォーズ』である。

資金繰りの困難にくじけず創造面のコントロールを死守したジョージ・ルーカスの姿勢は、ゆるぎない信念を表している。そして、言うまでもないが、その信念は経済的にも大きく報われる結果となった。しかし、ルーカスの信念は金銭目当てではなかった。当時、映画著作権を持っていたとしても、興行収入以外に期待できる売上はポスターやTシャツなど微々たるものだったからだ。映画業界を知る人たちは、全員が、自主制作映画などやめたほうがいいとルーカスに助言した。

このような決意を押し通すには、自分の価値観に対する途方もなく強い確信が必要だ。自分の最も深い価値観や目的意識に従って人生を歩むための強烈な指針は、どこから来るのだろうか?

決め手は自己認識、とくに自分の内なる肉体の声を正確に聞き取る能力だ。微妙な生理的反応には、決定を下そうとしている案件に関するその人の経験のすべてが凝縮されている。経験にもとづく決定則は、人生のあらゆる出来事を収集し、保存し、順序立てて整理する大脳皮質下の神経ネットワークが担っている。いわば、人生の内なる指針だ。(注1)

人が生きるうえで最も深い目的意識や意味づけは、この大脳皮質下の領域に保存されている。この領域は大脳新皮質の言語野とは密につながっていないが、内臓とは密につながっている。人間の価値観は、まず最初に正しいか間違っているかを内臓レベルで感じ取り、そのあとで感じ取ったことを理路整然と言葉にするのだ。

つまり、自己認識はきわめて重要な集中であり、人生の指針となる内なる声に耳を傾けるための集中なのである。そして、このあと説明するように、この内なるレーダーは、その人が何をするか(そして、何をしないか)を管理する決め手となる。このコントロール・メカニズムは、人生の成功と失敗を分けるほどの重要性を持つ。

ゾウに鏡を見せるとどうなるか

動物について自己認識をテストするのは、理論上は簡単なことだ。動物の顔に何かしるしをつけて、鏡を見せて、動物の反応からしるしのつけられた顔を自分の顔だと気づいているかどうかを観察すればよいのである。

しかし、ゾウを相手に実際に自己認識のテストをするのは、それほど簡単な話ではない。まず最初に、ゾウに割られない鏡を作らなければならない。一・八メートル角のアクリルミラーを合板に貼りつけて鋼鉄のフレームで支え、それをゾウ舎のコンクリート壁にボルトで固定する。

ニューヨークのブロンクス動物園で、この方法を使って研究者たちが実験をした。ブロンクス動物園には三四歳のアジアゾウ「ハッピー」がいる。仲間のゾウたちは、「マクシン」と「パティ」だ。研究チームは、まず数日かけてゾウたちを鏡に慣れさせた。そのあと、ゾウの額に白で大きな「X」をつけて、ゾウが自分の額にしるしがついていることに気づく（自己認識を示す）かどうか観察した。

ゾウの場合、テストはさらにややこしい事情を伴う。ゾウは鼻で泥を吸い上げてシャワーのように全身に浴びる習性があるのだ。人間の目にははっきりとした「X」に見えるしるしも、ゾウの目には単なる泥汚れとさほど変わらなく見えるかもしれない。案の定、マクシンとパティは額の「X」に何の関心も示さなかった。

しかし、ハッピーは、額に大きな白い「X」をつけられた日、鏡の前へ行って一〇秒ほど鏡に映った自分の姿を眺め、それから歩み去った。まるで、出かける前にちょっと鏡を見て身支度を確認する人間のように。そのあと、ハッピーは何度も感覚の鋭い鼻の先で「X」のあたりをさわった。自己認識がある証拠だ。

こうしたテストで自己認識があることを示したのは、ゾウの他には、類人猿の数種とチンパンジー、それにイルカなど、ごく少数の動物だけだった。これらの動物の脳には、一部の神経科学者が自己認識に不可欠と考えている特殊な種類のニューロンが存在する。このニューロンは、発見者コンスタンティン・フォン・エコノモの名前を取って「フォン・エコノモ・ニューロン（VEN）」と呼ばれている。この錐体形をした細胞は通常の脳細胞の二倍近い大きさで、樹状突起が少ないかわりに通常の脳細胞よりはるかに長い軸索《じくさく》で他の脳細胞とつながっている。(注2)

この大きさと錐体の形によって、VENは他のニューロンよりも速く遠くへ信号を送れるという利点を持っている。しかも、実行機能をつかさどる領域と情動をつかさどる領域をつなぐ中間地点に位置しているために、パーソナル・レーダーの役割を果たしている。わたしたちが鏡に映った自分の像を見たとき、脳内のこのニューロンのある領域が活性化する。神経科学者たちは、あらゆるレベルの自己意識にこの回路がかかわっていると考えている。

直観は身体感覚から生まれる

数年後に命を奪うことになる肝臓がんと診断されたあと、スティーヴ・ジョブズはスタンフォード大学の卒業式で感動的なスピーチをした。ジョブズが卒業生たちに送った言葉は、「他人の意見に押し流されて自分の内なる声を聞き逃すことのないように。そして、何より大切なのは、自分の心と直観に従う勇気を持つことです。心や直観は、自分がほんとうはどうありたいのかをすでにわかっているのです」というものだった。(注3)

「自分の内なる声」は、どうすれば聞こえるのだろう？　それには、からだのシグナルが手がかりになる。

体性感覚に従って描かれた奇妙な人体図を見たことがあるだろうか。皮膚のさまざまな部位で感じる感覚に従って描いた人体図である。この人体は、ごく小さな頭をしているが、唇と舌は異様に大きく、腕は小さいが指は巨大で、要するにからだの各部位の神経の相対的感受性を反映している。

同じように、内臓の感覚は前頭葉の後方にある島皮質《とうひしつ》がチェックしている。島皮質は消化管、心臓、肝臓、肺、生殖器などにつながる回路を通して人体の内部情報を解読している。島皮質にはすべての臓器に対応するそれぞれ特定の部位があり、心臓に信号を送って心拍数を少なくしたり、肺に信号を送って深呼吸をさせたり、というように、内臓機能のコントロールセンターの役目を果たしている。

内臓のどれかに注意を向けると、その臓器に対応する島皮質の部位が敏感に反応する。心臓の拍動に注意を向ければ、島皮質がそれに対応する回路のニューロンを活性化させる。実際、自分の心拍をどれくらい感じ取れるかは、自己認識の度合いを測る際によく使われる基準だ。心拍に敏感な人ほど、島皮質が大きい。(注4)

島皮質は、内臓の状態を感じ取るだけではない。情動そのものも、島皮質が左右する。(注5) 自分の情動に気づかない人(したがって他人の感情にも気づかない人)は、島皮質の働きが鈍い。情動に鈍感な人の極端な例が失感情症で、失感情症の人たちは自分がどう感じているかわからず、他人がどう感じているかを想像することもできない。(注6)

人間の「直観」は島皮質をはじめとするボトム・アップ回路からのメッセージであり、より賢明な選択を示すことによって人生におけるさまざまな決断を容易にしてくれる。こうしたメッセージをうまく読み取れる人ほど、直観が鋭いということになる。

たとえば、長い旅に出ようとしているとき、何か大切なものを忘れている気がして仕方がない、というような経験がないだろうか。あるマラソン選手から、レースに出るために四〇〇マイルの長旅をしたときの話を聞いた。その選手は、何か忘れているようで気になっていたのだが、それを無視した。フリーウェイを自動車で走っているあいだも、何度も気になる感覚があった。そしてとうとう、その正体がわかった。ランニングシューズを自宅に忘れてきたのだ！ショッピングモールに立ち寄り、閉店直前のシューズショップに駆け込んで事なきを得たが、いつも履いているのとは違うブランドのシューズしか手にはいらなかった。「マメができて、ひどい目に遭ったわ！」と、彼女は語ってくれた。

神経科学者アントニオ・ダマシオは、ある選択が間違っていると感じたり正しいと感じたりするときの身体感覚を「ソマティック・マーカー」と呼んでいる。(注7) このボトム・アップ回路が、直観という形で結論を瞬時に知らせてくるのだ。トップ・ダウン回路が理性的な結論に到達するのは、それよりはるかに遅れてのことだ。

この回路のカギを握る腹側内側前頭皮質《ふくそくないそく》は、結婚や家の購入など人生の重大事に直面したときに決断を導いてくれる。こういう選択は、理性的分析では結論を出せない。Ａを選んだとき、Ｂを選んだとき、それぞれどのように感じるだろうか、とシミュレーションしてみたほうが、結論を出しやすい。脳の腹側内側前頭皮質は、そういうときの内なる舵取り役として機能する。

自己認識には、自分の過去と未来を対象化して語る「客観的自己認識」と、いま現在の自分を主体的にとらえた「主観的自己認識」がある。「客観的自己認識」は、時間軸にそって自分が経験したさまざまな側面を統合する。対照的に、「主観的自己認識」は、いま現在のなまの経験の中にしか存在しない。

人間の最も親密な自己認識である「主観的自己認識」は、断片的な感覚的印象、とくに身体状況を総合したものだ。「主観的自己認識」は島皮質を通して身体の状況を解読する脳の回路によって構築される。(注8)

このような体内からの信号は、人間の内なる指針であり、価値観に沿った生き方をすることからランニングシューズを思い出すことまで、さまざまなレベルで役に立っている。

シルク・ドゥ・ソレイユのパフォーマーたちは、毎日厳しい練習の中で「パーフェクト・プラクティス」をめざす。あるベテラン・パフォーマーは、動きのタイミングや方向やスピードが総合されて「より高い確率でより完璧な演技ができるように練習するのです。一〇〇パーセント完璧はありえませんから」と話してくれた。

演技が完璧に近づいてきたことは、どうやってわかるのだろうか？「感覚です。頭より先に、からだでわかります」

第7章

他者が見るように自分を見る

「うちの会社は『パワハラ禁止』のルールがあるのですが、最高技術責任者がまさにパワハラ上司なんですよ」と、カリフォルニアにあるインキュベーター企業のCEOが語ってくれた。「仕事はすごくできる人なんですが、部下をいじめたり、えこひいきしたりするんです。自己認識がゼロなんですね。自分がパワハラをしていることにぜんぜん気づいていないんです。パワハラだと指摘しようものなら、他人のせいにしたり、怒ったり、あげくは相手のほうこそ悪いんだと言ったり」

くだんのCEOから後日談を聞いた。「その後三カ月ほどがまんしたのですが、結局辞めてもらいました。言っても改善しなかったので。パワハラが身に染みついていて、そのことを理解さえできない人だったんです」

腹が立っているとき、人間はつい望ましくない対応に出て、そのことを自覚できないものだ。そして、誰も指摘してくれなければ、ずっとそのままになってしまう。

自己認識をテストする確実な方法は「三六〇度評価」だ。まず、一定範囲の行動や特性に関して、あなた自身が自己評価をおこなう。次に、一〇人程度の信頼できる友人知人を選んで同じ項目についてあなたを評価してもらい、その結果を自己評価と比較してみる。無記名にすれば、率直な評価をもらえるはずだ。自己評価と友人知人による評価とのギャップは、自分の自己認識がどれだけ正確かをはっきり教えてくれるだろう。

自己認識と権力のあいだには興味深い関係性がある。地位の低い労働者の場合、本人の自己評価と他人による評価とのギャップは小さい。しかし、組織の中で地位が上がるにつれて、ギャップが大きくなる。(注1) 出世の階段を上がるにつれて、自己認識力が衰えるようだ。

一つの見方としては、組織内での地位が高くなるにつれて、率直に指摘してくれる人が少なくなるからだろう。あるいは、もともと自分の欠点を認めない人、自分の欠点が見えない人もいるかもしれない。

「三六〇度評価」は、他者の目を通して自分を見る機会を与えてくれる。スコットランドの詩人ロバート・バーンズは、この方法を賞賛した詩を書いている。

神よ
他者が見るがごとくに
己を見る才を

われらに与えたまえ

詩人W・H・オーデンは、もっと冷笑的だ。人間は「自分が自分を愛せるために」自分にとっておもしろくないことは忘れ、自分を賞賛できることだけ記憶にとどめて、自分の肯定的イメージを作り上げる。しかも「他人から愛されるために他人の心にも」肯定的なイメージを作り上げようとする、と書いている。

哲学者ジョージ・サンタヤナは、これをもうひとひねりして、他人が自分のことをどう思うかなど、知らなければほとんど無意味なことであるが、ただし、いったん知ってしまったら最後、「自己像はその影響から逃れることができなくなってしまう」と書いている。社会哲学者たちは、他者という鏡に映して見る自己のイメージを「鏡映的自我」と呼んでいる。

このように見ると、自己意識とは社会的相互作用の中から生じてくるものだ。他者が鏡となって自分の姿を映して見せてくれるわけで、つまり、「自分とは、他者にこう思われていると自分が思っているものである」ということになる。

他者の目と耳で自分を知る

人生で、他者が自分のことをほんとうにどう見ているかを知るチャンスはほとんどない。だからこそ、ハーバード大学ビジネススクールでビル・ジョージが教える「オーセンティック・

リーダーシップ・ディベロップメント」の講座に受講希望者が殺到するのだろう（スタンフォード大学ビジネススクールでも、同様の講座は大人気だ）。

「自分がどういう人間であるかということは、誰か信頼できる他者に自分の人生を語ったとき初めて自分にも見えてくるものです」と、ジョージは言う。こうした形の自己認識の向上を促進するために、ジョージは「トゥルー・ノース・グループ」と呼ぶグループを作った。「トゥルー・ノース（真北）」とは、自己の内なる羅針盤が指し示す方向であり、根本的価値のありかである。ビル・ジョージの講座では、そうしたグループに所属する機会を得られる。

トゥルー・ノース・グループの教訓は、「自己認識は自己発見から始まる」だ。

ジョージによれば、トゥルー・ノース・グループは依存症からの回復をサポートする一二ステップ・ミーティングやセラピー・グループに似ているが、それ以上に胸襟を開いて親密に語りあえる人間関係で、「メンバーが他の場所では（親しい家族とのあいだでさえ）話題にしにくい個人的な問題について話しあえる安全な場所」を提供するのだという。(注2)

他人の目で自分を見ることだけでなく、他人の耳で自分の声を聞くことも、同じように大切であり、なかなか体験できない機会だ。

外科の医療雑誌《サージェリー》に掲載された記事を紹介しよう。ある研究で、患者を診察中の外科医の会話を録音したデータから一〇秒の断片を取り出して、医師の口調を評価した。(注3)調査対象となった外科医のうち、半数は医療過誤で訴えられたことのある医師で、残り半数は訴えられたことのない医師だった。訴えられたことのある医師の口調は、そうでない医師の口調に比べて、高圧的で思いやりに欠けると評価される割合がはるかに高かった。

外科医は、他の診療科の医師に比べて、患者に専門的なことを説明したり手術の最悪のリスクを説明したりする会話に多くの時間を費やす。これは難しい会話だ。患者は不安をつのらせ、感情的になっている場合が多い。

外科医から詳しい説明を聞き、起こりうるリスクの説明を受ける患者の脳内では、危険を察知するレーダーが厳戒態勢にはいり、説明されている医療行為がほんとうのところどの程度安全なのか、手がかりを探し求めている。だから、外科医の口調から伝わる共感や配慮の有無が、結果的に訴訟につながったりするわけだ。

口調は、言葉の内容を伝えるうえできわめて重要だ。ある研究によると、被験者に何らかの作業をしてもらい、その結果について温かい励ましの口調で否定的なフィードバックを与えた場合、フィードバックそのものは否定的な内容であったにもかかわらず、被験者は前向きな気持ちで帰っていったという。逆に、肯定的な内容のフィードバックを冷淡な突き放した口調で伝えた場合、肯定的なフィードバックであったにもかかわらず、被験者は落胆した気分になったという。(注４)

《サージェリー》誌は一つの改善策として、外科医本人に患者と話している自分の声を聞かせて、自分がどんな話し方をしているかを自覚させたうえで、共感や思いやりの伝わる話し方を練習させる方法を提案している。つまりは、他者の耳で自分の声を聞く練習だ。

「集団的浅慮」とその予防法

サブプライム・ショックのあと、デリバティブを販売していた金融マンがインタビューに応じた。それによると、その金融マンは大量のサブプライム・ローンを買い付けては、それを「下の上」と「下の中」と「下の下」に分け、さらにそれぞれのグループを「下の上」と「下の中」と「下の下」に分けてデリバティブ商品を作って投資家に販売する、ということをくりかえしていたという。

「そんなものを誰が買ったのですか?」と聞かれて、金融マンは「大バカどもですよ」と答えた。

言うまでもなく、その「大バカども」の中には、頭がよいはずの人たちも含まれていた。彼らは過大なリスクを示す証拠には目をくれず、自分たちの投資判断を支持する材料ばかりを見ていた。人々が揃いも揃って、期待とは逆の結果を示唆する現実を見ようとせず、都合のよいことばかりに目を向ける共通の自己欺瞞《ぎまん》に陥った状態を、「集団的浅慮」という。重大な懸念を抱かせるデータを無視してまでも期待に沿う見方を死守しなければならないという暗黙の要請が集団の盲点となって、誤った判断につながるのだ。

ジョージ・W・ブッシュ大統領とその側近たちが「大量破壊兵器」の想像にもとづいてイラ

ク侵攻を決めたのも、集団的浅慮の典型例だ。サブプライム・ローンの破綻《はたん》を招いた投資家たちも同じだ。どちらも破滅的な集団的浅慮によって現実が見えなくなった意思決定グループが、疑うべきことを疑わず、見るべきデータを見ずに、自己欺瞞の罠へ落ちていったのだ。
認識は、グループやネットワークのメンバーたちのあいだで共有されるものだ。メンバーの中には、さまざまな分野の専門家がいる。それらのメンバーのあいだを情報が自由に流れ、また情報が自由に流入してくる状態にあれば、最良の意思決定がなされるはずだ。しかし、「必要なことはすべてわかっている」という暗黙の了解に支配されはじめたとき、集団的浅慮の落とし穴が口を開ける。

大金持ちを顧客とする投資顧問会社が、心理学者で行動経済学者のダニエル・カーネマンに興味深いデータを提供したことがあった。二五人の投資アドバイザーたちの八年間にわたる投資実績データだ。そのデータを分析した結果、カーネマンは、特定の投資アドバイザーが毎年優秀な投資実績をあげるとは限らない、ということを発見した。言い換えれば、つねに他の同僚たちよりもよい実績をあげつづけている特定の投資アドバイザーは存在しなかった、ということだ。要するに、結果は運しだいだったのである。

にもかかわらず、その投資顧問会社では、高い営業成績をあげた者には何か特別な能力がある、という考え方が共通認識になっていた。そして、毎年トップの成績をあげた者たちは巨額のボーナスを手にしていたのである。分析結果を手に、カーネマンは投資顧問会社の幹部との夕食会に出席し、「おたくの会社は、単なる幸運に対して、能力を評価するがごとくに高額の報酬を出しているんですよ」と伝えた。

それはショッキングな啓示だったはずだが、会社の幹部たちは落ち着き払った態度で夕食会を続けた。「わたしが言おうとしたことはさらりと黙殺されて、会社はそれまでと何ひとつ変わらずに続いていったようです」と、カーネマンは言う。(注5)

投資顧問業界に深く刻みつけられた「才能の幻想」が根底から揺さぶられていたにもかかわらず、「会社にとってこれほど重要な前提に疑問を呈する事実が明らかになり、また、それが投資アドバイザーの稼ぎと自尊心を脅かす事実であったにもかかわらず、わたしが提示した事実はあっけなく無視されたのです」と、カーネマンは語った。

一九六〇年代、アメリカ南部諸州で公民権運動がさかんになっていた時期、わたしは故郷カリフォルニアの町で、当時アフリカ系アメリカ人を雇用しようとしなかった食料品店に対する抗議デモに参加した。けれども、自分自身の周辺に人種差別制度が存在していたという事実に気がついたのは、それから何年もあとのことで、ナイジェリア人の人類学者ジョン・オグブ(当時、カリフォルニア大学バークリー校で「カースト制度」を調査していた)の研究について聞いたあとだった。(注6)わたしが通っていたハイスクールは全員が白人で、アジア系とヒスパニック系の生徒がちらほらいただけだった。町にあった別のハイスクールは、ほとんどが黒人の生徒で、ヒスパニック系が少数だった。三つ目のハイスクールは、いろいろな人種の生徒が混じっていた。わたしはその事実を考えてみたこともなかった。

近所の食料品店で差別に加担している人間がいることは簡単に理解できても、自分も含めてさらに大きな規模で存在していた差別、地域全体に内在していた社会的階層は、見えていなかった。社会の不公平に慣れてしまっていて、目にはいらなくなっていたのだ。そういう現実に人々の目を向けさせるには、意識的な努力が必要だ。

このような自己欺瞞は、どこでもよく見かける意識の歪みだ。たとえば、自動車を運転する人に自分の運転能力を評価してもらうと、約四分の三の人が「自分は平均より運転がうまい」と思っている。奇妙なことに、自動車事故に遭ったことのある人のほうが、無事故の人よりも、「自分は運転がうまい」と思っている割合が高かった。

もっと奇妙なことがある。一般的に、大多数の人は、「自分は他人と比べてうぬぼれが強くないほうだ」と答える。自分は「平均よりましだ」と思いこむ心理は、能力や創造力から優しさや誠実さまで、あらゆる望ましい特質に関して見られる。

ボストンからロンドンへの飛行中に、わたしはカーネマンの画期的著書『ファスト&スロー――あなたの意思はどのように決まるか?』を読んでいたのだが、飛行機がヒースロー空港に着陸したあと、通路を隔てた席に座っていた男性と会話が始まった。その男性は、飛行中ずっとわたしが読んでいる本をちらちら見ていて、自分もその本を読もうと思っているところなのだと言った。しかも、その男性は、裕福な顧客相手の投資を仕事にしているという話だった。

飛行機が長い滑走路を移動して飛行場のゲートに向かうあいだ、わたしは本の内容をかいつまんで男性に説明し、例の投資顧問会社のエピソードも付け加えて、おたくの業界では幸運をまるで才能のように扱って報酬を出しているようですよ、と教えてやった。

「かもしれませんね」と男性は肩をすくめ、「もう、その本は読まなくてもよさそうだな」と言った。

カーネマンが投資顧問会社の投資アドバイザーたちに調査結果を報告したときも、当事者たちは同じように無関心な対応だったという。そのような想定外のデータは「脳が消化できなかった」のだろう、とカーネマンは言った。

投資アドバイザーたちが無関心や抑圧の闇に葬ってしまった事実を白日のもとにさらすには、メタ認知（このケースでは、意識性の欠如に対する意識性）が必要だ。まず自分が気づいていないこと（そして、気づいていないと気づいていないこと）を理解するところから、ものごとが明瞭に見えるようになる。

賢明なリスクを取った決断とは、広範かつ徹底的にデータを収集し、それを直観と照らし合わせたうえで下されたものを言う。狭すぎるインプットにもとづく決断は、単なる愚かな決断になってしまう。自己認識の基礎は、信頼し尊敬する人たちからの忌憚《きたん》のないフィードバックだ。自己認識ができていれば、偏向した情報や疑わしい前提をしりぞけることができる。集団的浅慮を避けるもう一つの方法は、自分にとって居心地のいい領域にとどまらず、それを超えたところまで人間関係を広げ、信頼するに足る友人の輪を広げて、排他的集団に陥るのを防ぐことだ。

多様化をはかるには、性別や人種を超え、新鮮な視点を与えてくれる幅広い年齢層や立場の人々との交流が大切だ。

「創業当初、うちの社ではサーバーの不具合がありました」と、クラウド・コンピューティング会社の重役が語ってくれた。「ライバル会社が虎視眈々《こしたんたん》と監視していて、すぐにサーバーのダウンを聞きつけたマスコミから問い合わせの電話がジャンジャンかかってきました。わたしたちは電話に出ませんでした。何と説明すればいいのか、わからなかったからです。

そのとき、元ジャーナリストの社員が独創的な解決策を提案してきました。《トラスト・クラウド》という名でウェブサイトを立ち上げて、わが社のサーバーに何が起こっているのか、何が問題で、わが社はどのような解決策を講じているのか、何もかもすべて包み隠さず公表しよう、というのです」

大多数の重役たちにとって、それは思いもよらないアイデアだった。重役たちは技術畑出身の人間ばかりで、ひたすら秘密を守ることに慣れていたからだ。問題が起きても非公開で対処するという前提があたりまえになっていて、それが集団的浅慮の大きな原因になっていた。

「透明性を高めたら、とたんに問題が解決しました。顧客は、何が起きているのかを知ることができて安心してくれたし、マスコミからの電話も止みました」

アメリカ合衆国最高裁判事フェリックス・フランクファーターの名言を紹介しよう。「太陽の光こそ最高の消毒薬である」

息子たちが二歳くらいだったころ、息子たちがだだをこねると、わたしは、「あの小鳥たちを見てごらん」とか、「あ、あれ、何だろう?」と言って、視線を向けたり指をさしたりして注意をそらすことで息子たちをなだめた。

注意は情動を抑制する。ぐずる子どもをあやすコツは、選択的注意を利用して扁桃核の興奮を鎮めることだ。幼児が何か興味のある対象に注意を向けているあいだは、不機嫌の情動は鎮静する。その対象が魅力を失ったとたん、不機嫌が(まだ扁桃核のネットワークに残っていれば)息を吹き返す。(注1)要は、子どもの扁桃核が沈静化するまで気をそらせておけばいいのだ。

幼児は、自力でこのような注意の操作ができるようになると、人生で最初の情動の自己抑制スキルを獲得することになる。扁桃核の管理は、一生を左右する重要なスキルだ。これには実行注意が必要で、この能力は幼児が意志的に集中し、注意をそらす刺激を無視し、衝動を抑制できるようになる三歳ごろから育ちはじめる。

親の目から見ていて、子どもが意識的選択によって誘惑に「ノー」と言える（たとえば、おかずを食べおわるまでデザートをがまんする）ようになったら、その時期が訪れたということだ。がまんもまた実行注意によって可能になる行動で、これが意志力や自制に育っていき、心を平静に保ったり気まぐれを無視して目標に集中しつづけることができるようになる。八歳ごろには、大多数の子どもがより高度な実行注意を習得する。実行注意は、文字を読む、計算する、というような認知能力の脳内回路を管理している。

人間のやることは、すべて、脳の自己認識能力によってコントロールされている。メタ認知（思考について思考すること）のおかげで、人間は自分の脳がどう働いていてどう調節すればいいのかがわかる。感情や衝動については、メタ情動が同じような働きをする。自己認識は、情動を統制するうえでも、他人の感情を読むうえでも、欠かすことができない。神経科学者は、自制を左右するのは脳内の実行回路の下層に位置する領域であると見ている。ここは、自己認識や自己抑制など、生きていくうえで不可欠な知的能力を管理している。（注2）

自己管理のカギを握っているのは、実行注意だ。これは集中を一つの対象に向けてそれ以外を捨象する能力で、たとえば冷凍庫にチーズケーキ・ブラウニー・アイスクリームがあるのを見つけたときにダイエットのことを考えてアイスクリームをあきらめられるかどうか、という……うした小さな選択が意志力の根幹であり、自己抑制の本質なのである。

解剖……中で最も成熟が遅い臓器であり、二〇代まで成長しつづける。脳の物理的成熟と平行して、注意のネットワークも成熟していく。

二人以上の子どもを育てた親なら誰でも知っていることだが、生まれた最初の日から子どもは各々異なる個性を持っている。敏感な子、穏やかな子、活発な子、おとなしい子。こうした気質の違いには、脳内のさまざまなネットワークの成熟度や遺伝的特性が反映している。(注3)

注意の能力は、どの程度まで遺伝的要因に左右されるものだろうか？　それはケースバイケースだ。さまざまな注意システムによって、遺伝的影響の度合いが異なるからだ。(注4)遺伝的影響が最も強いのは、実行制御能力だ。

とはいっても、この非常に重要な能力を育てるには、人生における学習が大きな割合を占める。エピジェネティクス（環境が遺伝形質の発現にどのような影響を与えるかを研究する科学）によって、一定の組み合わせの遺伝子を受け継いでいるからといって必ずしも形質が発現するとは限らないことがわかってきている。遺伝子には生化学的な「オン／オフ・スイッチ」のようなものが備わっていて、そのスイッチが「オン」にならなければ、遺伝子の形質は発現しない。スイッチを「オン」にする要因は、食物も含めてさまざまなものが考えられるが、学習も一つの要因だ。

意志力は生まれつきか？――健康・経済力・犯罪歴との関係

何十年にもわたる調査研究の結果、人生の方向を決めるうえで圧倒的に重要な要素は意志力だということがわかってきた。初期の一九六〇年代におこなわれた調査研究の一つに、貧困家庭の子どもたちに就学前教育をおこなって自制を含むさまざまなスキルを教える、というプロジェクトがあった。(注5) プロジェクトの狙いは子どもたちのIQを高めることだったが、その点は失敗に終わった。それでも、何年かあとに、このプロジェクトに参加した子どもたちを他の貧困家庭の子どもたちと比較してみたところ、プロジェクトに参加した子どもたちは十代での妊娠率が低く、中途退学も少なく、非行に走る率も低く、無断欠勤も少ないことがわかった。(注6) この研究結果に後押しされて未就学児童を対象とした「ヘッドスタート」プログラムが始まり、現在ではアメリカ合衆国のどの地域でも実施されている。

そして、一九七〇年代には、スタンフォード大学の心理学者ウォルター・ミシェルによる有名な「マシュマロ・テスト」がおこなわれた。ミシェルは四歳児を一人ずつスタンフォード大キャンパスにあるビング保育所の「ゲーム・ルーム」に呼び入れて、皿にのせたマシュマロなどいろいろなおやつを見せ、好きなものを選んでいいよ、と言った。

そこからが本番だ。実験者は子どもに「いますぐ、おやつを食べてもいいよ。でも、わたしが用事をして戻ってくるまで食べずにいたら、おやつを二つあげるよ」と話しかけるのだ。

部屋には、気を紛らわすのに役立ちそうな道具はいっさいない。おもちゃも本もないし、壁に絵もかかっていない。このような状況で自制を保つのは、四歳児にとってはたいへんな努力だ。子どもたちの約三分の一は、その場でマシュマロに手を伸ばした。もう三分の一は、一五分という長い時間をがまんして、マシュマロを二個もらった。残りの三分の一は、途中で脱落した。ここで最も注目すべき点は、マシュマロの魅力に抵抗できた子どもたちは実行制御、とくに注意の再配分のテストで高い成績をあげたということだ。

どう集中するかが意志力のカギである、とミシェルは言う。誘惑と戦う子どもたちの姿を何百時間も観察した結果、ミシェルは、決定的なのは「戦略的注意配分」であるという結論に達した。誘惑と戦う一五分間をがまんできた子どもたちは、遊んでいるつもりになったり、歌を歌ったり、両目を手で覆ったりして気を紛らしていた。じっとマシュマロを見つめつづけている子は、どこかの時点でがまんできなくなった。

自制を発揮して目の前の誘惑に耐える能力には、実行注意のうちの少なくとも三種類の注意が関係している。第一は、欲望の対象から集中を意識的にそらす能力。第二は、欲望に抵抗して他の方面（たとえば空想の遊び）に集中を向けつづける能力。第三は将来の目標（あとでマシュマロを二個もらえる）に集中を向けつづける能力。それらが総合して意志力となる。

マシュマロ・テストのような状況における自制はともかくとして、現実生活において誘惑に抵抗する能力は、人生にどのような影響を及ぼすだろうか。ニュージーランドのダニーデンの子どもたちを対象におこなった研究を紹介しよう。

ダニーデンは人口一〇万ほどの街ながら、ニュージーランドの主要大学の一つがある。この組み合わせが、人生を成功に導く要素に関する有名な調査研究に最適の条件を提供した。

気の遠くなるほど野心的なプロジェクトの被験者となったのは、同じ年に生まれた子どもたち一〇三七人である。子どもたちに対しては、幼少期に詳細な調査を実施したあと、数十年後にふたたび追跡調査がおこなわれた。調査にあたった研究チームは数カ国から集まったさまざまな分野の研究者で構成されており、それぞれの視点から自己認識と自制について調査した。(注7)被験者の子どもたちに対しては学童期に一連の膨大なテストが実施され、挫折やいらだちに耐える力から、集中力や忍耐力に至るまで、多様な分野にわたる評価をおこなった。(注8)その後、二〇年を経ても、九六パーセントの被験者が追跡可能だった(人口移動の少ないニュージーランドだから可能だったことであり、人口移動の多いアメリカ合衆国などでは、このような追跡調査は不可能だっただろう)。青年になった被験者たちは、次のような点に関して評価を受けた。

- 健康状態　心臓血管系、代謝、精神科、呼吸器系、歯科、炎症反応など。
- 経済状態　貯金の有無、配偶者や子の有無、持家の有無、借金問題の有無、投資の有無、年金の有無など。
- 犯罪歴　オーストラリアおよびニュージーランドの司法記録での犯罪歴の有無。

被験者のうち、幼少期に自制がよくできた人ほど、三〇代にはいっても順調に暮らしていた。

健康状態がよく、経済的に成功し、法を守る市民だった。幼少期に衝動の管理がうまくできなかった人ほど、収入が少なく、健康問題を抱え、犯罪歴のあるケースが多かった。

衝撃的だったのは、幼少期の自制レベルが、社会階層、出身家庭の経済力、あるいはＩＱと同じように、成人後の経済的成功や健康、犯罪歴の有無を正確に予言していたことだった。統計分析の結果、意志力は人生の成功を予測する完全に独立した要素であることがわかった。事実、経済的成功に関しては、幼少期の意志力はＩＱや社会階層よりさらに強力な予測変数であることが判明した。

学校での成績についても、同様のことが言える。アメリカで中学二年生に「いまなら一ドルあげるけど、一週間後まで待てば二ドルあげるよ」と伝える実験をしたところ、このシンプルな自制の評価がＩＱより正確に生徒たちの平均点と相関することがわかった。さらに、意志力の強さは、学業成績だけでなく、情動面での調整力、対人関係のスキル、安心感、適応力などとも関係していることがわかった。（注９）

つまり、幼少期に経済的に恵まれた環境にあっても、目標達成のために快楽をがまんする能力を身につけないと、子ども時代の恵まれた条件は何のプラスにもならない可能性がある、ということだ。たとえば、アメリカ合衆国では、経済力が上から二〇パーセントの家庭で育った子どものうち、同じ経済力レベルの暮らしを手に入れられるのは五人に二人しかおらず、約六パーセントは下から二〇パーセントのレベルに転落してしまう。（注10）誠実さは、長い目で見れば、有名校や家庭教師や高額の学習塾に匹敵する力を持っている。ギターを練習する根気や、モルモットに餌をやって巣を掃除してやる約束を守る誠実さを軽く見てはいけない。

もう一つ確かなことは、子どもの認知制御能力を伸ばしてやる工夫はその子たちの一生を通じて力になる、ということだ。クッキーモンスターだって、しつけしだいでいい子になれる可能性があるのだ。

クッキーモンスター、がまんを習う

『セサミ・ストリート』はバート&アーニー、ビッグバード、クッキーモンスターなどの人気キャラクターが登場する子ども向けの教育番組で、一二〇カ国以上で放映されている。番組を制作しているセサミ・ワークショップをわたしが訪れたとき、制作スタッフに認知科学や脳科学などの専門家をまじえたミーティングがおこなわれていた。

『セサミ・ストリート』は、番組の構想当初から、学習を楽しい演出にくるんで提供するという方針で制作されてきた。「放映される『セサミ・ストリート』の番組には、毎回カリキュラムの目標が設定されているんです」と、制作現場でジョーン・ガンツ・クーニー・センターの代表マイケル・レヴァインが話してくれた。「番組は、すべて教育的効果を事前に評価しています」

さまざまな教育専門家が番組の内容をチェックする一方で、いちばん重要な専門家（すなわていることはたち（未就学児童たち）にもチェックに参加してもらって、番組のメッセージがきちんと理解されているかどうかを確認している。また、算数の概念など特別な目的の含まれた番組では、未就学児童が実際に何を学んだか、教育効果をさらにテストする。

その日の科学者をまじえてのミーティングは、認知の基本的要素がテーマだった。「番組を作る際には、一流の研究者と一流のライターが力を合わせる必要があります」と、レヴァインが話してくれた。「ただし、肝腎なのは、科学者の主張を聞く一方で、それを遊びにすること、楽しくすることなのです」

たとえば、『セサミ・ストリート』で衝動のコントロールを教える場面を見てみよう。場面は、クッキー愛好家クラブをめぐるエピソードである。「フーパーの店」のオーナーであるアランは、クッキー愛好家クラブのメンバーたちに賞味してもらうために、クッキーを焼いた。クッキーモンスターには知らせてなかったが、とつぜんクッキーモンスターが現れて、案の定、クッキーをぜんぶ食べようとする。

アランはクッキーモンスターに、「クッキー愛好家クラブのメンバーになりたいのなら、クッキーをぜんぶ食べちゃいたい気持ちをがまんしなくちゃいけないんだよ。そしてクッキーをちゃんと味わって楽しむことをおぼえないといけないんだ」と説明する。「まず、クッキーを手に取って、欠けているところがないかどうかチェックするだろ？　そのあと香りをかいでみる。そして、最後に一口だけかじるんだ」と。けれども、衝動のかたまりであるクッキーモンスターは、かまわずクッキーを丸呑みしてしまう。

番組で自己抑制のテーマをしっかり伝えるために、セサミ・ワークショップ副代表ローズマリー・トゥルグリオは、他ならぬウォルター・ミシェル（マシュマロ・テストの考案者）の助言を仰いだ。

ミシェルは、クッキーモンスターに「クッキーを何か他のものだと考えて、それを頭に思い浮かべる」といった認知制御の方法を教えるアイデアを提案した。そこで、クッキーモンスターはクッキーが丸くてヨーヨーのように見えるから、「クッキーはヨーヨーだ、クッキーはヨーヨーだ」とくりかえして、一所懸命その気になろうとした。が、やっぱりクッキーをがつがつ食べてしまった。

クッキーモンスターにクッキーを一口かじるだけでやめておく（かなりの意志力を要する）ことを教えるため、ミシェルは衝動遅延の別の方法を提案した。アランがクッキーモンスターに「むずかしいとは思うけど、だいじなのは、いますぐこのクッキーを食べちゃうか、愛好家クラブに入れてもらってぜんぶの種類のクッキーを味見できるようになりたいか、ってことなんだ」と話して聞かせるのだ。これは、うまくいった。

少しでもクッキーのことを考えるだけで食べたくなってしまう心理状態では、「一部分だけでやめておく」がまんはとても学習できない。『セサミ・ストリート』のカリキュラムには、実行制御のような要素を考えさせる工夫も含まれている。実行制御は科学、技術、工学、数学に取り組むうえで欠くことのできない基本だ。

「低学年の担任教師たちは、子どもたちがちゃんと席について、集中して、心を落ち着かせて、指示に耳を傾けて、協力して、同級生と仲良くできる状態で学校に来てほしい、と言います」と、トゥルグリオが説明する。「そうでないと読み書きや計算を教えることができない、ということです」

「数の感覚や初歩の読み書きを教えるには」自制が必要で、それは就学前に実行機能が成長していることが基礎になっている、とレヴァインは言う。実行機能に関係する抑制的コントロールは、初歩の算数や読み書きと密接に関係している。「こうした自己抑制スキルを教えることによって、脳の未発達な子どもたちの神経をつなぎなおせる効果があるかもしれないのです」

集中する力、無視する力

次ページの絵のような風景を好む人は、国を問わず世界じゅうに多い。少し高いところから牧歌的風景を見下ろす構図だ。水があり、草地があり、動物の姿も見える。人々が共通してこのような風景を好むのは、人類がサバンナを歩きまわったり丘の中腹の洞窟で身を寄せあったりしていた遠い時代の名残なのだろう。

さて、ここから先は、本書の文章だけに集中して、風景画はいっさい見ないようにしていただきたい。……これができたら、そのとき、あなたの脳内では集中と注意散漫の戦いが展開さ

by Clipart.com

れていることになる。何か一つの対象に集中して、他を捨象しようと努力していると き、脳内にはこのような緊張関係が生じる。つまり、トップ・ダウン回路とボトム・アップ回路が綱引きをしているわけだ。

いましばらく、絵は見ないで本書の文章に集中して、脳内で何が起こっているかを考えてみよう。算数の宿題をしている最中に友だちからのメールをチェックしたくなってしまう子どもの脳内でも、これと同じ綱引きが起こっている。(注11)

ハイスクールの生徒に数学の才能の有無を調べるテストをすると、結果には幅があるが、上から一〇パーセントぐらいはかなりの数学的才能を示す。そのトップ一〇パーセントを数学の難易度の高いクラスに入れて一年間観察すると、大多数は優秀な成績をおさめる。しかし、予想に反して成績のふるわない者も出てくる。

この数学難関クラスの生徒たちに無作為な時間にブザーが鳴る装置を持たせて、そのときの気分を記録してもらう実験をした。ブザーが鳴ったときにたまたま数学の勉強をしていた場合、成績が優秀な生徒たちは、そうでない生徒に比べて肯定的な気分を記録する割合がはるかに大きかった。成績がふるわない生徒は逆で、不安な気分を記録した回数が楽しい気分を記録した回数の五倍にのぼった。(注12)

まさにここに、才能に恵まれた者でも失敗しうる理由が隠れている。認知科学によれば、注意には限りがあるのだ。ワーキング・メモリーには同時に処理できる容量に限界があり、容量の一部が不安に使われてしまうと、それによって、たとえば数学に振り向けられる容量が小さくなってしまう。

自分が不安になりかけていることに気づいたときに集中をしなおせるかどうかは、自己認識の力にかかっている。そうしたメタ認知力があれば、方程式を解くことであろうと、レシピに従って料理を作ることであろうと、オートクチュールの仕立てであろうと、目の前の課題を達成するのに最適な精神状態を保つことができる。得意の分野が何であれ、自己認識ができていれば、最高の能力を発揮することができるのだ。

注意にはさまざまな程度や種類があるが、自己認識に大きくかかわってくるのは選択的注意と全般的注意である。選択的注意は、一つの目標に集中して、他のすべてを無視すること。全般的注意は、自己の内外から広範に情報を取り入れ、ともすれば見落としがちなかすかな徴候にも気づく注意だ。

どちらの注意も極端になれば自己認識を阻害する、とリチャード・デイヴィッドソンが書いている。(注13) 実行機能には、注意そのものに対する注意も含まれる。いわば、自分の精神状態に対する認識だ。これによって、人間は自分の集中を監視して、逸脱しないよう維持できる。

実行機能（認知制御とほぼ同義）は、訓練によって向上させることが可能だ。未就学児童にとって、実行機能を身につけることは、ＩＱが高いことや就学前に文字を読めるようになっていること以上に有益な就学準備になる。(注14)『セサミ・ストリート』の制作チームが指摘したように、教師は新入生が自制や注意制御や誘惑をがまんするなどの実行機能をしっかり身につけていることを望んでいる。こうした実行機能は、ＩＱとは別に（そしてＩＱ以上に）、学童期を通して数学や国語の成績を左右する。(注15)

もちろん、これは学童だけにあてはまることではない。一つの対象に集中して他のことを捨象する能力は、意志力の根幹をなすものだ。

マシュマロをがまんするコツ

五世紀のインドでは、修行僧は肉体の三二の部分を瞑想する行《ぎょう》をおこなっていたという。それは糞、胆汁、痰、膿、血、脂肪、鼻汁など嫌悪をもよおす人体の局面に集中することによって自分の肉体から超脱し、また独身の修行僧が肉欲をしりぞける助けになったのだという。これもまた、意志力を高めるための行為ではある。

そこから一気に一六〇〇年の時を下って、修行僧の禁欲とは対極にある現代の様相を見てみよう。ロサンゼルスで一〇代の売春婦たちを救う活動をしているソーシャル・ワーカーから、こんな話を聞いた。「信じられないほど衝動的な子どもたちもいるんです。浮浪者同然の暮らしをしているにもかかわらず、もし一〇〇〇ドルもらったとしたら、最も高額なｉＰｈｏｎｅに全額をつぎこんでしまうような。安全な住居を見つけることが先決だなんて考えもしないのです」

そのソーシャル・ワーカーは、エイズにかかった若者が国から経済的援助を受けられるように手続きしてやり、住居を手配し、無料の医療を受けさせ、アパート代と食費を給付し、スポーツジムの入会まで世話してやる。「若者の友人の中には、そんないい暮らしができるなら自分もエイズになりたい、なんて言う子もいるんですよ」

認知制御能力の高い子と低い子との差が幼少期から存在することは、スタンフォード大学のマシュマロ・テストで明らかになっている。被験者となった幼児のうち、四〇年後に消息がわかったのは五七人だったが、四歳のときにマシュマロをがまんする能力があった子は四〇年後にも欲望を遅延させる能力があり、幼児期にマシュマロをがまんできなかった子は四〇年後になってもやはり衝動の抑制が苦手だった。

マシュマロ・テストから四〇年を経た五七人に対して、誘惑をがまんしている状態で脳スキャンをおこなった。すると、欲望の遅延抑制能力が高い被験者たちの脳内では、思考や行動をコントロールするカギとなる前頭前皮質の回路（衝動に「ノー」と言う右の下前頭回《かぜんとうかい》が含まれる）が活性化していた。しかし、遅延抑制能力の低い被験者たちの脳内では、腹側線条体《ふくそくせんじょうたい》が活性化していた。これは、薬物やデザートなどの誘惑や快楽に負けたときに活性化する脳の報酬系回路だ。(注16)

ダニーデンの研究では、認知制御がティーンエージャー期においてとくに重要であることがわかった。思春期に自制が苦手だった者は、その後喫煙を始める割合が高く、一〇代での望まない妊娠や中途退学の割合も高かった。どれも、将来への扉を閉じてしまう人生の落とし穴であり、低賃金の仕事、健康問題、場合によっては犯罪者の道へ堕ちていってしまう。

これは四歳児や思春期の子どもたちに限った問題ではない。われわれの多くが日常的に認知負荷過剰の状態にあり、その結果、自制がきかなくなってきているように思われる。注意に対する負荷が大きければ大きいほど、誘惑に抵抗する力は弱くなるようだ。先進国に肥満が多いのも、さまざまな原因によって注意散漫になった結果、自動的思考に陥って糖分や脂肪分の多い食物に手を伸ばしやすくなるのが一因ではないか、とする研究結果がある。脳の画像診断をしてみると、ダイエットに成功してリバウンドせず体重を保てる人ほど、高カロリーの食物を目の前にしたときの認知制御がよくできている、という研究結果もある。(注17)

フロイトの有名な言葉「イドあるところにエゴあらしめよ」は、まさにトップ・ダウン回路とボトム・アップ回路による綱引きのことを言っている。「イド」すなわち甘いものに手を出したり、高価なものを買ったり、ネットサーフィンで時間を浪費したりする衝動は、つねに実行機能を担う「エゴ」と綱引きをしているのだ。「エゴ」は、ダイエットに成功し、お金を節約し、時間を効率的に使うことを可能にしてくれる。

心の領域では、意志力はトップ・ダウン系とボトム・アップ系のせめぎあいを意味する。意志力とは、衝動や情熱や習慣や渇望に駆られても目標に集中しつづける能力だ。この認知制御は、「熱い」情動反応（迅速で衝動的で自動的）に圧倒されずに目標を追求しようと努力する「冷静な」回路の働きだ。

二つの回路は、集中の決定的な違いを表している。報酬系の回路は熱い認知（マシュマロは甘くておいしそうだ、というような強い情動を伴う思考）に固着し、情動が強ければ強いほど衝動も強くなり、理性的思考をする前頭葉が欲求にハイジャックされてしまう確率が高い。

一方、前頭前野の実行系回路は熱い認知を冷ますように働き、衝動に待ったをかけて、誘惑を再検討する。実行系回路を活性化させて集中を切り替えることによって、情動を冷ますことができるのだ。

クッキーモンスターにアドバイスしたのと同じように、スタンフォード大学におけるマシュマロ・テストの際に、ウォルター・ミシェルは子どもたちに簡単ながまんのコツを教えた。マシュマロは額縁にはいった単なる絵である、と想像する方法だ。すると、たちまち、頭の中を占領していた魅力的なマシュマロが現実のものではないと考えられるようになり、マシュマロに集中することもしないことも自由自在にできるようになった。マシュマロとの関係を変える脳の訓練によって、マシュマロの魅力に一分も抵抗できなかった幼児たちが一五分間しっかりと誘惑に耐えられるようになった。

衝動の認知制御は人生に役立つ。ミシェルは、「熱い情動に対処できれば、テレビを見るのをやめて勉強できるし、老後に向けてお金を貯めることもできます。マシュマロだけの問題ではないのです」と述べている。(注18)

意図的に注意をそらす、認知的に再評価する、といったメタ認知能力は、心理学において一九七〇年代から注目されるようになった。しかし、同様の工夫は、肉体の不快な局面について瞑想していた五世紀のインド修行僧たちもおこなっていた。

当時から伝わっている話を紹介しよう。ある修行僧が歩いていると、すばらしく美しい女性が走って通り過ぎていった。(注19)その朝、女性は夫と大げんかをして、実家へ逃げ帰るところだった。

数分後、追いかけてきた夫が修行僧に声をかけた。「お坊さま、女が通りがかりませんでしたか?」

修行僧は、答えた。「男か女か知らぬが、一人分の骨と皮が通っていったのは確かじゃ」

第III部

他者を読む

Part III
Reading Others

第9章
見えすぎる女

父親が激しやすい性格だったため、子どものころ、カトリーナ（仮名）はつねに父親の顔色をうかがいながら過ごしていた。そのため、過度に用心深くなり、父親の声が少し大きくなったり眉が曇ったりといった怒りのかすかな徴候さえ見逃さないよう、いつも緊張していた。

情動をキャッチするレーダーは、成長するにつれてますます研ぎすまされていった。たとえば、カトリーナは大学院時代、ボディランゲージを見ただけで他の院生が教授とひそかに肉体関係を持っていることまで見抜けてしまった。

からだの微妙なしぐさがシンクロするのが見えてしまうのだ。「からだの向きを変えるしぐさがシンクロしてるんです」と、カトリーナは言う。「彼女がからだをくねらせると、教授のほうもからだをくねらせる。肉体レベルの波長が恋人どうしみたいにシンクロしてるのを見て、わかっちゃうんです。あら、やだ……って。恋人たちは、自分では気づいていません。でも、根本的なレベルでお互いすごく同調しあうようになるんです」

数カ月後に、院生は秘密の情事をカトリーナに打ち明けたという。「彼女はもう情事は終わったと言ってたけど、二人とも肉体的にはまだ反応しあっていました」と、カトリーナは言う。「ふつうは誰も気づかないようなことが、わたしには何もかも見えてしまうんです。眉がちょっと上がったとか、手が動いたとか。破壊的ですよ……わたし、いろんなことが見えすぎて、つらいです」

カトリーナが気づいて、ときに暴露してしまう情動のサインは、他人に迷惑なだけでなく、カトリーナ自身にとっても厄介だった。「あるミーティングのとき、わたしは遅刻して、メンバーを待たせてしまいました。みんな、口ではぜんぜん構わないよって言ってくれてたけど、ボディランゲージが伝えてくるメッセージはそうではありませんでした。みんなの姿勢とか、わたしと目を合わせようとしない態度とかを見たら、みんなが怒っているのがビンビン伝わってきたのです。わたしは悲しくて泣きそうになりました。ミーティングはうまくいきませんでした。わたし、いつも、見なくていいことまで見えてしまう——それが問題なんです。自分ではそんなつもりはないのに、他人のプライバシーまで見えてしまう。自分が見抜いたことを何でもかんでも表に出さないほうがいいってことに、わたし、長いあいだ気づかなくて……」

研究チームの同僚たちから「あなたは他人のことに立ち入りすぎる」というフィードバックを受けたあと、カトリーナはコーチについて改善トレーニングを始めた。「コーチは、感情を外に見せてしまうのがわたしの問題だと言いました。何か気づいてはいけないことに気づいてしまったとき、わたしはいつも周囲から見たら怒っているように見える反応をしてしまうのです。その点についても、これからは気をつけようと思っています」

カトリーナのような社会的に敏感な人は、ほんのわずかな情動シグナルも見逃さず、他の人たちが気づかないようなかすかな合図まで読み取ってしまう。目の虹彩《こうさい》がほんの少し拡張したとか、眉がぴくりと上がったとか、姿勢が少し変わったとか、それだけで他人の感情を読み取ってしまうのだ。

読み取ったデータに適切に対応できないと、カトリーナのようにトラブルを起こしてしまう。だが、同じ才能も、使い方によっては、微妙な話題に触れないようにする、一人にさせてあげるべきタイミングを見きわめる、慰めの言葉をかけるタイミングをはかる、など社会的に有益にも働く。

感情の機微を読む能力は、人生のさまざまな局面で役に立つ。たとえば、スカッシュやテニスのようなスポーツの一流プレーヤーは、相手のほんのわずかな動きの違いを見分けてボールの落下地点を予測する。ハンク・アーロンのような野球の大打者は、対戦相手のピッチャーの映像をくりかえし見て、球種を予測する手がかりをつかもうとした。

カーネギーメロン大学人間コンピューター相互作用研究所のジャスティン・キャッセル所長は、同様のよく訓練された共感能力を科学に応用しようと研究している。「わたしが小さかったころ、うちの家族は、よく人間観察のゲームをして遊んだものです」と、キャッセル所長は話してくれた。大学院生になったキャッセルは、心理学の実験で被験者がアニメを見た直後にその内容を描写する際の手の動きを観察する、という作業を何百時間も積み重ね、子ども時代の人間観察ゲームで培った観察眼をますます精緻なものにしていった。

一秒に三〇コマのビデオを再生しながら、キャッセルは次々に変わる手の形に注釈をつけ、手の向きの変化、空間における場所の変化、動きの軌跡などを記録した。さらに正確を期するため、こんどは逆に記録から手の動きを再現する、という方法でチェックを重ねた。

キャッセルは最近、同じような方法で目の動き、眉の上げ下げ、うなずきなど顔の筋肉の細かな動きを観察し、一秒ごとに記録してチェックする研究をしている。キャッセルはこれまでに何百時間ものデータを集め、現在もカーネギーメロン大学の研究室で院生たちとともにデータ収集をおこなっている。

「身ぶりは、いつも、話し手がいちばん強調したい部分の直前に起こります」と、キャッセルは語ってくれた。「政治家の言葉に誠意が感じられない理由の一つは、特定の身ぶりをするようにコーチを受けてはいるものの、その正しいタイミングを教わっていないからです。タイミングがずれると、聞いているほうは、何か嘘っぽく感じるわけです」

身ぶりのタイミングには、意味がある。タイミングを間違うと、意味が逆に受け取られてしまう。キャッセルは、こんな例を示してくれた。「たとえば、あなたが就職の面接官で、『彼女は非常に有望な候補だ』と言ったとします。『非常に』という言葉と同時に眉を上げ、うなずき、その言葉を強調した場合、強力な情動メッセージを送ることになります。ところが、同じことを言っても、『非常に』のあとに一拍おいてからうなずいて眉を上げたとすると、情動的な意味は皮肉をおびたものになります。つまり、彼女はたいしたことない、というメッセージになるのです」

このような非言語的チャネルでのメタ・メッセージの読み取りは、瞬時に、無意識的に、自動的におこなわれる。言葉であろうと、身ぶりだけであろうと、あるいはその両方であろうと、「他人が発するメッセージの意味を読み取らずにいることは不可能です」と、キャッセルは言う。他人に注意を向ければ、あらゆることが無意識のレベルで意味を生じ、ボトム・アップの回路がつねにそれを読み取っている。

ある研究では、被験者が身ぶりで見ただけの情報を「聞いた」と記憶していたケースが紹介されている。たとえば、「彼は配水管の下から出てくる」と聞かされる一方で、話者が拳に握った手を上下にバウンドさせるのを見た被験者は、「そして階段を下りていく」と聞いた、と記憶していた。(注1)

キャッセルの仕事は、一〇〇万分の一秒単位で過ぎてしまうしぐさを見えるようにしてくれる。人間の自動回路はそういうメッセージを受け止めるが、トップ・ダウンの意識はその大半に気づかない。

これらの隠されたメッセージには、強力なインパクトがある。たとえば、夫婦関係の研究者たちのあいだでは、夫婦の口論中、どちらかの顔にくりかえし嫌悪や軽蔑の表情が横切るのが見えた場合、その夫婦はいずれ別れる可能性が高い、というのは昔から知られていたことだ。(注2)また、心理療法では、療法士と患者の動きが同調している場合、療法がうまくいくケースが多い。(注3)

マサチューセッツ工科大学のメディアラボで教授をつとめていた当時、キャッセルは、人間の表現に関するこのきわめて正確な分析の成果を応用して、プロのアニメーターが非言語的行動を絵にする際に活用できるシステムの開発にたずさわった。会話を文字にして打ち込むと、自動的にアニメの人物が頭や目の動き、姿勢などで会話にふさわしい身ぶりをするシステムで、アニメーターはそれをもとに芸術的肉づけをするのだ。(注4)

バーチャル俳優のセリフ、声の調子、身ぶりなどを現実感たっぷりに仕上げるには、ボトム・アップのプロセスをトップ・ダウン回路で把握する必要がある。現在、キャッセルは、これと同じような仕組みでアニメの子どもが「小学生のバーチャル同級生として登場して、社会的スキルを使ってラポール（調和的な人間関係）を形成したあと、そのラポールを利用して学習を支援する」ようなアニメを作ろうとしている。

会議の休憩時間に一緒にコーヒーを飲みながら、キャッセルは何百時間も非言語的メッセージを解析したおかげで、メッセージを非常に敏感に読み取れるようになったという話をしてくれた。「いまでは、誰といるときでも、自動的にその相手の非言語的メッセージを読み取れてしまいます」。それを聞いて、正直、わたしはどぎまぎした（それをまた彼女が読み取っているだろうと思ったら、ますますどぎまぎした）。

第10章
「共感」の三つのかたち

情動のシグナルを敏感に読み取る能力は、「認知的共感」の頂点だ。(注1) 認知的共感によって、人間は他者の視点に立つことができ、他者の精神状態を理解することができ、同時に、他者の胸中を慮《おもんぱか》りながら自分の情動を管理することができる。これはトップ・ダウン回路の機能だ。(注2)

一方、「情動的共感」は、相手と気持ちを共有する共感であり、相手が感じている喜びや悲しみと肉体的にも共鳴する。こうした同調は自動的で自発的なボトム・アップ回路を通じて起こる場合が多い。

認知的共感や情動的共感は、他者の思考を認識したり他者の感情と共鳴したりすることだが、必ずしも同情（他者の幸福に対する気遣い）につながるとは限らない。共感の三番目の能力である「共感的関心」は、他者を心配し、必要ならば援助の手を貸すところまで踏み込む。共感的関心は、思いやりと愛着をつかさどるボトム・アップの原始的回路のうえに成立しつつ、他者の幸福が自分にとってどのくらい重要であるかを評価する思慮的なトップ・ダウン回路も関係している。

共感の回路は相手と顔を合わせている状況で成立するようにできているため、オンラインで仕事をするようになった今日においては、共感の成立が難しい状況が生まれつつある。たとえば、会議などで全員が暗黙のうちに意見の一致に至ったような場合、誰か一人が「それでは、みなさん異存ありませんね」と、すでに全員が了解していることを口に出し、全員がうなずく、というようにして合意が確認される。しかし、キーボードで打った文章を介してオンラインでこのような合意を達成しようとする場合、実際の会議のように出席者たちの非言語的メッセージを読むことができないから、文字で発言されたデータだけにもとづいて当てずっぽうでやるしかない。その場合、頼りにできるのは行間を読む認知的共感であり、他者の頭の中で何が進行しているかを認知的に推測するわけである。

認知的共感は、他者の見解や思考を理解する能力だ。他者の目を通じて見ること、他者の論理をたどって考えること、他者の理解方式に適合する言語で意思疎通をはかることだ。

この能力は、認知科学者に言わせると、「追加的な計算メカニズム」を必要とする。つまり、情動について考える必要がある、ということだ。前章のジャスティン・キャッセルの研究グループは、この共感能力を利用して研究を進めているわけだ。

人間にはもともと知りたがりの性質があり、それゆえ周囲の人間から学んで認知的共感を養い、他者の世界に対する理解を広げていくようにできている。ある優秀な企業役員は、こう言っている。「わたしはとにかく何でも学びたいと思い、周囲のすべての人を理解したいと思ってやってきました。どうして彼らはそう考えるのか、どうして彼らはそういうことをしたのか、何がうまくいって何がうまくいかなかったのか、理解したいと思うのです(注3)」

人生で初めて他者の視点に立つ経験をするのは、乳児期に、自分の状態が他者の状態とどう違うか、自分が表現した感情に他者がどう反応したか、などの経験を通じて基本的な情動を学ぶ場面だ。乳児は他者の視点に立つことを学び、複数の視点があることを学び、他者と意味を共有することを学ぶ。

二、三歳の幼児になると、感情に言葉をあてはめることができ、「うれしい顔」や「悲しい顔」を見分けられるようになる。さらに一年ほどたつと、他の子がものごとをどう見るかによってその子の反応が決まる、ということを理解できるようになる。思春期を迎えるころには、他者の気持ちを正確に読む能力も強化され、社会的相互作用が円滑にできるようになる。

ドイツのライプツィヒにあるマックス・プランク認知神経科学研究所の社会神経科学部タニア・ジンガー部長は、失感情症(自分自身の感情を理解したりそれを言葉にしたりすることの困難な症状)の患者における共感と自己認識を研究している。「自分の気持ちが理解できなければ、他者の気持ちは理解できません」と、ジンガーは言う。

自分自身の思考や感情について考えることを可能にしてくれる実行回路は、他者の心について推論することも可能にしてくれる。「心の理論」(他者には他者の感情や願望や動機があるという理解）があるから、わたしたちは他者が何を考え何を欲しているのかを推論することができる。このような認知的共感は、実行注意と同じ回路を使う。認知的共感は二歳から五歳のあいだに大きな発達を遂げたあと、一〇代を通じて発達を続ける。

共感が暴走すると

心理学専攻の学生がニューメキシコ州の刑務所を訪れて、筋肉隆々の服役囚を面接した。非常に危険な服役囚なので、面接がおこなわれる部屋には非常用ボタンがあって、危険を感じたら通報できるようになっていた。服役囚は、恋人を殺害したときの凄惨《せいさん》な様子を微に入り細を穿って描写して学生に聞かせた。それがあまりに魅力的な話しぶりだったので、学生は思わず服役囚につられて笑ってしまった。

この殺人犯のような反社会性パーソナリティ障害のある犯罪者を仕事で面接しなくてはならない専門家の約三分の一は、肌がぞくっとするような気味の悪さを感じたと報告している。これは原始的な防御的共感が働いたことを示すものだとする説もある。（注4）

認知的共感は、邪悪な使い方もできる。認知的共感を使って他者の弱点を見つけ、そこにつけこむのだ。これは反社会性パーソナリティ障害のある人間が使う典型的な手で、認知的共感を使って他者を操作する。反社会性パーソナリティ障害においては不安をいっさい感じないので、刑罰の脅威は犯罪抑止力にはならない。（注5）

ハーヴェイ・M・クレックレーは、一九四一年に書いた反社会性パーソナリティ障害を扱った古典的著書『正気の仮面』の中で、反社会性パーソナリティ障害は「正常な情動や優れた知性や社会的責任感を完璧に模倣」した背後に「無責任な人格」を隠し持っている、と書いている。(注6) 無責任な部分は、病的な虚言癖や他者に寄生する生活態度などとなって表出する。その他の特徴は、退屈しやすく注意散漫、衝動のコントロールが苦手、他者の苦痛に対する情動的共感や同情心の欠如、などがある。

反社会性パーソナリティ障害のある人は人口の一パーセント程度いると考えられている。ということは、労働人口の中には、いわゆる「成功した反社会性パーソナリティ障害者」が何百万人も存在するということになる（巨額の金融詐欺で逮捕された元NASDAC会長バーナード・マドフは、失敗した反社会性パーソナリティ障害者の例）。反社会性パーソナリティ障害者（「マキャベリ型人格」もこれに近い）は、他者の情動を読むことはできるが、読み取った表情を記憶する脳内の部位が他の人間と違う。

ふつうの人間は情動のデータを脳の辺縁系に記憶するが、反社会性パーソナリティ障害の脳内では前頭葉とくに言語野が活性化する。つまり情動「について」言葉で理解はするが、実際にその情動を感じることはないのだ。反社会性パーソナリティ障害者は、正常なボトム・アップ回路で情動に反応するのではなく、トップ・ダウン回路を使って反応する。(注7)

これは恐怖の感情に関して非常に顕著に見られ、反社会性パーソナリティ障害者は自分の犯罪がもたらす刑罰に対していっさい懸念を抱かない。この点については、反社会性パーソナリティ障害者は衝動に対する認知的コントロールが欠けているため、目の前にあるスリルに集中してしまい、自分の行為がもたらす結果にまったく無頓着になってしまうのではないか、とする仮説もある。(注8)

情動的共感——他者への共感は自分を読むことから

「この装置は人命を救います」と鳴り物入りで病院に導入されたのは、モニター画面、キーボード、血圧計等々が搭載されたキャスター付きの装置だ。

過日、受診のため病院を訪れたときに、わたしもその新装置を目にした。診察台に腰を下ろして血圧を測ってもらっているあいだ、その新装置はわたしの右後方に置かれていた。看護師はわたしの横に立ち、わたしではなくビデオモニターのほうを向いていた。測定を終えたあと、看護師はモニター画面にあらわれる問診の項目を機械的に読み上げ、わたしの回答をキーボードで入力していった。

看護師は、診察室から出ていくまで一度もわたしと目を合わせなかった。目が合わなければ、わたしは名無しの患者と同じことで、情動レベルの交流は起こらない。人間の温かみもなく、サイボーグを相手にするのと変わらない。

こうした経験は、わたし一人ではないだろう。大学の医学部における調査研究によれば、医師が患者の目を見て、話を聞きながらうなずき、痛みを訴える患者に優しく手を添え、たとえば診察台の上で寒くないかと尋ねる気遣いを見せると、患者からの評価が上がることが報告されている。クリップボードやコンピューター画面ばかり見ている医師に対しては、患者の評価は低い。(注9)

ふだんの看護師はわたしに対して認知的共感を抱いていたかもしれないが、あれではわたしの気持ちに波長を合わせる機会はほとんどなかった。他者の気持ちを感じ取り気遣う情動的共感は、進化のかなり早い時期から存在した。ヒト以外の哺乳類にも情動的共感はある。情動的共感はボトム・アップ回路を使う。他者の感情を直接的に察知する神経回路の多くは、大脳皮質の下、脳の起源の古い部分にあり、思考スピードは速いものの、深い思考はできない。(注10)この回路は、自分自身の肉体に他者から感じ取った情動を生じさせることによって、他者に波長を合わせる。

たとえば、興味深い話に引き込まれているとき、脳を調べてみると、聞き手の脳は話し手の脳と親密につながっている。聞き手の脳波は話し手の脳波から一、二秒遅れて正確に呼応している。(注11)二人の脳波の重なる部分が多いほど、聞き手は話をよく理解している。理解が最上のレベルに達したとき、完全に集中し理解しあっている二つの脳は驚くべき反応を見せる。聞き手の脳波が一秒か二秒ほど話し手の脳波を先読みした形で表れるのだ。

ラポールは、まず最初に二人のあいだで集中が完全に共有されるところから始まる。次に、無意識に身体的同調が始まり、そこから快感が生じる。教師と生徒のあいだにそのような集中の共有が生じれば、生徒の脳は学習に最適な状態になる。クラスの生徒たちを授業に集中させようとして苦労したことのある教師なら、クラス全員が静かになって集中したときには歴史でも数学でも授業がよく頭に入っていくことを知っているだろう。

情動的共感の回路は乳児期の初期から機能しはじめ、他者と共鳴する感覚を知るようになる。脳の発達においては、人間は他者の喜びや苦痛について「考える」ことができるようになるより前に、それを「感じる」ことができるようになる。こうした共鳴の際に働くミラー・ニューロン系（これ以外にも共鳴にかかわる回路は存在する）は、生後六カ月ごろから機能しはじめる。(注12)

共感を支えるのは、注意の力だ。他者の気持ちに波長を合わせるには、他者の情動を示す表情や口調などに気づく必要がある。注意の回路の一部である前帯状皮質は、他者の苦痛を見ると自分の扁桃核に合図を送り、扁桃核が他者の苦痛と共鳴することによって、わたしたちは他者の苦痛を感じる。

情動的共感は、他者の肉体に起こっていることを生理的に感じる能力だ。他者が苦痛を伴うショックを受ける様子を見せながらボランティア被験者の脳の画像診断をおこなったところ、被験者自身の痛みの回路が活性化して、あたかも他者の苦痛を模倣しているかのような反応を示した。(注13)

タニア・ジンガーは、人間が島皮質前部を経由して他者の苦痛に共感することを発見した。これは自分自身の苦痛を感じるのと同じ領域だ。つまり、われわれは、まず最初に他者の苦痛を自分の中で感じるわけだ。(注14) 共感は、自分自身の肉体内部に生じる本能的な感覚を感じ取る能力の上に成立する。

同じことが同調についても言える。同調とは、動きや行動が非言語レベルでぴったり一致することで、ラポールが成立していることを示す。たとえば、ジャズ・ミュージシャンが細かいリハーサルをしなくても、センターステージでソロを取るタイミングとバックに退くタイミングをわかっているように見えるのは、同調のおかげだ。ジャズ奏者とクラシック奏者の脳機能を比較してみたところ、ジャズ奏者のほうが自己認識の数値が高かった。(注15) あるジャズ奏者は、こう言っている。「ジャズでは、自分の肉体がどう感じているかに波長を合わせていないと、リフのタイミングがわからないからね」

脳の構造そのものが、自分自身に関する情報を取得する経路と他者に関する情報を取得する経路を同じ神経回路に置くことによって、自己認識と共感を統合しているように思われる。とくに絶妙なのは、ミラー・ニューロンやその他の社会的回路が脳と身体を使って他者に起こっていることを再現しているあいだ、島皮質がそれらすべてをまとめている点だ。共感には自己認識が必要だ。人間は自分自身に波長を合わせることによって他者を読むのである。

たとえば、フォン・エコノモ・ニューロン（VEN）。このユニークな脳神経細胞は自己認識において重大な働きをするが、怒りや悲しみや愛情や性欲などを感じたときに活性化する領域にある。VENは、前頭前皮質と島皮質（内省時にも共感時にも活性化する領域）を超スピードで結んでいる。これらの神経回路は他者とかかわる世界を超スピードで監視していて、重要なことがあると瞬時に反応する。注意に関係する脳の基本的な神経回路は、社会的感受性の回路や共感の回路と絡みあっている。(注16) これによって、人間は自分自身の情動や他者の情動を知り、考察し、対処することができるのである。

共感的関心——同情が持つ二面性

一人の女性がよろよろとクリニックの待合室に入ってきた。耳や鼻や口などあちこちから出血している。即座に、医師やスタッフは救急態勢にはいり、女性を診察室へ入れて止血にとりかかり、救急搬送の準備を始めた。その日の残りの診察予約はすべてキャンセルとなった。

待合室で順番を待っていた患者たちは、もちろん事情を理解し、キャンセルを了承したが、一人だけ激怒した女性患者がいた。その女性は、クリニックの受付係に向かって、「わたしは仕事を一日休んで来てるのよ！　キャンセルなんて冗談じゃないわ！」と叫んだ。

この話を聞かせてくれた外科医は、このように他人の窮状を何とも思わない患者が近ごろ増えている、州の医師会でも話題になるくらいだ、と言っていた。

聖書にある「善きサマリヤ人《びと》」は、殴られ身ぐるみはがれて道ばたに倒れ苦しんでいる旅人を見かけたときに足を止めて助けた人の話だ。その旅人の姿を見た人はほかにも二人いたが、その二人は自分の身に降りかかる危険を案じて、道路の反対側に渡り、通り過ぎてしまった。マーティン・ルーサー・キング・ジュニアは、旅人を助けなかった二人は「ここで足を止めてこの男を助けたら、自分の身に何が起こるだろう？」と考えたのであろう、と指摘した。しかし、「善きサマリヤ人」は逆のことを考えた。「もしわたしが足を止めてこの男を助けなかったら、この男の身に何が起こるだろう？」と。

同情は共感の上に成立し、共感は他者に対する集中を必要とする。自分のことしか考えていなければ、他者のことには気づかない。困っている人がいても、まったく気づかないまま通り過ぎてしまう。しかし、いったん気がつけば、その他者に波長を合わせ、気持ちや窮状を察し、その人を心配して行動を起こすことができる。

共感的関心は、育児本能に根ざしている。哺乳類においては、親の庇護《ひご》なしに生きのびることのできない幼い個体に対する注意や関心が強制的に喚起されるようプログラムされている。[注17]誰かがかわいい赤ちゃんを連れて部屋にはいってきたら、人々の視線はそこに集まる。これが、哺乳類の育児本能の働きだ。

共感的関心が芽生えるのは、乳児期だ。乳児は、他の乳児が泣く声を聞くと、自分も泣き出す。この反応は扁桃核によって引き起こされる。泣き声を聞いた乳児の脳内で扁桃核がボトム・アップ回路を活性化させ、同じ悲しみや動揺を感じさせるのだ、とする神経学説もある。

それと同時にトップ・ダウン回路によってオキシトシンが分泌され、泣いている乳児に対する関心や温情の初歩的感情が動かされるのだ、と。(注18)

こう考えてみると、共感的関心は両刃の感情だ。他者の苦痛を自分のことのように経験するという潜在的な不快を喚起すると同時に、親が子に対して感じるのと同じ関心も喚起する。ただし、育児本能が喚起される一方で、人間の脳内では、その他者の幸福は自分にとってどのくらい重要か、という計算もおこなわれる。

このボトム・アップ回路の働きとトップ・ダウン回路の働きのバランスが重要だ。同情心が強く働きすぎると、自分がつらくなる。かといって、同情がもたらす苦痛を避けるために感情を殺して対応すれば、共感を失うおそれがある。共感的関心のためには、個人的な苦痛をトップ・ダウン回路で管理しつつ他人の苦痛に無感覚にならないことが大切だ。

他者が物理的な苦痛にさらされている様子を聞かされたボランティア被験者の脳をスキャンすると、被験者自身の脳内で苦痛を感じる部分が即座に反応する様子が認められる。ただし、その話が心理的な苦痛であった場合には、共感的関心と同情の領域が活性化するまでに比較的長い時間がかかった。研究チームは、「状況の心理的・道義的な重要性」を判断するのに時間がかかるからである、と説明している。

道義心は共感から生じ、思考と集中の上に成立する。あまりに多忙で注意散漫になりがちな今日の生活の代償として、共感と同情が浸食されているのではないか、と懸念する向きもあ

とが難しくなる。

注意が散漫になればなるほど、他者の情動に波長を合わせたり思いやりを示したりすることが難しくなる。(注19)

他者の苦痛に気づくと、反射的に、わたしたちは注意を喚起される。苦痛の表現は、助けを呼ぶための重要な生物的シグナルなのだ。アカゲザルでさえ、チェーンを引けばバナナが手にはいる仕掛けを学習しても、チェーンを引くことによって他のアカゲザルにショックが与えられることを知ると、チェーンを引かなくなる。

ただし、例外もある。一つは、苦痛を受けている人々に対して好意を抱けない場合だ。たとえば、相手から不当なことをされたと思う場合、あるいは、相手を嫌悪する集団の一員とみなした場合。(注20)そのような場合には、苦痛に対する共感は容易にくつがえされ、他人の不幸を喜ぶ気持ちに変わるだろう。(注21)

資源が不足している場合も、競争によって共感が抑圧される場合がある。しかも、食料であれ、異性であれ、権力であれ、医者の診察予約であれ、あらゆる社会集団において競争は日常的に存在する。

もう一つ、もっともな例外がある。医師の治療行為など、他者の苦痛に相応な理由があると理解できる場合、脳は他者の苦痛にさほど共鳴しない。さらに、どこに集中を向けるかによっても、差異が生じる。苦痛の強度に注目すれば、情動的共感は大きくなり、目をそらせば、情動的共感は小さくなる。

こうした制約を別にすれば、思いやりの一つのかたちとして、他者の苦痛をやわらげるためにそばにいて安心させてあげる行為が可能だ。愛する者がそばにいてくれるだけで鎮痛効果があることは、研究によって証明されている。そばにいてくれる人の共感が強ければ強いほど、鎮静効果が大きい。(注22)

医師はなぜ動揺せずにメスが使えるのか

「胸にしこりがあるのに気づいて、その……わたし……」。そう言いながら、患者は言葉につまり、うつむいて涙ぐんだ。

「いつ、しこりに気づいたのですか？」医師は優しく尋ねる。

患者はうわの空で、「わかりません。しばらく前からです」と答える。

「それは心配でしたね」と医者が応じる。

「ええ、まあ、心配というか……」と患者。

「心配というか……？」

「そうですね……人生これで終わったかな、みたいな感じ」

「そうですか。不安で悲しいんですね」

「ええ、先生、そうなんです」

診察室でこういう心の通じる会話がある一方で、患者が涙ぐんで胸のしこりについて話しはじめた直後から、患者の気持ちなどにはまるで無頓着にチェックリストの質問を始めたり症状を詳しく質問しはじめたりする医師もいる。

そのような対応をされれば、患者は、聞いてもらえなかった、相手にされなかった、と感じるに違いない。しかし、一人目の医師のように共感をこめた対応をしてもらえれば、患者は、苦痛の度合いは同じでも、理解してもらえたと感じて救われた気分になるだろう。

この二つのシナリオは、患者に対する共感をテーマにした医療雑誌で紹介されていたものだ。(注23)「こういう理解でよろしいでしょうか?」という、患者との共感を築くうえで決め手となるひとことが記事のタイトルになっていた。ほんの少しの時間を割いて、病気について患者がどう感じているかに注意を向けることによって、患者と医師が心を通じあえる、と記事は書いている。

患者が医師に対して抱く不満で最も多いのは、話を聞いてもらえなかった、というものだ。医師のほうは、そんなことにまで時間を割く余裕はない、と反論する。カルテがデジタル化され、医師が診察中に患者よりもキーボードのほうを向いている時間が増えて、患者との人間的な接触はますます難しくなった。

とはいえ、患者と向き合う時間は一日の中で最も満足度の高い時間である、と言う医師が多い。医師と患者のラポールは診断の正確性を高め、患者が医師の指示を守る確率を高め、患者の満足度や再診率も高まる。

「患者と気持ちを通じあう共感、すなわち深い意味で患者の声に耳を傾け注意を払う態度は、医療行為の根幹である」と、記事は訴えている。患者の情動に向き合えば、ラポールを築くことができる。患者の気持ちを無視して病気のほうばかり見ていては、壁ができてしまう。アメリカ合衆国において、医療過誤で訴えられる医師は、一般論として、訴えられない医師より多くの医療ミスを犯しているわけではない。研究によれば、いちばん大きな違いは医師と患者の人間関係に帰するケースが多いという。患者から訴えられる医師は、情動的ラポールが作れていない。診察時間が短く、患者が何を心配しているかを尋ねず、患者の質問にちゃんと答えられたかどうか確かめず、患者と心の距離があった。患者とともに笑う場面などもほとんどなかった（注24）。

しかし、患者の苦痛に心を寄せすぎると技術的に難しい治療がやりにくくなる場合もある。患者の苦痛にもかかわらず正確な治療行為に集中しなければならない場合などである。

他者が苦痛を感じているのを見たとき、わたしたちの脳内では、嫌悪すべきものを見たときと同じ回路が活性化する。「怖い！　ここから逃げなければ！」というのが、最初に頭に浮かぶ考えだ。ふつう、人間は、他者が針で刺される光景を目にすると、自分の脳内でも苦痛を感じる部分が反応してしまう。

しかし、医師はそうではない。医師の脳は他者の痛みや不快に対する自動的な反応を遮断するように働くことが、シカゴ大学の心理学科と精神医学科の教授であるジーン・ディセティの研究によって確かめられた[注25]。このような意図的な遮断には、側頭頭頂接合部《そくとうとうちょうせつごうぶ》（ＴＰＪ）と前頭前皮質が関係していると考えられる。これは、情動を排除して集中を高める神経回路だ。ＴＰＪは情動や注意散漫の要因を遮って集中を守り、自己と他者との距離を保つ働きをする。

ふつうの人の脳内でも、何か問題点を見つけてそれを解決する方法を探そうとするとき、同じ神経回路が働く。たとえば、動揺している人に話しかけるとき、この神経回路の働きによって情動的ラポールから認知的共感へと切り替えて、その人の置かれた立場を知的に理解できるようになる。

ＴＰＪの働きは、脳が情動に流されるのを止めてくれる。情動の渦の中にあっても冷静な合理性を保っていられる人の脳は、ＴＰＪモードに切り替わることによって情動に感染しないよう境界線ができ、他者の情動に影響されることなく集中できる。

周囲の人々が取り乱す中で冷静や集中を保てる資質は、非常に大きな利点だ。しかし、逆の場合もある。情動の合図を見落として共感の糸口を失う場合もあるのだ。

情動の同調を断つことは、たとえば眼球に注射を打つとか、血まみれの傷口を消毒液で洗い流すとか、メスで肉体を切り開くなど、ふつうの人間ならひるんでしまうような行為に集中しなくてはならない人には、明らかに利点である。

「わたしはハイチの大地震のあと、最初に現地にはいった医療チームの一員でした。大地震発生から数日後には現地に到着していました」と、マーク・ハイマン医師が語ってくれた。「ポルトープランスで唯一奇跡的にほぼ無事に残った病院に着いたとき、水はない、食料はない、電気はない、ほとんど何の物資もありませんでした。病院のスタッフも、一人か二人しかいませんでした。病院の死体置場には何百という死体が太陽に照らされて腐敗しはじめていて、トラックに積み込まれては共同墓地へ運ばれていく、という状況でした。病院の中庭では一五〇〇人もの患者が必死に助けを求めていました。足がちぎれかけている人、体が半分に切れかかっている人。地獄絵図でした。それでも、われわれはすぐに仕事に取りかかり、その場でできることに全力を集中したのです」

この話を聞かせてくれたとき、ハイマン医師は数週間にわたるインドとブータンでの医療ボランティア活動から戻ってきたばかりだった。「治療行為をしているあいだは、周囲の苦痛の声を超越することができます」と、ハイマン医師は話してくれた。「ハイチでは、現実とは思えないような状況でした。妙な言い方ですが、混乱のまっただ中なのに、冷静沈着な、穏やかで澄みきったような空気がありました。自分たちがやっている以外のことは、すべて視界の外でした」

TPJ反応は、生まれつきのものではなく、後天的に習得するもののようだ。医学生たちは、医者になる過程でこの反応を身につける。

「あのような状況で何もできなければ、役に立ちません」と、ハイチで活躍したハイマン医師は言う。「疲れ切ったとき、暑さでバテそうなとき、空腹のときなど、周囲に満ちている苦痛の声に頭が占領されそうになります。でも、たいていは、精神力で恐怖を克服して医師の仕事を続けるのです」

医学教育の父ウィリアム・オスラーが一九〇四年に、医師たるものは「悲惨な状況を目にしても血管が収縮することなく、心拍も一定に保たれるよう」超然としていなければならない、と書いている。(注26) オスラーは、医師は「突き放した関心」の態度を持つべきである、と助言している。

これは、単純に情動的共感を捨てればいいと考えることもできるが、それでは共感をすべて遮断してしまうことにつながりかねない。医師が日々の医療に従事するうえでめざすべきは、冷静な集中を保ちつつ、一方で、患者の気持ちや事情に心を開いて向き合うこと、そして、医師が理解し気遣っていると患者に伝えること、である。

患者が医師の指示に従わなければ、医療は成立しない。医者が処方する薬の約半分は服用されていないという。患者が医師の指示を守るかどうかを予測するには、医者が自分のことを心から心配してくれていると患者が感じているかどうかを見ればいい。(注27) 最近、一週間のあいだに二人の有名医学部の学部長と話をする機会があったのだが、二人とも、入学志願者の選考にあたって、患者に共感的関心を抱ける人間を見分けるのに苦心している、と語っていた。

TPJと患者の苦痛との関係を研究しているシカゴ大学の神経生物学者ジーン・ディセティその人でさえ、こんなふうに言っている。「自分が苦痛に苛《さいな》まれているとき、医師にはわたしを見ていてほしい。そばにいて、患者であるわたしに心を向けていてほしい。医師には共感的であってほしい。ただし、わたしの苦痛をきちんと治療できないほど敏感であってほしくはない」

「共感力」の向上法

ある調査によると、若い医師の約半数は、医師としての訓練を受けているあいだに患者に対する共感が弱くなっていったと述べている（共感が強くなったと答えたのは、わずか三分の一）。[注28]そして、多くの場合、共感の欠如は医師としてのキャリアを通じて改善されないままだ。そこで、話はふたたびＴＰＪに戻る。他者の苦痛に対する生理的反応を抑制して医師が冷静に治療に専念できるようにしている回路だ。

こうした回路の働きは、医学生が患者に苦痛を伴う治療を施す技術を習得する過程では、役立つのだろう。しかし、その後、身体的共鳴性を抑制しようとする反応が自動的になってしまい、一般的な共感まで犠牲にしているケースがなきにしもあらずだ。

思いやりのある治療は、医療の根幹をなす価値観の一つである。共感の助長は、医学部の必須科目だ。共感だけをとくに取り上げて教えている医学部はほとんどないが、神経科学によって共感にかかわる回路が明らかになってきた現在ならば、教え方を工夫して共感を伸ばすことは可能だろう。

マサチューセッツ総合病院（ハーバード大学医学部の関連医療機関として中心的役割を果たしている病院）のヘレン・リース博士も、そうした教育に希望を抱いている。リース博士は、医学部のレジデントやインターンを対象として、共感を増進する教育プログラムを考案・指導しており、顕著な成果をあげている。(注29)

医学部の授業らしく、この教育プログラムの一部は純粋に学理的なもので、共感の神経科学について学術用語で説明している。(注30) さらに、ビデオを使って、医師が患者に対して横柄な態度や軽蔑的な態度をとった場面における医師と患者の生理的反応（発汗反応で測定）を見せ、患者がどれほど動揺するかを教えている。そして、医師が患者に共感をもって対応した場合、医師も患者もよりリラックスして生物学的にシンクロできることを確認させている。

リース博士の教育プログラムでは、医学生たちに横隔膜を動かす深呼吸をおこなって集中する方法を教え、自分の考えや感情にとらわれず「天井から自分と患者とのやりとりを見る」よう教えている。「当事者の立場から一歩離れて事態を観察することによって、余裕をもって患者とのやりとりを見る意識が得られます」と、リース博士は言う。「そうすれば、自分がいらしているか、バランスが取れているか、わかります。場の空気が読めるということです。自己認識を高めることによって、患者が自分に何を伝えようとしているか、自分は患者にどのようなメッセージを与えているかがわかるのです」

非言語的手がかりに気づくためのトレーニングには、声の調子、姿勢、そして何より表情から患者の情動を読む練習が含まれている。情動のエキスパートであるポール・エクマン（主要な情動に伴う表情筋の動きを正確につきとめた）の研究成果を利用して、リース博士のプログラムでは患者の顔をよぎった感情を読み取る方法を医師たちに教えている。

「患者に思いやりのある態度で接すれば、親身な気持ちになってくるものです。最初は気が進まなくても、意識的に相手の目を見て、患者の表情に表れた情動を読み取るのです」と、リース博士は話してくれた。この「行動的共感」は、行動から始める共感の努力ではあるけれども、実際に患者とのやりとりを、より心の通じるものにしてくれる。それによって、たとえば、午前二時に救急救命室に運ばれてきた患者を見て、医師が情動疲労のあまり「なんで朝まで待てないんだよ！」と叫びたくなるのを防いでくれる、とリース博士は付け加えた。

共感のスキルを高める実際的な訓練（表情から情動を読み取る訓練）は、トレーニング全体の中でもとくに効果が認められた。トレーニングを受ける医師が微妙な情動表現を読み取る練習を重ねれば、それだけ、患者たちは共感のある治療を受けたと感じるようになった。

その成果はリース博士の期待したとおりだった。「情動のかすかな合図を汲み取れるようになればなるほど、患者に対してより共感的な理解が可能になるのです」

共感を維持しながらコンピューター操作と患者対応の両方をこなす方法は、いくらでもある。たとえば、キーボードをたたきながら、ときどき顔を上げて患者とアイコンタクトを保つ、とか。あるいは、状況によって、患者と一緒にコンピューター画面を見る工夫もできる。「検査結果がここに出ているんですが、ご覧になりますか？」というように。

それでも、診察スケジュールが遅れがちになることを心配し、患者に共感的な対応をすると時間がかかりすぎると感じる医師は多い。「わたしたちは、そうした思い込みを打破していこうと努力しています」と、リース博士は言う。「共感は、長い目で見れば、実際には時間の節約につながるのです」

第11章

社会的感受性

何年も前のことだが、わたしはフリーランスの編集者を使っていたことがあった。その編集者は雑談を始めると際限なくしゃべりつづける人物で、わたしが身ぶりや口調でそろそろ切り上げようという合図を送っても、まるで反応しなかった。わたしが「そろそろ行かないと」と言っても、あいかわらずしゃべりつづけ、わたしが車のキーを取り出してドアのほうへ歩きかけても、しゃべりながら車までついてきた。わたしが「それじゃ、また」と言っても、編集者はまだしゃべりつづけていた。

この編集者のような人を、わたしは何人も知っている。どの人も、会話を切り上げようという合図が通じない人だった。実際、こうした傾向はアスペルガー症候群を診断する一つの目安になる。これに対して、社会的直観力は、他者が発する非言語的メッセージを正確に読み取る能力だ。

このような非言語的な交流は、ふつうの挨拶から難しい交渉ごとに至るまで、口から発せられる言葉と同様の（あるいは、それ以上に強力な）メッセージのやりとりだ。

たとえば、採用面接のとき、応募者のしぐさが面接官と同調（意図的な同調ではなく、脳の同調の副産物として自然に起こる身体的同調）していれば、その応募者は採用される確率が高い。「ジェスチャー障害」の人にとっては、これが問題だ。「ジェスチャー障害」というのは、発言内容にふさわしい動作ができない障害について科学者が作った用語だ。

エリザベス女王の夫君フィリップ殿下は失言癖で知られており、たとえば英国の君主として四七年ぶりにエリザベス女王とともにナイジェリアを訪問した際に、民族衣裳で正装して出迎えたナイジェリア大統領に向かって、軽蔑のまなざしで「まるで寝巻のような恰好ですな」と言ったという有名な話がある。

フィリップ殿下は、家族ぐるみの友人にあてた手紙にこう書いている。「わたしのことは、あまりよく思ってはいただけないでしょう。わたしは無礼で無作法で、軽率な発言が多く、あとになって人を傷つけたに違いないと思うことがよくあります。そんなとき、わたしは後悔の念で胸がいっぱいになり、なんとか訂正しようとするのです」（注1）

このような失態は、自己認識の欠陥を反映している。こういう人は社会で失敗が多い。しかも、そのことに自分では気づいていないので、不適切な行動を他人から指摘されると、驚くばかりなのだ。レストランで大きすぎる声でしゃべる、うっかり失礼な態度を取ってしまう等々、こういう人たちは他者に嫌な思いをさせることが多い。

リチャード・デイヴィッドソンが社会的感受性を調べる際におこなう脳のテストでは、被験者に顔の写真を見せながら、顔を認識する神経領域（紡錘状顔領域）の働きを観察する。被験者の脳をスキャンしながら、「写真の顔はどのような気持ちを表していますか？」と質問すると、脳内の紡錘状顔領域が活性化する。社会的直観力の高い人は、予想どおり、このような質問をされると紡錘状顔領域が強く活性化する。一方、表情から情動が読み取れない人は、この部分の活性が弱い。

自閉症の人は、紡錘状顔領域がほとんど活性化せず、かわりに扁桃核（不安を示す）が強く活性化する。[注2] 自閉症の人は、人の顔（とくに目）を見ると、不安を感じやすい。顔や目は情動の情報を多く含んでいるからだ。たとえば、目尻のしわを見れば、本心から笑っているのかどうかがわかる。笑顔を見せてはいても、目尻にしわがなければ、それは作り笑顔だ。ふつう、子どもは他者の目を見ることによっていろいろな情動を学ぶが、自閉症児は目を見ることを避けるので、情動を学ぶことができない。

自閉症児でなくても、同じようなことはある。ある金融コンサルタント企業の幹部は、三年間に三度セクハラで訴えられた。しかも、この幹部は自分が不適切な行為をおこなっているとは思ってもいないので、毎回、訴えられるたびに驚いて愕然としていたという。このような失敗癖のある人は、その場の暗黙のルールを察知することができず、他人が嫌な思いをしているという社会的サインに気づかない。島皮質がうまく機能していないのである。こういう人は、同僚の葬儀で黙禱《もくとう》中に夢中でメールをチェックしていたりする。

　他者のほんのわずかな非言語的メッセージまで読み取って、それを口に出して他人に気まずい思いをさせてしまう女性の話をおぼえているだろうか。この女性はマインドフルネス瞑想を習って自己認識を高める努力をした。

　数カ月後、彼女はこう報告した。「もうすでに、自分の反応について少しは選択肢を考えられるかな、というところまできています。他人がからだで表現していることは見えてしまうけど、それに即座に反応する必要はないんだ、ってわかってきたんです。いい調子です!」

暗黙のルールを察する人、しない人

　誰でも、状況を読めない場面はある。異なる文化圏に旅行すれば、最初はその土地のルールがわからないのだから、意図せずして無作法なふるまいをしてしまうこともあるだろう。ネパールの小高い丘の上にある僧院を訪ねたときのことだが、元気のいい女性がトレッキング用のショートパンツ姿で僧院の中を通り過ぎていった。ネパール人から見れば、ルール違反である。しかし、女性本人は、自分がそのような違反を犯している意識はまったくなかったのだ。

　世界各国の人たちとビジネス上の付き合いがある人などは、そうした不文律にとくに気を遣わなくてはならない。日本へ行ったとき、わたしは実際に失敗を経験した。日本では名刺交換というのは重要な儀式なのだが、われわれアメリカ人はもらった名刺をろくに見もせずポケットに突っ込んでしまうことが多い。しかし、それは日本では失礼にあたるのだ。わたしが聞いた説明では、名刺というものは両手で丁重に受け取り、よくよく眺めたうえで、専用のケースにしまうべきである、ということだった(時すでに遅く、わたしはもらった名刺を見もせずにポケットに入れたあとだった)。

異なる文化圏においても社会的感受性を発揮できる能力は、認知的共感と関係がありそうだ。社会的感受性の鋭い経営幹部は、海外の仕事などもそつなくこなせる。相手の文化圏特有の暗黙のルールを読み取れるからだろう。

何を是とするかという基本原則は、異なる文化圏出身の者どうしが一緒に働く際に、目に見えない障壁となる可能性がある。ドイツ企業で働いているオーストリア出身のエンジニアが、こう嘆いていた。「ドイツの文化においては、議論が高く評価されています。小学校からそうやって育つんです。ドイツ人は議論を必要不可欠なものとみなしている。でも、ぼくは、そういうのは好きじゃありません。心穏やかでいられないんです。対立の色合いが濃すぎて。ぼくにとっては、議論のあいだ、相手の主張を自分に対する個人攻撃ではないと受け止めて相手に敬意を抱きつづけるのは、簡単なことじゃありません」

文化とは別に、相手によっても基本原則は大きく変わってくる。親友に通じるジョークでも、職場の上司には絶対に言ってはならないものもある、というように。

文脈に注意を払っていれば、社会における行動の指針となる微妙な手がかりに気づくことができる。それができる人たちは、どのような状況においても力を発揮できる。何を言い何をすべきか、何を言うべきでなく何をすべきでないか、わかるからだ。そういう人たちは本能的に万国共通のエチケットを守ることができ、他者をリラックスさせるふるまいができる。自分の言動に対して他者がどう反応するかを敏感に読み取る能力があれば、波風を立てずに世の中を渡ることができる。

社会的規範を意識的に理解している場合もあるが（たとえば、カジュアルな服装で出勤する決まりの金曜日に何を着ていけばいいか、とか、インドでは食事に右手しか使ってはいけない、とか）、暗黙の社会規範に気づくかどうかは、おおむね直観的なボトム・アップの能力にかかっている。社会的に何が適切かは、身体的感覚としてわかる。規範からはずれているときは、身体的感覚として「何か変だ」と感じる。それは、周囲の人々のかすかな困惑や不快感を感じ取るせいかもしれない。

社会的に逸脱していることに気づかないと（あるいは、もともとそういう感覚が欠如していると）、自分がどのくらい規範からずれているか知らないまま過ぎてしまう。文脈への集中を調べる脳のテストに、海馬の機能評価がある。海馬は社会的状況を判断する神経回路の中核だ。海馬の前の部分は扁桃核に接していて、人間が文脈に適した行動を取るうえで枢要な役割を果たしている。海馬の前部は、前頭前野とやりとりしながら不適切な行動を抑制している。

社会的状況に敏感な人は脳のこの回路の活動や連絡がとくに活発なのではないか、というのがリチャード・デイヴィッドソンの仮説だ。海馬が働いているおかげで、人間は家にいるときの行動と職場にいるときの行動を区別し、また同僚に対しても職場にいるときとバーで飲んでいるときとでは違う接し方ができるのだ、とデイヴィッドソンは言う。

文脈の認識は、グループや新しい学校や職場などにおける人間関係を円滑にするうえでも役立っている。組織における影響力の行使がうまい人は、人間関係が読めるだけでなく、発言力の大きい人を見分けることができる。だから、必要に応じて、説得力に優れる人物に話を通すことができるのだ。

一方で、特定の社会的文脈だけがまったく理解できていないケースもある。あるテレビゲームのチャンピオンの例を紹介しよう。この人物は、毎日ほとんどの時間をコンピューター画面と向き合って過ごしていたため、バレンタインデーにジャーナリストの取材を受けることになって約束のレストランを訪れた際に、なぜ二月一四日にレストランがそれほど混雑するのかわからず、不思議がっていたという。

社会的文脈が読めない極端な例は、PTSD（心的外傷後ストレス障害）に見られる。自動車のバックファイアのような何でもない出来事に対して非常事態のような反応を示して机の下に逃げ込む、といった行動だ。PTSD患者の脳内では海馬が縮小しており、症状が軽減するにつれて海馬がふたたび大きくなる、という研究報告もある。(注3)

権力の見えざる壁

ミゲルはメキシコからの不法移民で、日雇いの仕事で日々をなんとか食いつないでいた。庭仕事、ペンキ塗り、掃除など、どんな仕事でもやった。

ロサンゼルスでは、日雇い労働者たちは早朝に市内各地の交差点にたむろして待つ。そこへ地元の住民が車でやってきて、仕事の交渉が成立する。ある日、ミゲルは女性に雇われて庭仕事をすることになった。しかし、朝から晩まで一日汗を流して働いたにもかかわらず、雇い主の女性は賃金の支払いを拒否した。

あるワークショップで、ミゲルは、このときの屈辱的な絶望感を演劇形式で再現した。舞台に立って、そのときの自分自身の役を演じたのである。このワークショップは「被抑圧者の演劇」と呼ばれる方法で、比較的恵まれた立場にある観客が被抑圧者の現実に共感するのを助ける目的でおこなわれていた。

ミゲルのような社会的弱者が自分のストーリーを舞台上で再現したあと、観客の中からボランティアが舞台に上がって、あらためて、そのストーリーを演じる。ミゲルの場合は、女性の観客がミゲル役となり、女性が自分で考えた解決策も付け加えて演じた。

「その女性は、雇い主のところへ行ってこれは不当な仕打ちであると指摘して説得する、という解決策を考えて演じました」と、ワークショップのプロデューサーであるブレント・ブレアが話してくれた。

しかし、ミゲルにとって、このような解決法はありえなかった。市民権のある中流の女性にとっては有効な解決策かもしれないが、日雇いの不法移民には不可能な話だったのだ。

ミゲルは舞台の袖に立ち、自分のストーリーが再現されるのを黙って見ていた。「終わったとき、ミゲルは皆のほうを向いて話すことができませんでした。ミゲルは泣いていたのです」と、ブレアは言った。

「ミゲルは、自分のストーリーが他者によって再現されるのを見るまで、自分がどれほど抑圧されているか気づかなかった、と言っていました」

ミゲルを演じたボランティアの女性が想像したミゲルの状況と、ミゲル自身が置かれた現実との落差は、誰からも顧みられることのない社会的弱者の心情を鮮烈に描き出した。

ミゲルのような人々は、他者の目を通して自分のストーリーを見ることによって、自分自身を別の視点から眺められるようになる。観客のほうも、ボランティアとして舞台に上がって弱者のストーリーを演じることによって、非抑圧者の現実を体験し、真の意味で彼らに同情し悲しみや苦しみを共有できるようになるのが理想だ。

「強い情動を伴う経験を伝えることによって、心と頭で問題を理解でき、新しい解決法を見つけられるのです」と、南カリフォルニア大学の修士課程で応用演劇を教えるブレアは言う。この講座では、応用演劇のテクニックを用いて虐《しいた》げられた弱者に力を与えている。ブレアは、ルワンダのレイプ被害者やロサンゼルスの暴力組織メンバーなどを応用演劇の題材にし、社会的被抑圧者や弱者を排除する目に見えない壁（共感を殺す壁）を打ち砕こうとしている。

ブレアは、ある国際会議で、自分よりも権力のある人間の目を通じて自分自身を見ることになった経験を語ってくれた。その会議では、巨大飲料メーカーのCEO（労働者の賃金を低く抑えることで有名な人物）が講演し、「わが社は子どもたちの健康増進に努めています」と述べた。

講演に続く質疑応答の時間に、ブレアはわざと挑発的な質問をした。「子どもたちの健康増進とおっしゃるが、その子どもたちの親を健康的とは言いがたい低賃金で働かせていることについては触れないのですか？」と。

するとCEOはブレアの質問を無視して、次の質問者を指名した。そのとき、ブレアは自分が世の中から無視される存在になったような気がしたという。

不都合な人間（および不都合な真実）とまったく向き合おうとしない権力者の行動は、近年、社会心理学の研究テーマになっている。すなわち、注目される（されない）人間と権力との関係である。(注4)

人間は誰でも、自分にとって最も重要な人間に注意を向ける。貧しい人ならば、困ったとき（たとえば、職場から帰宅するまでのあいだ四歳の子どもの面倒を誰かに見てもらわなくてはならないとき）に助けてくれる友人や家族との関係が重要だ。財力も安定した地位もない人間は「他者に頼らざるをえないのです」と、カリフォルニア大学バークリー校の心理学者ダッカー・ケルトナーは言う。したがって、貧者はとくに他者を気遣い、他者のニーズに敏感だ。

一方、裕福な人間は金を払って人を雇う余裕がある。育児の手が必要ならば、有料のデイケアセンターを利用する、あるいはオーペア（ホームステイとひきかえに家事育児の手伝いをする留学生）を受け入れる、といった方法がある。つまり、裕福な人々は他者のニーズにさほど気を遣わなくても暮らしていけるから、他者の苦境に気づきにくいおそれがある、とケルトナーは主張する。

ケルトナーによれば、わずか五分の顔合わせ実験でも、こうした態度の違いが明らかになった。(注5) 裕福な家庭出身の大学生たちのほうが、相手と目を合わせる、うなずく、笑う、といった相手に関心を示すしぐさが少なく、時間を気にする、ぼんやりする、そわそわする、といった相手への無関心を示すしぐさが多かった。裕福な家庭出身の学生たちは冷たくよそよそしい印象で、貧しい家庭出身の学生たちのほうがより相手に気を遣い、温かく、表情豊かな印象だった。

ドイツの研究では、見知らぬ人間どうしを二人一組にして、人生のつらいエピソード（愛する人との死別、離婚、失恋、裏切り、いじめを受けた経験など）を語りあってもらった。(注6) この実験においても、被験者二人のうち、より権力のある人間のほうが相手の苦痛に無関心な傾向が見られ、同情はもちろん共感も低かった。

ケルトナーの研究グループも、他者の表情から情動を読み取るスキルについて、企業内で地位が高い社員と低い社員の成績を比較して、同じような注意の落差を発見している。(注7) どの場面においても、地位の高い社員のほうが相手に視線を向けることが少なく、話を遮ったり会話を独占したりする傾向が強かった。これらは注意の欠如を示す徴候だ。

対照的に、地位の低い社員たちは、他者の表情から情動を読み取るテストにおいて、より正確な共感を示した。すべての面において、地位の低い社員は地位の高い社員よりも他者への集中が高かった。

電子メールへの返信に要した時間を比較するだけでも、地位の高さによって注意の度合いが異なる実態が明らかになった。返信までに長い時間がかかるほうが、社会的権力が大きい。組織全体でメールの返信時間を測定して図表にしてみたところ、社会的な力関係が如実に反映されていた。上司はメールに返信しないまま数時間も数日も放置しておくが、部下のほうは数分のうちに返信していた。

コロンビア大学は、メールへの返信時間をデータ化し分析した「社会ヒエラルキー自動検出システム」を開発している。(注8) エンロンが破綻する前に社内でやりとりされたメールデータを集積して分析システムにかけたところ、メールへの返信に要した時間だけでトップ経営者と部下たちの役割が正確に読めたという。諜報機関は同様のシステムをテロリスト集団のメールデータに適用し、中心的役割を果たしている人物の割り出しに役立てている。

権力や地位は非常に相対的なもので、場面場面で変わってくる。裕福な家庭出身の大学生が自分よりもっと地位の高い家庭出身と思われる相手と会話したときには、相手の表情から情動を読む能力が向上した。

自分が社会的階層のどのあたりにいると思うかによって、相手にどの程度の注意を払うかが決まってくるようだ。自分のほうが下位にいると感じているときは相手に注意を払い、自分のほうが上位だと思うとあまり注意を払わなくなる。つまり、相手のことを思いやれば、それだけ注意を払うようになり、注意を払えば、それだけ相手のことを思いやっている、ということだ。注意は愛情と表裏一体なのである。

第IV部

もっと大きな文脈で見る

Part IV
The Bigger Context

第12章　パターン認識、システム思考とは

インドのヒマラヤ山麓にある村を訪れていたとき、ラリー・ブリリアントは階段から落ちて背中を傷め、何週間ものあいだベッドに寝たきりで過ごさざるをえなくなった。僻地の小さな村落で時間を持て余したブリリアントは、妻ギリジャに頼んで地元の図書館からインドのコインに関する本を借りてきてもらった。子どものころ、ブリリアントは熱心なコイン蒐集《しゅうしゅう》家だった。

ちょうどそのころ、わたしはブリリアント（皆からは「ドクター・ラリー」と呼ばれていた）と知り合った。ドクター・ラリーは医師で、世界保健機関の天然痘根絶プログラムを成功させた人物だった。当時、ドクター・ラリーから、古代インドのコインに関する本を片っ端から読んでいるうちにその地域の交易路の変遷が見えてきた、という話を聞いたことをおぼえている。

コイン蒐集熱が再燃したドクター・ラリーは、ふたたび歩きまわれるようになると、インド国内を旅行しながら各地で金細工商の店に立ち寄った。そうした店では金貨や銀貨を目方で売

っていることが多く、その中には古代のコインも含まれていた。

買い集めたコインの中には、クシャーナ朝時代のものもあった。クシャーナ朝は二世紀ごろカブールを首都としてアラル海からベナレスに至る大帝国をおさめていた。クシャーナ朝のコインは征服したバクトリア人（アレクサンダー大王がアジアへ進出したあと辺境の守りに残していったギリシャ兵士の子孫たち）のコインを模して作られており、これらのコインから興味深いストーリーが見えてきた。

クシャーナ朝のコインの片面にはそれぞれの時代の王の肖像が彫られ、裏面には神の像が彫られていた。クシャーナ朝の宗教は、当時の世界で最大勢力を誇っていたペルシャのゾロアスター教だった。しかし、さまざまなクシャーナ朝のコインには、ペルシャの神だけでなく、シヴァ神や釈迦をはじめとしてペルシャ、エジプト、ギリシャ、インド、ローマなど各地で信仰された神々が彫られていた。クシャーナ朝の領土からは遠く離れた地方の神々の像もあった。

古代二世紀に、アフガニスタンに都を置く帝国が、どのようにしてこれほど多くの遠隔地を（その地で信仰されている神を通貨に刻むほどに）知りえたのだろうか？　答えは、当時の経済システムにある。クシャーナ帝国は、歴史上初めて、当時すでに盛んに使われていたインド洋とシルクロードの交易路を保護したのである。クシャーナ朝の人々は、地中海からガンジス川まで、アラビア半島から中国北西部の砂漠まで、さまざまな地域からやってきた商人や聖職者とつねに接触があったのだ。

ほかにも見えてきたことがあった。「インド南部でローマのコインを大量に見つけたので、どうやってローマのコインがこんなところまでたどりついたのか考えてみました」と、ドクター・ラリーは話してくれた。「どうやら、ローマ帝国がエジプト経由で紅海にまで力を及ぼしていた時代、船でアラビア半島を回ってゴアまで貿易に来ていたらしいのです。古代のコインが見つかった場所からリバース・エンジニアリングすると、昔の交易ルートをたどることができるんですよ」

当時、ドクター・ラリーは南アジアにおける世界保健機関の天然痘根絶プログラムで歴史的成功をおさめた直後で、ミシガン大学で公衆衛生学の修士コースを始めようとするところだった。ドクター・ラリーの交易ルート探究とミシガン大学で学ぼうとしていたことのあいだには、驚くほど響きあうものがあった。

「わたしはシステム分析の講義を聴いて疫学の勉強をしていました。これは、わたしの思考スタイルにぴったりでした。伝染病の流行を追跡するのは、考古学的、言語学的、文化的な手がかりからクシャーナ朝のような古代文明の広がりを追跡するのとよく似ていることがわかったのです」

たとえば、一九一八年のインフルエンザ（スペイン風邪）大流行では、全世界で推定五〇〇〇万人が死亡したといわれている。「スペイン風邪は、おそらく、最初はカンザス州で、第一次世界大戦中に世界各地へ派兵されたアメリカ軍兵士が媒介する形で広まったのでしょう」と、ドクター・ラリーは言う。「スペイン風邪が世界じゅうに広まったスピードは、蒸気船やオリエント・エクスプレスのスピードでした。しかし、今日では、パンデミックはボーイング747のスピードで拡大する可能性があります」

ポリオの例も見てみよう。ポリオは古代から知られていた病気だが、流行は単発的にしか起こらなかった。「ポリオが大流行した原因は、都市化です。都市では、人々は各々の井戸から水を汲むのではなく、一つの汚染された給水系統を使っていたからです。病気の流行はシステム・ダイナミクスの実例です。体系的な思考ができれば、コインにせよ、芸術にせよ、宗教にせよ、病気にせよ、それだけ追跡しやすくなります。コインがどのように交易路を通って移動したかを理解することと、ウイルスの拡散を分析することは、同じなのです」

こうしたパターン検出能力は、システム思考だ。点がたくさん並んだ写真を一瞬だけ見せて点が何個あったか当てさせるテストで正解に近い答えを出す人は、システム思考に秀でた人だ。システム思考の才能は、例をあげるならば、ソフトウェア・デザイナーや生態系の保全対策を探る人たちに顕著に見られる。

「システム」とは、煎じ詰めれば、法則性や規則性のあるパターンが凝集したものだ。パターン認識の機能は頭頂皮質内にあるが、「システム脳」と呼ぶべき専門の領域は、いまだ特定されておらず、現時点では、システム思考に特化した神経回路は見つかっていない。

人間がシステムを読んだり活用したりできるようになるのは、新皮質の優れた学習能力のおかげだ。数学や工学に見られるような大脳皮質の能力は、コンピューターで複製することができる。その点では、システム思考は自己認識や共感とは異なる。システムについて理解するには多少の努力が必要だが、人生をうまく生きるには、より生得的な自己認識や共感能力とあわせて、システム思考の能力も必要だ。

システム思考とビッグ・データの活用

システム的な視野を活かして、ドクター・ラリーは現在スコール地球規模脅威財団の代表をつとめている。この財団は、中東紛争、核拡散、パンデミック、気候変動、水資源をめぐる国際紛争などの危険から人類を守ることを目的としている。

「われわれはトラブルが発生する可能性のある危険地域を見つけます。たとえば、水資源問題では、パキスタン、インド、中国、と核兵器を所有する三つの国がもめています。パキスタンの水資源は約九五パーセントが農業に使われています。そして、ほぼすべての主要河川の上流はインドにあります。パキスタンは、インドがインド国内の水門を調節してパキスタンに水を流す時期や量を操作していると考えています。そして、インドはインドで、上流の中国がヒマラヤ高原の雪解け水の流量をコントロールしていると考えているのです」

しかし、これらの川の流量がどのくらいなのか、季節変動はどうなのか、水門は何カ所、どこにあり、何の目的で使われているのか等々、誰にもわかっていないのだ。「こういうデータは各国政府によって政治的な理由で秘密にされているのです」と、ドクター・ラリーは言う。「それで、われわれは信頼できる第三者によるデータ収集をサポートして、事実が見えるようにしようとしています。それによって、次のステップが可能になります。つまり、戦略的に重要なポイントを分析するのです」

新型インフルエンザのパンデミック対策においては、迅速な対応がきわめて重要になるだろう。しかし、その対応をあらかじめテストしてみるチャンスはない。ボーイング747で人々が世界じゅうを移動する現代の事情は、一九一八年のスペイン風邪流行のときとは異なる。しかも、結果の重大性に鑑みると、対応の失敗は許されない。これらの理由から、パンデミックの問題は「難問」に分類されている。

一方、地球温暖化対策は、「超難問」の部類にはいる。温暖化問題の解決に責任をもってあたる単一の機関がないし、残された時間がどんどん少なくなっているし、問題解決にあたる人々（われわれ全員）が自ら問題を作り出しているし、各国の政策も温暖化問題の将来的な重要性に目を向けようとしていないからだ。(注1)

さらに、パンデミックも地球温暖化も、問題の一端を解決しようとすると関連しあう他のシステムで問題を引き起こしてしまう、という厄介な状況に陥っている。(注2)こうした問題はきわめて複雑に入り組んだジレンマで、解決に必要なデータの多くが欠けている、とドクター・ラリーは指摘する。

システムは目に見えないが、多くのポイントからデータを蒐集すればシステム・ダイナミクスが見えてくる。データが多ければ多いほど、はっきりと見えるようになる。これからはビッグ・データの時代である。

インドを旅してコインを蒐集した日々から何年もたったあと、ドクター・ラリーはグーグルの慈善活動部門を立ち上げ、エグゼクティブ・ディレクターに就任した。そして、ビッグ・データの活用例として広く賞賛を集める実績をあげた。インフルエンザ発生地域の特定である。グーグルのボランティア・エンジニアで結成されたチームがアメリカ疾病予防管理センターの疫学研究者たちと協力して、「熱」や「痛み」などインフルエンザの症状と関係のある膨大な数の検索ワードを分析したのである。(注3)

「わたしたちは何万台ものコンピューターを駆使してグーグルで最近五年以上にわたって検索された言葉を分析した結果、インフルエンザの発生を予測するアルゴリズムを作り上げることに成功しました」と、ドクター・ラリーが語ってくれた。そうして作られたアルゴリズムによって、わずか一日以内でインフルエンザの発生を確認できた。アメリカ疾病予防管理センターが医療機関からの報告をもとに病気の発生を把握するには、通常二週間かかる。

ビッグ・データのソフトウェアは、膨大な情報を分析する。グーグルの検索データを使ってインフルエンザの発生を探りあてる試みは、ビッグ・データを一般大衆レベルに適用した初期の一例であり、これは今日では「集団的知性」と呼ばれるようになっている。ビッグ・データによって、集団の注意がどこに向けられているのかを知ることができる。

ビッグ・データの活用例は無限だ。たとえば、通話、ツイート、メールなどによって誰が誰に接続しているかを分析すれば、組織の人間関係をあぶり出すことができる。接続回数の多い人物は、影響力の大きい人物である可能性が高い。つまり、組織における人の束ね役、知恵袋、パワーブローカーである。

ビッグ・データは商業ベースでも利用が進んでいる。ある携帯電話会社は、ビッグ・データを利用して顧客の通話を分析した。すると、「集団のリーダー」が見えてきた。集団のメンバーたちから最も多く電話を受け、電話をかけた人物である。携帯電話会社は、そうしたリーダーが顧客になった場合、その集団のメンバーも顧客になる確率が高いことを発見した。反対に、そのリーダーが他の携帯電話会社に乗り換えた場合には、グループのメンバーたちも同様に乗り換える確率が高いということだ(注4)。

「これまで、組織の注意は内部の情報に向いていましたが、それはほぼ利用しつくしたので、これからは組織外の情報へ方向転換しようとしています。インターネット、消費者マインド、サプライチェーン・リスクなどです」と、ビッグ・データの利用状況を追跡しているトマス・ダベンポートが言う。

ダベンポートはアクセンチュア戦略的変革研究所の前所長で、この話を聞かせてくれたときにはハーバード・ビジネススクールで教鞭をとっていた。「必要なのは生態学的モデルです。

組織外部の情報環境を調べるのです、企業の周囲で起こっていることでインパクトを与えそうなことすべてを」

組織外の一般大衆によって処理された膨大な情報源から得られる情報に比べたら、組織のコンピューター・システムから得られる情報などはるかに有益性が低い、とダベンポートは主張する。さらに、検索エンジンは大量のデータをもたらすかもしれないが、それを理解するための文脈は与えてくれないし、ましてその情報から読み取るべき知恵を教えてはくれない、データをより有益なものにするのはそれを管理する人間なのである、と。(注5) 理想を言うならば、情報を管理する人間が重要なポイントに的を絞り、それ以外の情報を刈り込み、データを解釈するための文脈を示し、そうしたことすべてを通してなぜそのデータが重要なのか、なぜ人々の注意がそこに集まるのかを示すことだ。

優れた情報管理者は、データに意味のある文脈を与えるだけでなく、適切な質問を提示することができる。わたしがインタビューしたとき、ダベンポートは、ビッグ・データ・プロジェクトを進める人たちに向けて、次のような問いかけを勧める本を執筆中だった。「われわれは正しい問題に焦点を合わせているだろうか?」「われわれは正しいデータを入手しているだろうか?」「データ入力先のアルゴリズムの背後にある前提は何か?」「それらの前提を導くモデルは現実に即しているか?」(注6)

ビッグ・データをテーマにマサチューセッツ工科大学で開かれた会議で、世界じゅうのヘッジファンドが崩壊した二〇〇八年以降の経済危機は方法論の失敗である、と述べた講演者がいた。ジレンマは、ビッグ・データを処理する数学モデルが単純化されすぎている点にある。解析結果は明解な数字で示されるかもしれないが、それらの数字をもたらす計算式はモデルや前提のもとで初めて成立するものであり、人間はその結果を信用しすぎてしまう嫌いがある、と。

同じ会議で、グーグル・リサーチのシニア統計担当者レイチェル・シャットは、データ・サイエンスには数学のスキルだけでは不十分で、広範にわたる好奇心、データに自分自身の経験も加味してイノベーションを考えられる人間が必要である、と指摘した。つまるところ、最高の直観とは、大量のデータに加えて、その人の人生経験を総動員し、それを人間の脳で処理するところから生まれるのである、と。(注7)

第13章 システム認識の欠如がもたらすもの

マウ・ピアイルックは、星や雲、海のうねり、空を飛ぶ海鳥を読むことができた。まるでGPSデータを読むように。何日間も見渡すかぎり空しかない南太平洋の上で、生まれ故郷サタワル島（カロリン諸島）の長老たちから教わった海の知識だけを手がかりに、自然を読み、舟を操った。

一九三二年生まれのピアイルックは、祖先から伝承した知識だけを頼りに双胴型カヌーを操って島から島へと何万マイルも航海する古代ポリネシア航法を引き継ぐ最後の航法師だった。ポリネシア航法はシステム認識の最高峰で、海水の温度や塩辛さ、植物片などの漂流物、海鳥の飛び方、風の温度や速さや方角、さまざまな波の形、星の見え方などのかすかな徴候を読み取って舟を操る。五感で読み取ったすべてのデータは、心象風景として記憶されている島々の配置と照合される。それは古代から物語や詠唱や踊りの形で伝承されてきた知識だ。

一九七六年に、ピアイルックはこの航法でポリネシア式カヌーを操ってハワイからタヒチまで二三六一マイルの航海に成功し、それを見た人類学者たちは、南太平洋諸島に住んでいた古代の人々が定期的に遠くの島まで往復していた可能性を認めたのだった。

しかし、ピアイルックがこの高度なポリネシア航法を守っていた半世紀のあいだに、ポリネシアの人々は新時代の航法支援装置を利用するようになり、ポリネシア航法は死にゆく伝承知識となってしまった。

ピアイルックの英雄的な航海がきっかけとなって、南太平洋の人々のあいだでポリネシア航法を学ぼうとする動きが復活し、それは今日まで続いている。自身がポリネシア航法の航法師としてイニシエーションを受けて五〇年後、ピアイルックは同じイニシエーションの儀式を数人の弟子たちのために初めておこなった。

このような伝承知識は、世界のさまざまな土地で生きていくための知恵であり、人々はこうした知識を活用して基本的な衣食住や安全を確保し、それぞれの生態系の中で生き抜いてきた。

人類の歴史を通じて、システム認識は、人間が生きのびるために周囲の生態系を理解しなければならないという切迫した必要性に駆られて発達してきた。どの植物が有毒で、どの植物は滋養になり、治療に使えるのか。飲み水はどこで手にはいるか、薬草はどこで集めるか、食べ物はどこで見つけるか。四季の変化をどのようにして読み取るか。

ここに落とし穴がある。人間には、食べ、眠り、繁殖し、戦う（あるいは逃げる）といった生存本能が備わっている。しかし、これらすべての営みを包含するもっと大きなシステムを理解するための神経系は、持ち合わせていないのだ。

システムは、一見しただけでは見えてこない。人間は、生命を支える数々のシステムのどれ一つとして直接に知覚することができない。メンタル・モデル（たとえば、波の形、星座、海鳥の飛び方などの意味するもの）を通じてシステムを間接的に理解し、それにもとづいて行動を起こすだけだ。メンタル・モデルがデータにしっかりもとづいたものであれば、それだけ人間の介入が有効におこなわれるし（たとえば、小惑星へ飛ばしたロケット）、データにしっかりもとづいていなければ、有効性は低い（たとえば、多くの教育政策）。

伝承知識は、薬草に関する知識のように、実体験を通して学んだ結果が人々のあいだで共有され、あとの世代へと伝承されていく。

ピアイルックの弟子の一人で伝統航法を専門とするハワイ生まれの人類学者エリザベス・カプウワイラニ・リンジーは、ナショナル・ジオグラフィック協会の探検家兼フェローとなった。リンジーのミッションは、消滅しつつある民族独自の知識や伝統の保存だ。

「先住民族固有の伝承知識が失われていく原因として大きいのは、文化的統合政策や植民地化政策、そして民族固有の英知を過小評価する政策です」と、リンジーは語ってくれた。「知識はさまざまな形で伝承されていきます。たとえば、ハワイアン・ダンスの動きや歌には、民族の系譜、天文学、自然の法則、文化史の背景などを伝える意味が込められています。ダンサーの動きや歌詞やパフ・ドラムの音にまで、意味があります。フラは伝統的に神聖な儀式だったのですが、宣教師が渡ってきてフラを卑猥と決めつけたのです。一九七〇年代になってようやく、ハワイアン・ルネサンスの潮流とともに古代フラ（フラ・カヒコ）が復権しました。それまで、フラは観光客向けのショーになってしまっていたのです」

ピアイルックは、数多くの師匠のもとで何年も修行を積んだ。ピアイルックの祖父は、わずか五歳のピアイルックを将来の航法師候補と定め、航海術を教えはじめた。そのときから、ピアイルックは年長の男たちにまじって漁に出るカヌーの準備を手伝い、一緒に海に出て、夜遅くまで男たちの航海の話（航海術のヒントが含まれている）に耳を傾けた。ピアイルックは全部で六人の師匠のもとで航海術を学んだ。

このような先住民の伝承知識は科学の根源的な形であり、それが何世紀もかけて今日のさまざまな科学分野に発展した。こうした発展は自然に起こったものであり、おそらく自分をとりまく世界を理解しようとする生存動因に応えるものだったのだろう。

文明は、ホモサピエンスの偉大なる進歩だった。人類は言語を創造し、個人の知識と寿命を超えて知識を共有できるようになり、必要に応じてその知識を引き出し、新しい世代へ伝えられるようになった。そして、知識は専門化し、各々の専門分野が共有され、その中で最も深い知識を持つ者が先達となり教師となった。

先住民の伝承知識は、文明が時を超えて知恵を伝えていく方法として、社会の進化に重要な役割を担ってきた。進化の初期、原始人の群れが生きるか死ぬかは、植えつけの時期、収穫の時期など、地域の生態系を読む集団的知性にかかっていた。そのようにして暦が生まれたのである。

しかし、羅針盤、航法装置、そしてオンラインマップなどの機器がそうした伝承知識に取って代わるようになると、先住民たちもそれらの機器に頼るようになり、伝統航海術のような伝承知識を忘れてしまった。

自然のシステムとの調和の上に成り立つ伝統的な専門技術は、どれも同じような道をたどった。先住民が外の世界と接触した瞬間から、伝承知識は忘れ去られる道をたどったのである。

私が話を聞いたとき、リンジーは東南アジアの海洋民族モーケン族に会いに行く準備をしているところだった。二〇〇四年のスマトラ島沖地震で津波がモーケン族の住むインド洋の島々を襲ったとき、モーケン族は直前に「鳥が啼《な》くのをやめ、イルカが沖へ出ていくのに気づいて、全員が舟に乗り、津波の高さが最小ですむ沖へ出たのです。モーケン族からは一人として犠牲者が出ませんでした」と、リンジーが語ってくれた。

はるか昔に鳥の声に耳を傾けたりイルカの動きを観察することを忘れ、それらの行動の意味を読めなくなっていた他の部族は、全滅した。リンジーは、海上生活を送ってきたモーケン族がタイやミャンマーの政策によって陸地に定住させられることになるのではないかと危惧している。このような生態学的知識は、伝承の形を失えば、わずか一世代で集団の記憶から消えてしまうおそれがある。

リンジーは、こう語ってくれた。「わたしは子どものころ、長老たちから、森にはいってレイにする花を摘んだり薬にする植物を集めたりするときは、一つの枝から二つか三つの花や葉を取るだけにしなさい、摘みおわったあとの森は人が一度も足を踏み入れたことがないように見えなくてはいけない、と教わったものです。今日では、子どもたちは大きなビニール袋を持って森にはいり、枝ごと折り取ってしまいます」

このような生態系に対する無神経さは、わたしも以前から気になっている。とくに、日々の営みの結果として自らの生存が危機にさらされているにもかかわらず、人類全体としてそのことに無頓着である現状を知るようになって以来、懸念を深めている。どうも、人間は、工業や商業など自分たちが作り出したシステムの悪影響を食い止める方向に知恵が向かないようなのだ。

システム認識のない理解は幻想にすぎない

ある大規模小売りチェーンは、ジレンマとチャンスが一体になった問題に直面していた。雑誌の仕入れ担当部門から、雑誌の六五パーセント近くが売れ残りになっているという報告が上がってきたのである。これは業界にとって年間何億ドルもの損失になるが、利害関係者の誰かが単独で解決できる問題ではなかった。そこで、その小売りチェーンは、出版業者や雑誌流通業者たちを集めて会合を開き、対策を話しあった。

デジタル・メディアに押されて販売が落ち込んでいる雑誌業界にとって、事態は切迫していたものの、何年も前からこの問題を解決できず、お手上げ状態が続いていたところだった。雑誌業界は改革に乗り気だった。

「コスト面から見ても、木材消費から見ても、二酸化炭素排出の点から見ても、膨大な無駄がおこなわれていたのです」と、コンサルタント企業ブル・スカイのCEOジブ・エリソンが語ってくれた。

会合をお膳立てしたエリソンは、こう言う。「これは、大多数のサプライチェーンが抱えている問題です。サプライチェーンは一九世紀に作られた仕組みで、当時は何が売れるかということは考えていましたが、持続可能性や無駄の削減は念頭になかったのです。チェーンの一部にとっての最適化が全体の最適化につながらないのです」

ジレンマの一つは、広告収入の基準が雑誌の実売部数ではなく発行部数である、という点だった。しかし、棚に何週間も何カ月も置かれたあげくに古紙となってしまう雑誌もある。そこで、雑誌の発行元は広告主に説明して、新しい広告費の算定基準を話しあうことになった。

小売りチェーンは、どの店でどのような雑誌が売れるかを分析し、需要に合わせて配本することにした。こうしてさまざまな工夫をした結果、無駄を五〇パーセント近く削減することができた。これは環境に優しいだけでなく、売り場スペースを他の商品に振り分けることができ、経営の苦しい出版社も経費を節約できた。

このような問題を解決するには、システムが実際に機能している様態に着目しなければならない。「われわれは、当事者が単独では解決できない体系的な問題、一個人や一政府や一企業では解決できない問題の解決をめざしています」と、エリソンは話してくれた。雑誌のジレンマでは、最初の突破口はとにかく関係者全員を一堂に集めること、システム全体を一つの場に集めることだった。(注1)

「システム認識の欠如がわれわれのメイン・ターゲットです」と、マサチューセッツ工科大学スローン・マネジメントスクールのジョン・スターマンが語ってくれた。スターマンのメンターであるジェイ・W・フォレスター教授はシステム論の生みの親であり、スターマンはマサチューセッツ工科大学システム・ダイナミクス・グループを率いるシステム論の第一人者だ。

スターマンは、組織などの複雑な実体にシステム思考を適用した古典的教科書の中で、いわゆる「副作用」というものは呼び方を間違っている、と指摘する。システムにおいて「副作用」というものはない、期待どおりか否かにかかわらず「作用」があるのみだ、われわれが「副作用」と見るのは、要するに、システムに対する理解が誤っていたということなのだ、と。複雑なシステムにおいては、原因と作用との距離や時間がわれわれの考えより遠いのかもしれない、とスターマンは指摘している。

スターマンが例としてあげているのは、「ゼロ・エミッション」電気自動車に関する議論だ。(注2)電気自動車が使用する電力の大部分が汚染をひき起こす火力発電所で作られている点を考えれば、システム思考的には、電気自動車は「ゼロ・エミッション」とは言えない。また、たとえ電気が太陽光発電でまかなわれていたとしても、ソーラーパネルの製造や輸送の際の動力が温室効果ガスを排出するという部分で、地球に負荷がかかっていることになる。(注3)

問題解決の方策を実行する際に、関連するシステム・ダイナミクスを考慮しないと、システム認識の欠如による最悪の結果を招くことになる。「短期的には問題が解決しても、あとになってその問題が再発し、むしろ悪化することが多いのです」と、スターマンは言う。

交通渋滞を例にとってみよう。近視眼的な解決策は、道路を新設したり拡張したりする方策だ。そうすれば、渋滞は一時的には解消される。しかし、道路が走りやすくなれば、新たに住居や商店や職場が建設され、長期的に見れば交通量が増え、ふたたび以前のような（あるいは以前よりひどい）渋滞が起こるようになる。交通量は、車が混んでふたたび渋滞が起こるようになるまで増えつづける。

「渋滞はフィードバック・ループで考えるべきです」と、スターマンは言う。「道路が広くなれば、人々はもっと車で出かけるようになり、もっと遠くへ移動するようになり、もっと車を買うようになります。そうなると、公共交通機関の採算が合わなくなります。悪循環なのです」

われわれは交通渋滞のせいで車が立ち往生すると考えるが、渋滞そのものは道路システムのダイナミクスから生じるものだ。それにうまく適応できないのは、そもそも人間のメンタル・モデルの歪みに原因がある。われわれは渋滞をひき起こしている他のドライバーを非難するが、そのドライバーたちを道路に向かわせるシステム・ダイナミクスを考慮に入れていないのだ。「人間は自分の身に起こることの原因を時間的・空間的に近いところに求めようとするものですが、現実には、それはもっと大きなシステムのダイナミクスがもたらす結果なのです」と、スターマンは指摘する。

問題をさらにややこしくするのは、自分たちが複雑なシステムを理解できていないという自覚の欠如だ。たとえば、大気中の二酸化炭素が増加すると、なぜ暴風雨のエネルギーが増大するのかを詳細に説明しようとしてみるといい。システムについて自分がいかに浅薄な理解しかできていないかがよくわかるだろう。(注4)

メンタル・モデルとシステムが釣り合わないことも問題だが、それ以上に深刻な問題がある。人間の知覚や情動は、そうした現実そのものをほとんど自覚できていない、という問題だ。人間の脳は、更新世（約二〇〇万年前から一万二〇〇〇年前まで）の時代に荒野で生きのびるために役立った情報をもとに作られている。トラが忍び寄ってくるときの葉ずれの音には敏感に反応するようにできているが、オゾン層が薄くなることや、汚染された大気中の発がん物質に気づくようにはできていないのだ。どちらも、いずれ人類の生命をおびやかす可能性があるが、人間の脳にはそれらの脅威を直接キャッチするレーダーが備わっていない。

遠い将来の危険を見通すには

問題は知覚のズレだけではない。情動の神経回路（とくに、逃げるか戦うかを判断する扁桃核）が差し迫った危険を感知すれば、コルチゾルやアドレナリンなどのホルモンを大量に分泌して、戦うか逃げるかの反応を起こすだろう。しかし、数年先、数世紀先に起こるかもしれない潜在的な危険に対しては、この反応が起こらないのだ。扁桃核はぴくりとも反応しない。

扁桃核の回路は脳の奥のほうにあって、自動的にボトム・アップで機能する。扁桃核は危険を見張っていて、緊急に注意を向けるべき対象を知らせてくれる。しかし、ふだんは頼りになるこの回路も、システムとその危険性に関しては、感知もできず情動反応も起こさない。わからないのだ。

「ボトム・アップの自動的な反応をトップ・ダウンの理性で抑え込むほうが、まったく何の反応も起きない状態に対処しようとするよりは、まだ楽です」と、コロンビア大学の心理学者エルク・ウェーバーは言う。「しかし、環境問題に対処しようとするのは、そういう状態なのです。こうして夏の美しい日にハドソン・ヴァレーにいれば、地球が温暖化しつつあるという危険など、一つも感じ取れません」

「理想を言うならば、温暖化にも注意が向くべきです。長期的な危険なのですから」と、環境問題の政策決定に関して米国科学アカデミーに助言をする立場でもあるウェーバーは言う。(注5)「しかし、ボトム・アップのメッセージが一つも送られてこない。『危険だぞ！　何か手を打て！』

というメッセージが来ないのです。ですから、これは対処が難しい。そこにないものは目にはいらないし、脳も警告を発してくれない。健康問題や老後の生活資金の問題と同じです。非常にカロリーの高いデザートを食べるときに『こんなことを続けていたら寿命が三年短くなるぞ』というシグナルは送られてこないし、しゃれたセカンド・カーを買うときに『年老いて金がなくなったときに後悔するぞ』という声も聞こえてこないのです」

地球温暖化問題にも取り組んでいるドクター・ラリーは、こんなふうに表現する。「人間が化石燃料を使ってやっていることの結果として、臭いもしなければ味もなくて目にも見えないガスが空の上のほうにたまって太陽の熱をため込もうとしているんだ、と人々を説得しなくてはならない。これは簡単なことではありません。現実には、いま、科学の粋を集めて、この問題を人々に訴えようとしています。二〇〇〇人以上の科学者が協力して、科学的知見を最高の形に集約しました。『気候変動に関する政府間パネル』です。この問題に気づいていない人々に気候変動の危険性を理解してもらうための試みです。

でも、モルジブやバングラデシュに住んでいないかぎり、温暖化は遠い先の問題にしか見えません。時間的な長さは、非常に大きな問題なのです。もし、地球温暖化が数世紀ではなくて数年単位で進むとしたら、人々はもっと注意を向けるでしょう。でも、国家の債務問題と同じで、『孫の代に先送りしよう、孫の代が解決してくれるだろう』と考えてしまうのです」

ジョン・スターマンは、こう言う。「気候変動は、わたしたちが見えないほど遠い地平からやってくるので、人々を説得するのが難しいのです。人間はごく近くの葉ずれの音のような問題にしか注意が向かず、自分たちの生命を脅かす大きな問題には目が向きません」

かつて、人類の生存は、生態系に順応できるかどうかにかかっていた。今日、われわれはさまざまな機器に助けられて安泰に暮らせるようになった。少なくとも、そう見える。しかし、そうしたテクノロジーに依存して楽に生きられるようになったおかげで、自然界の現状（そして迫り来る危機）に対して人間は無関心になってしまった。

差し迫ったシステム崩壊に立ち向かうためには心のプロテーゼ（人工補装具）とも呼ぶべきものが必要だ。

第14章

未来の危機を見通す

インドの聖人ニーム・カロリ・ババから、こんな言葉を聞いたことがある。「一〇〇年先まで予定を立てることは可能だが、いまこの次の瞬間に何が起こるかはわからない」

一方で、サイバーパンク（SFのサブジャンル）の作家ウィリアム・ギブスンは、「未来はすでにここにある。平等に分配されていないだけだ」と語っている。

未来についてわれわれが知りうることは、おぼろげに見えるかと思う一方で、それを一掃してしまうブラック・スワン的事象（誰も予想しなかった事象）がつねに起こりうる。(注1)

一九八〇年代、ショシャナ・ズボフは予言的著書『スマート・マシン時代』の中で、コンピューターの出現によって組織のヒエラルキーが平坦化《へいたん》されると書いた。かつて知識は権力であり、権力者に独占されていたが、新しいテクノロジー・システムがすべての人々にデータへの門戸を開いたのだ、と。

ズボフがそう書いた時点では、未来はまだ平等に分配されているとは言えない状況だった。

インターネットは存在しなかったし、ましてクラウドも、ユーチューブも、アノニマスもなかった。しかし現在では（そして、間違いなく将来も）、情報は組織内だけでなく全世界において、かつてないほど自由に流通する。チュニジアの市場で起こった抗議の焼身自殺がアラブの春につながる時代なのである。

次に起こる事態を予見できなかった古典的な例を二つあげよう。一つは、人口増加によって人間が「土地と食糧をめぐる果てしない闘争状態」に陥り、悪徳と飢餓へ転落していくだろう、と一七九八年に予言したトマス・ロバート・マルサス。もう一つは、「人口爆発」の結果として一九八五年には非常に広範囲で飢餓が起こるだろう、と一九六八年に予言したポール・R・エーリック。

マルサスは、産業革命が起こること、そして大量生産が可能になり人々の寿命が延びることを予見できなかった。エーリックの計算は、「緑の革命」によって食糧生産が人口増加を上回るスピードで伸びることを計算に入れていなかった。

産業革命とともに始まった「人新世」は、一つの生物種（ヒト）の活動が地球上の生命を支えるシステムを容赦なくむしばむ史上初の時代となった。「人新世」はシステムが衝突しあう時代だ。建設、エネルギー、輸送、工業、商業など人類が作り出したシステムが、窒素や炭素の循環、生態系の豊かなダイナミクス、利用可能な水資源など自然のシステムを日々痛めつけている。(注2) それだけではない。過去五〇年のあいだに、人類の地球に対する加害は急激に加速し、

大気中の二酸化炭素濃度など、システムの危機を示す数字が前例のないスピードで悪化しているのだ。(注3)

エーリックの見方によれば、人間が地球につけるフットプリント（足跡）は、消費、人口、そして消費材の入手方法、の三つの作用の結果である。この三要素を基準にして、イギリス王立協会は、人類に対する地球の環境収容力（地球が生命を支えるシステムを崩壊させずに支えることのできる最大人口）を概算しようと試みた。その結果は、「条件次第」という結論だった。

最も大きな未知数は、テクノロジーの進歩である。たとえば、中国は石炭を使った火力発電量を拡大したが、最近では太陽光や風力エネルギー利用も急速に拡大している。その結果、全体としては、過去三〇年で中国の経済生産高に対する二酸化炭素排出量は七割も低下した。ただし、数字の陰には、中国における石炭火力発電量そのものは依然として増えつづけている、という事実が隠れている。(注4)要するに、技術革命によって地球の重要な生命維持システムを保護しながらの資源利用が可能になり、人類の行く末は救われるかもしれない……ただし、その方法が新しい問題を作り出したり古い問題を隠蔽《いんぺい》したりしなければ、という条件つきの話なのだ。

少なくとも、それが頼みの綱だ。しかし、主要な経済的要因が長期的観点からそのような技術革命を後押しするとは考えられない。短期的な進歩が実現するのは、企業にとって節約になるからであって、地球を救うための持続可能性を追求した結果ではないのだ。

たとえば、二〇〇八年に始まった経済危機のあいだ、米国では二酸化炭素のレベルが低下した。これは政府が指導したからではなく、市場の要因（需要の減少と、発電所が石炭より安価な天然ガスを使うようになったため）によるものだ。

これまで見てきたように、人間の脳の盲点がこうした窮状の一因と言えるかもしれない。人間の知覚は、人類の原始的な生存に役立つ注意に特化して進化してきた。その結果、われわれは笑顔や渋面、うなり声や赤ん坊の泣き声には敏感に反応するが、人間の生命を支える地球の生態系の危機には気づくことができない。マクロすぎるかミクロすぎるかで、直接は気づかないのだ。そのため、地球的規模の脅威に直面しても、人間の注意回路は看過してしまう。

さらに悪いことに、主要なテクノロジーは、それらが地球に及ぼす脅威など思いもよらなかった時代に発明されたものばかりだ。大気中に放出される二酸化炭素の半分は、鉄鋼、セメント、プラスチック、製紙、およびエネルギー産業が原因だ。生産方式の改善によって排出量をかなり削減することは可能だが、もっと根本的に、地球環境に悪影響を及ぼさない（あるいは、悪影響を修復するくらいの）生産方法を再発明したほうが、ずっといい。

そうした再発明を経済的に見合うものにする要素は何だろう？　答えは、エーリックらが考えつかなかった環境的透明性という要素だ。

要は、システムのどの部分に注目するか、ということだ。人類が直面している最大の問題を例にとってみよう。スローモーション的に進行しつつある人類の集団自殺的行為は、この星の生命を支えるシステムを日々劣化させている。われわれは、この事態をひき起こしている生産物や製造方法にライフサイクル・アセスメント（LCA）を適用することによって、環境劣化にもっとうまく対処できるはずだ。

たとえば、ガラスびんは、ライフサイクルの最初から最後までに約二〇〇〇の製造工程を経る。それぞれの工程にLCAを適用することによって、大気中や水中や土壌に放出される物質の量から人間の健康や生態系の劣化に及ぼす影響まで、さまざまなインパクトを計算することができる。たとえば、ガラスの原料に苛性《かせい》ソーダを加える工程は、生態系に与える危険全体の六パーセントにあたり、健康に与える害の三パーセントにあたる。ガラスびんが温暖化に及ぼす影響のうち、二〇パーセントはガラス工場に電力を供給する発電所が原因である。このように、ガラス製造に使われる六五九の材料の一つ一つにLCAによって評価値をつけることができる。

LCAは膨大な量の情報をもたらすが、それでも、データの山を掘り進めれば、生産工程のどの段階がエコロジカル（環境）・フットプリントを減らすのにいちばん有効かが的確にわかるだろう。[注5]

大切なのは、できるだけ複雑でない次元に集中することだ。人類はきわめて複雑なシステムの中で生きているが、われわれの認知能力では、それらの複雑なシステムを完全に理解したり管理したりするのは不可能なのだ。人間の脳は、単純な決定則によって複雑な事象を整理する方法で問題を解決してきた。たとえば、ややこしい人間社会も、信頼関係を経験則として用い

れば、対処しやすくなる、というように。(注6)

LCAがもたらす膨大な量のデータを単純化できると期待されるソフトウェアは、製品のサプライチェーンの四つのレベルにおける四大インパクトに照準を合わせている。(注7) この方法によって、原因の約二割に集中することで八割の効果を得られる。いわゆるパレートの法則（少数の要素が大きな影響をもたらす）だ。

大量のデータを意味のあるものにするか、情報過多で終わってしまうかの分かれ目は、このようにざっくりと本質をつかむ（ヒューリスティックな）問題解決能力にかかっている。そうした決定を下すのは、脳の前頭前皮質背外側部《はいがいそくぶ》だ。この回路は、扁桃核の衝動を抑えこんでおくニューロンと同じ場所にある。大量のデータを前にして認知機能が圧倒されると、背外側部が降参し、不安が増大して、決断や選択の質がどんどん低下する。(注8) そうなると、データが増えても不毛な選択につながるばかりだ。

それよりは、大量のデータの中で手に負える数の意味のあるパターンに注目して、残りを無視するほうがいい。人間の大脳皮質にあるパターン認識機能は、複雑な情報を処理可能な決定則へと単純化するようにできているらしい。「結晶性知能」、すなわち重要なものを見分け、ノイズの中から信号を聞き取る能力は、年齢を重ねるにつれて向上しつづける認知能力だ。これを叡智《えいち》と呼ぶ人もいる。

あなたは環境にいい人か悪い人か

人類が作りあげたシステムから抜け出せないのは、わたし自身も同じだ。しかし、どうしても辛辣な口調にならざるをえない。人類が地球に与えるインパクトは、本質的に、罪悪感を惹起する気が重くなるようなものばかりだ。そして、ここが重要な問題点だ。否定的な側面に集中すると、苦痛の情動回路が活発になる。情動は注意の方向を決める。そして、注意は不快な対象からは目をそらそうとするものなのだ。

以前は、わたしも、人間の行為や消費行動のマイナスのインパクトを完全に透明にすること（すなわち、自分たちのフットプリントを自覚すること）が、おのずから望ましい消費行動を促す市場力につながるだろうと考えていた。(注9) しかし、この考え方においては、重要な心理学的要素が抜け落ちていた。否定的な事象への集中は、意気沮喪《そそう》と撤退につながる。苦痛の情動で頭がいっぱいになると、人間の集中は苦痛そのものに向いてしまい、いかにしてそれを和らげるかに向いてしまう。苦痛から目をそらそうとするのだ。

必要なのは、苦痛ではなく、事態を肯定的に見られるようにするレンズだ。そこで登場するのが、「ハンドプリンター」(www.handprinter.org) である。これは、人々に環境改善努力を促すウェブサイトで、ＬＣＡのデータにもとづいて生活習慣（料理、移動、暖房、冷房など）を評価し、炭素排出量にもとづくフットプリント値の計算基準を出してくれる。しかし、それはまだ第一段階でしかない。

次に、ハンドプリンターは、人間の活動で環境にいいこと（再生可能エネルギーを使う、自転車通勤をする、サーモスタットの設定温度を下げる、など）を合算して、フットプリントを小さくするのにどのくらい役立つか、正確な数値を教えてくれる。その合計がハンドプリントの数値というわけだ。つまり、自分のハンドプリント値がフットプリント値より大きくなるように環境改善の努力を続けましょう、というアイデアだ。ハンドプリント値がフットプリント値より大きくなれば、人間は地球にとってマイナスではなくプラスの存在になれる。

もしあなたが他の人たちに声をかけて、その人たちが同じように環境改善の努力をすれば、あなた自身のハンドプリント値が大きくなる仕組みだ。ハンドプリンターはソーシャル・メディアを活用するのがうまい。すでにフェイスブックのアプリになっており、このアプリを使って、家族、店舗、チーム、クラブ、町、企業などがまとまってハンドプリント値を増やすことができる。

学校も同じだ。ハンドプリンターを開発したグレゴリー・ノリスは、学校の可能性に着目している。ノリスはインダストリアル・エコロジスト（自然に優しいモノ作りを通じて環境保全をめざす活動家）で、マサチューセッツ工科大学でジョン・スターマンの薫陶《くんとう》を受け、その後、同学でLCAの教鞭をとった。現在はメイン州ヨークの小学校と協力してハンドプリントを大きくする活動を進めている。

ノリスは、ガラス関連製品の巨大企業オーウェンス・コーニング社の持続可能性担当責任者にかけあって、貯湯タンク用のガラス繊維製断熱カバー三〇〇枚を小学校に寄付させた。メイン州ではこの断熱カバーによって炭素の排出量がかなり低下し、家庭の光熱費も年間七〇ドルほど節約できた。(注10)貯湯タンクの断熱カバーをもらった家庭は節約できた光熱費の一部を学校に寄付し、学校はその寄付金で設備を修繕し、さらに断熱カバーを購入して他の二校に寄付した。(注11)

断熱カバーを寄付してもらった二校は同じプロセスをくりかえして、それぞれの学校が別の二校に断熱カバーを寄付し、このようにして効果が地域へ波及していった。

この活動に参加した学校は、最初の一巡目で、断熱カバーの耐用年数を一〇年以上と見積もって、二酸化炭素排出量を年間約一三〇トン削減した分のハンドプリント値を獲得する。加えて、ハンドプリンターは、連鎖的につながった他の学校での成功例に応じて、ハンドプリント値を付与する。この方式をくりかえすと、わずか六巡目で参加校は一二八校に及び、二酸化炭素の排出を一万六〇〇〇トン削減できることになる。三カ月ごとに活動が一巡するとして、二酸化炭素排出量の削減量は三年目の初めには六万トン、四年目の初めには一〇〇万トンになる。

「LCAで計算すると、一世帯に貯湯タンクの断熱材を巻いた時点では、断熱材のサプライチェーンやライフサイクルを計算に入れると、マイナスになります」と、ノリスは語る。「でも、断熱材を使用するインパクトが広がれば、ある時点から、温室効果ガスに関してぐんぐんプラスになっていくのです」。貯湯タンクに断熱カバーを巻いた各家庭において石炭火力発電所で

作られた電気の消費量や燃料油の消費量が減るからだ。(注12)

ハンドプリンターは、否定的なこと（フットプリント）より肯定的なこと（ハンドプリント）に目を向けさせる。肯定的情動が動機となったとき、人間は自分の行動がより意味のあるものに感じられ、努力を続けやすい。反対に、地球温暖化のインパクトがもたらす恐怖は人の注意をいちはやく引きつけるかもしれないが、何か一つ手を打って気が楽になったとたん、わたしたちはそれで済んだと思ってしまう。

「二〇年前には、自分の活動が炭素排出量にどう関係してくるかなどということを考える人は、ほとんどいませんでした」と、コロンビア大学のエルク・ウェーバーは言う。「測定する方法もありませんでした。今日では、カーボン・フットプリントがわたしたちの活動に測定基準を与えてくれるおかげで、判断しやすくなりました。自分の立ち位置がわかるようになったということです。測定できるものに対しては、人間はより注意を払い、目標を設定しやすいのです。

しかし、フットプリントは否定的な測定基準であり、否定的な情動は有力な動機にはなりません。たとえば、女性に乳がん検診を受けさせようとするとき、検診を受けなかったらどんなことが起こるかと脅かす方法もあります。この方法だと、短期的には注意をとらえることができますが、恐怖は否定的な情動なので、女性たちはとりあえず少し気が楽になる何らかの行動を取ったあと、乳がん検診のことを忘れてしまうのです。

長期的な変化のためには、持続的な活動が必要です。肯定的なメッセージが必要なのです。

つまり、『この方法のほうがいいですよ、この測定方法なら自分の活動成果が目に見えます。ずっと続ければ、ずっと自分の活動の成果を実感しつづけられますよ』と。これが、ハンドプリントのいいところです」

システム・リテラシーを鍛える

「バンゲリングベイ」は初期のテレビゲームで、プレーヤーは戦闘ヘリに乗って敵の工場、道路、造船所、戦車、戦闘機、戦艦などを爆撃する。ゲームのコツが敵のサプライチェーンを潰していくことだとわかれば、もっと利口な戦略を立てられる。まず最初に補給艦を爆撃するのだ。

「でも、ほとんどの人はめったやたらに飛びまわって、片っ端から爆撃していくんです」と、ゲームを作ったウィル・ライト（シムシティなどのシム・シリーズ製作者）は言う。(注13)ライトに初期のインスピレーションを与えたのは、マサチューセッツ工科大学のジェイ・W・フォレスター（ジョン・スターマンのメンターで、システム理論の創始者）だった。フォレスターは、一九五〇年代に生体システムをコンピューター上でシミュレーションしようと試みた最初の一人である。

ゲームが子どもたちに与える社会的インパクトについて懸念の声があることは理解できるが、ゲームによって未知の世界における行動原則を学習するコツが身につく、という恩恵はほとんど認識されていない。ゲームによって、子どもたちは複雑なシステムを試してみる方法を学ぶ。ゲームに勝つにはゲームのアルゴリズムと対処法を直観的に見抜く力が必要だ、とライトは指摘する。(注14)「試行錯誤とか、頭の中でリバース・エンジニアリングしてみるとか。それがゲームをするってことです。そういう思考スタイルを学校は教えるべきなんです。どんどん複雑になっていく世の中に対応していく準備としては、ゲームのほうが優れています」

「子どもはもともとシステム思考ができるのです」と、ピーター・センジは言う。センジは学習にシステム思考を導入した学者で、最近は学校教育の場でこうした見方を教えている。「六歳の児童が三人いて、自分たちはどうしてこんなにケンカばかりするんだろう、と考えるわけです。すると、子どもたちは、誰かが悪口を言って、それで誰かが怒って、それがまた悪口になって、さらにまた怒る、そうやってケンカが始まる、というフィードバック・ループに気がつきます」

マウ・ピアイルックがポリネシア航法を若い世代に伝えたように、こうした理解を次世代への一般教育に埋め込まない手はない。これがシステム・リテラシーである。

グレゴリー・ノリスは、ハーバード大学公衆衛生大学院で講師として長年にわたってＬＣＡを教えている。ノリスとわたしは、子どもたちにシステム思考とＬＣＡを教えるカリキュラムについてブレーンストーミングしてみた。

たとえば、粒子状物質。家庭で貯湯タンクに断熱材を巻けば、発電所から排出される粒子状物質を減らす成果につながる。粒子状物質には大きく分けて二つの種類があり、どちらも肺に有害な影響を及ぼす。一つは微粒子として大気中に排出された物質で、肺の奥深くまで達してしまう。もう一つは亜酸化窒素や亜硫酸ガスなどとして放出されたものが大気中で微粒子に変成したもので、これも有害な物質だ。

これらの空中浮遊微粒子は公衆衛生の大問題で、とくにロサンゼルス、北京、メキシコシティ、ニューデリーなどの大都市では空気汚染が深刻な日が多い。世界保健機関（WHO）は、大気汚染が原因の死者は世界で毎年三二〇万人にのぼると推定している。(注15)

そうしたデータをもとに、保健や数学などの授業で、粒子状物質の排出がどのくらいの「障害調整生命年（DALY）」、つまり「健康な生活が失われた年数」に相当するか、というような計算を授業に取り入れるといい。もっと細かくDALYを計算して、疾病率増加との関係を考察することもできる。

システム問題分析をさまざまな角度から教えてみるのもいいだろう。たとえば、生物学ならば、粒子状物質が肺に吸い込まれて喘息や心臓疾患や肺気腫をひき起こすメカニズムを探究するのもいい。化学の授業ならば、亜酸化窒素や亜硫酸ガスが粒子状物質に変成する過程に注目する。社会政策、公民、環境などの授業では、今日のエネルギーシステム、輸送システム、建設システムなどが公衆衛生を脅かしている仕組みについて、さらに健康リスクの低いシステムに変容させる方法について、議論するのもいいだろう。

こうした学習を学校教育に取り入れていくことによって、システム思考の土台が作られ、高学年になるにつれてより高度なシステム思考へと進化させていくことができる。(注16)

「システムレベルの相互作用を理解するには、概観的な注意が必要です。柔軟な注意をもって、集中をズームレンズのように拡大したり縮小したりして、大きい要素も小さい要素も見ることが必要なのです」と、リチャード・デイヴィッドソンは言う。システムを読む基本的スキルを、ぜひ子どもたちに教えるべきだ。

教育はメンタル・モデルを向上させる。学生のうちに、教育の一環として、たとえば産業エコロジーの認知地図（頭の中で情報の要素を地図化したもの）をマスターさせておけば、その洞察力が大人になってから決定則の一部を形作るのに役立つだろう。

消費者にとっては、こうしたシステム思考が製品購入の判断に影響するだろう。職場の意思決定者にとっては、製造過程や材料調達における資金配分からビジネス戦略やリスク回避策に至るまで、あらゆる局面でシステム思考が参考になる。何よりも、システム思考を身につけた若い世代の中から、とくにバイオミミクリ（自然界の仕組みを模倣する形で問題解決を考える姿勢）の方面で熱心な研究者や開発者が出ることが期待される。

現実には、今日の産業プラットフォームも、化学製品も、製造プロセスも、環境に対するインパクトのことなど誰も考えもしなかった時代に開発されたものだ。それらすべてを、ＬＣＡのレンズとシステム思考を身につけた目で見なおす必要がある。それは将来に向けて巨大な起業チャンスになるはずだ。

さまざまな企業の持続可能性担当者が数十人ほど集まった非公開の会議に出席したとき、太陽光発電の省エネ工場から再生可能な栽培法で作られた原料の調達に至るまで、参加者たちが次々と自社の改良実績について発表するのを聞いて、わたしは勇気づけられる思いがした。しかし、参加者たちが口を揃えて一様に、「でも、顧客はそんなことは気にとめてくれないんですよね」と言うのを聞いて、残念に思った。

環境教育のイニシアチブは、長い目で見れば問題解決に役立つはずだ。若い世代はソーシャル・メディアの発達した時代を生きている。デジタル・コネクションから生まれる力は、市場や思潮を動かすだろう。ハンドプリントのような方法が広まれば、企業にビジネスのやり方を変えさせる経済勢力が生まれる可能性はある。

情報は多いに越したことはない。巨大なシステムに立ち向かうときは、注意を広範に分散させておくことが必要だ。一人の目が届く範囲は限られているが、多数の人間が集まれば、はるかに多くのことが見える。活力に満ちた集団ならば、適切な情報を最大限に取り込んで、それを深く理解し、うまく対応できる。われわれは人類全体として、そういう集団になることができるはずだ。

世界じゅうの人々が、地球のメルトダウンを防ぐためにすでにさまざまな行動に着手しているが、そのリストにシステム・リテラシーを加えよう。数が力になる。変化を起こす単一の支点が存在するわけではなく、多くの支点が広く分散して存在するからだ。ポール・ホーケンが著書『祝福を受けた不安』（阪本啓一訳、バジリコ）の中で、まさにそう提唱している。二〇〇九年に開かれた国連気候変動コペンハーゲン会議がまたもや合意を達成できずに終わったとき、ホーケンは、「そんなことは問題ではない。変化は会議から生まれるものだとは思っていないから」と言った。

ホーケンの見方は、こうだ。「想像してみるといい、コペンハーゲンで五万の人間がメモや名刺や連絡先やアイデアを交換しあって、そのあと世界一九二カ国に散らばって戻っていくんだ。エネルギーや気候はシステムだ、これはシステム的問題なのだ。ということは、われわれの活動一つ一つすべてがシステム修復の一部になっているということだ。システムというものには、ここから先は失敗とか、もう少しがんばれば成功、というような『アルキメデスの点』はないのだ（注17）」

第 V 部

理にかなった練習法

Part V
Smart Practice

第15章 「一万時間の法則」の盲点

アイディタロッド犬ぞりレースは世界で最も過酷なレースかもしれない。そり犬たちは北極の雪と氷の中を一週間以上かけて一一〇〇マイル以上も走る。ほとんどの場合、犬たちとマッシャー（犬ぞりレーサー）は一日じゅう走り、夜のあいだ休憩する。あるいは、夜じゅう走って昼間に休憩するマッシャーもいる。

スーザン・ブッチャーは、アイディタロッド犬ぞりレースのこうした常識を変えた。一二時間走って一二時間休むかわりに、彼女は昼夜を通じて四～六時間走って四～六時間休むというリズムをくりかえす方法でレースに臨んだのだ。それはリスクを伴う変革だった。この走り方では、マッシャーの睡眠時間が少ししか取れない（犬たちが眠っているあいだに、マッシャーは次の区間の準備をしなければならない）。しかし、ブッチャーと犬たちはその方法で練習を積んだ。初めてのレースに臨んだときから、ブッチャーはこの方法で勝てると確信していた。

スーザン・ブッチャーはアイディタロッド犬ぞりレースで四回優勝した。レースから引退して一〇年後に白血病で亡くなったブッチャーをしのんで、アラスカ州はアイディタロッド犬ぞりレースの初日を「スーザン・ブッチャー・デイ」と命名した。

動物看護師だったブッチャーは、犬に対する人道的扱いを普及させる運動の先頭に立ち、犬ぞりを引く犬たちに年間を通じてのケアやトレーニングをおこなった。当時は珍しいことだった。ブッチャーは犬たちの限界を感じ取れるマッシャーだった。当時、犬ぞりレースは犬を苛酷に扱うことで非難を浴びていた。

ブッチャーは、マラソンランナーの練習と同じような考え方で犬たちを訓練した。つまり、休ませることを走らせることと同じように重視したのである。「スーザンにとって、犬たちのケアは最大の優先事項でした」と、スーザン・ブッチャーの夫デイヴィッド・モンソンが話してくれた。「スーザンは自分の犬たちをプロのアスリートとみなして年間を通じてケアをし、最高の医療と訓練と栄養を与えていました」

加えて、マッシャー自身の準備も重要だった。「ほとんどの人は、二週間以上かけて氷と雪の世界を一〇〇〇マイル以上も走破する犬ぞりレースがどれほど苛酷なものか、想像できないと思います」と、モンソンは語ってくれた。「気温は四度から氷点下五〇度まで変化するし、ブリザードに襲われればなすすべもない。修理用具や自分と犬たちの食糧や薬品を積み込んで、状況に応じた判断を下していかなければならない。エベレスト登山と同じですよ。

たとえば、食糧や備品を貯蔵してあるチェックポイントから次のチェックポイントまでは、九〇ないし一〇〇マイルあります。犬の食糧は、一頭につき一日一ポンド（約四五〇グラム）必要です。でも、次の走破地域でブリザードが予想されれば、犬たちのために予備の食糧やシェルターを積んでいく必要がある。それは、そりが重くなるということです」

ブッチャーは一日わずか一、二時間の睡眠だけで、生死を分ける判断を下し、しかもつねに油断なく注意を保たなければならなかった。犬たちは走ったのと同じだけの時間休ませてもらえたが、ブッチャーのほうは休憩時間のあいだに犬たちのケアや餌やりをし、自分の食事をし、犬ぞりの修理が必要ならばそれもこなさなければならなかった。「極限の疲労とストレスの中で注意力を維持するには、手際のよさや熟練が必要です。でないと、重圧の下で的確な判断はできません」と、モンソンは言う。

スーザン・ブッチャーは多くの時間をかけてマッシャーとしてのスキルを磨き、雪や氷の微妙な変化を調べ、犬たちとの絆を強めた。しかし、トレーニングの中で何よりきわだっていたのは、自己鍛錬の姿勢だった。

「スーザンは非常に集中力のある人でした。彼女があれだけ優れたマッシャーになった秘訣はそこです」と、自身もアイディタロッド・レースで優勝した実績を持つジョー・ランヤンは言う。

「一万時間の法則」というものがある。どのような分野でも、一流の成功をおさめるには一万時間の練習が必要である、という法則だ。この法則は、成功するための絶対的な秘訣としてウエブサイトなどで喧伝され、高度のパフォーマンスを追求するワークショップで連呼されるようになった。[注1] しかし、問題は、この法則だけでは不十分である、ということだ。

もしあなたが毎回ショットやパットで同じ失敗をくりかえすようなへぼゴルファーだったとしたら、同じ失敗を一万時間くりかえしたところで、ゴルフの腕が上達することはない。あいかわらずへぼゴルファーのまま年齢を重ねるだけだ。

フロリダ州立大学の心理学者アンダース・エリクソンは、一流の専門技術を持つ人たちを研究して一万時間の法則を提唱した専門家であるが、彼はこう語っている。「機械的に同じことをくりかえしても、何も得られません。目標に近づくよう修正を重ねることが大切なのです。[注2] 努力してシステムを改良していくのです。限界を押し広げようとするときは、初めのうちはミスが多くてもあたりまえです」

バスケットボールやフットボールのように、身長や体格など生得的な要素が大きくものをいうスポーツは別として、「理にかなった練習」を積み重ねればほとんど誰でも一流のパフォーマンスができるようになる、とエリクソンは言う。

アイディタロッド犬ぞりレースに出場するマッシャーたちは、最初はスーザン・ブッチャーに勝ち目などあるはずがないと決めてかかっていた。「当時、犬ぞりレースは荒くれ男たちのスポーツと考えられていたのです」と、デイヴィッド・モンソンが回顧する。「つまり、タフ・ガイのスポーツというわけです。他のマッシャーたちは、スーザンなど勝てるはずがない、と断言しました。あんなふうに犬を甘やかして勝てるはずがない、と。ところが、スーザンがレースで連勝するようになると、人々はスーザンの犬たちのほうが苛酷なレースに適した状態に仕上がっていることを認めざるをえなくなりました。それ以降、アイディタロッドのための準備も、レースの走り方も、根本的に変わりました」

エリクソンは、勝利の秘訣は「意識的な練習」である、と言う。一流のコーチ（つまり、犬たちにとってのスーザン・ブッチャーのような存在）の指導を仰ぎ、よく考えられたトレーニング計画に従って、何カ月も何年も努力することが大切である、そして本人もトレーニングに全神経を傾注することが大切である、と。

一流のパフォーマンスをするには何時間も練習を重ねる必要があるが、それだけでは足りない。どんな分野であっても、練習のあいだ、いかに集中しているかで大きな差が出る。たとえば、バイオリニストの練習方法を研究した有名な論文（一流のバイオリニストは一万時間以上の練習を積んでいることを示した論文）で、エリクソンは、優れたバイオリニストたちは師事する音楽家から指摘された箇所の向上に全神経を集中して練習していることを発見した。(注3)

「理にかなった練習」には必ず、ミスを認識して修正できるようなフィードバック・ループが組み込まれている。ダンサーが鏡の前で練習するのは、このためだ。そのようなフィードバックは専門的な目を持った人から与えられるのが理想的で、スポーツの世界で一流の選手はみなコーチをつけている。こうしたフィードバックなしに練習しても、トップランクの選手にはなれない。

また、フィードバックも大切だが、集中力も大切だ。ただ長い時間をかけて練習すればいいというものではない。

どのようなスキルでも、向上をめざすにはトップ・ダウンの集中が必要だ。神経可塑《かそ》性（練習中のスキルを習得するために、脳内の古い神経回路を強化し、新しい回路を作ること）が働くには、注意の集中が必要なのだ。他のことに気を取られている状態で練習しても、脳はルーティン回路を書き換えてはくれない。

心がうわの空では、練習しても身につかない。テレビを見ながらワークアウトをしているようでは、一流にはなれない。一〇〇パーセントの注意を注ぐことによって、脳の処理スピードが速まり、シナプスの結合が強まり、習得しようとしている技術を可能にする神経回路が拡大したり新生したりするのだ。

少なくとも、最初の段階ではそうだ。しかし、新しい動作を習得するにつれて、練習を重ねるごとに、そのスキルのコントロールはトップ・ダウンの意図的な集中からボトム・アップの回路へ移管されて、やがて苦もなくできるようになる。その時点では、もう考えなくても自動的にその一連の動作をこなせるようになっている。(注4)

そして、ここがアマチュアと一流との分かれ目だ。アマチュアは、ボトム・アップで動作ができるようになった時点で満足してしまう。スキーでも、自動車の運転でも、五〇時間ばかり練習すれば、だいたいの人は「まあまあ」のレベルに達し、それほど努力しなくても必要な動作ができるようになる。すると、もう集中して練習する必要を感じなくなり、そこまでで身についたスキルだけで流すようになる。このボトム・アップ・モードでどれだけ練習しても、向上はほとんど望めない。

これに対して、一流のプレーヤーはトップ・ダウンの注意を払いつづけ、ルーティンを自動化しようとする脳の衝動に意識的に抵抗する。一流のプレーヤーは、完璧にできるようになるまで能動的に集中を続け、うまくいかない部分を修正し、メンタル・モデルを改良し、コーチから与えられるフィードバックの特定部分に集中する。一流のプレーヤーは、向上の努力をやめない。そうした「理にかなった練習」をやめて惰性でプレーしはじめた時点で、パフォーマンスはボトム・アップになり、スキルは頭打ちになる。

「一流のパフォーマーは現状のパフォーマンス・レベルを超える目標を設定して、自動化の傾向に能動的に抵抗するようなトレーニングをする」と、エリクソンは言う。さらに、「意識的な練習に一〇〇パーセント集中できる時間が多いほど、パフォーマンスがより高度で洗練されたものになる」とも言う。(注5)

スーザン・ブッチャーはトレーニングを重ねて、自身と犬たちをハイ・パフォーマンス・ユニットに仕上げた。ブッチャーと犬たちは、走っては休憩するサイクルを二四時間続けたあと二日間休む、という練習を一年を通じてくりかえした。当時犬ぞりレースの常識とされた一二時間連続で走らせる方法では、犬たちが疲れてスピードが落ちてしまう、と考えたからだ。アイディタロッド犬ぞりレースの開催日までに、ブッチャーと犬たちは最高のコンディションに仕上がっていた。

注意の集中は、筋肉に力を入れるのと同じで、疲労する。エリクソンによれば、世界一流のパフォーマーは、ウェイト・リフティング選手であろうと、ピアニストであろうと、犬ぞりチームであろうと、きつい練習は一日四時間程度に抑えているという。彼らのトレーニング・メニューには、肉体的・精神的エネルギーを回復するための休憩時間が組み込まれている。一流プレーヤーは最大限の負荷をかけた練習をこなすが、練習中に集中力が低下するようなやり方はしない。最適な練習には最適な集中が必要なのだ。

情報のチャンク化と記憶力向上

ダライ・ラマが世界各地で多くの聴衆を集めて法話をおこなうとき、傍らにトゥプテン・ジンパの姿があることが多い。ジンパはダライ・ラマの英語通訳だ。ダライ・ラマがチベット語で話しているあいだ、ジンパは一心に耳を傾けている。メモは、ほんのたまに短く何か書きつけるだけだ。ダライ・ラマが話しおわると、少し間を置いて、ジンパが英訳しはじめる。美しいイギリス英語だ。(注6)

わたし自身が海外で通訳付きで講演をしたときは、数センテンスごとに区切って通訳に訳させるように、と言われたものだ。そうしないと、長すぎて通訳がおぼえきれないというのだ。

あるとき、わたしは、ダライ・ラマとジンパが数千人の聴衆を前に法話をおこなったのを聴く機会があった。すると、通訳に代わるまでのダライ・ラマの話がだんだん長くなっていった。少なくとも一度、ダライ・ラマはチベット語でたっぷり一五分間も話しつづけた。通訳がとてもついていけないだろうと思うほど、話は長く続いた。

ダライ・ラマが話しおえたあと、ジンパは少しのあいだ口を開かなかった。聴衆は、通訳が話を思い出せるかどうか、固唾《かたず》をのんで見守っていた。

やがて、ジンパが英訳しはじめた。そして、ジンパもたっぷり一五分間かけて通訳した。一度も言葉に詰まることなく。すばらしい通訳ぶりで、聴衆は拍手喝采した。

どこに秘密があるのだろう？　わたしが尋ねたとき、ジンパは、自分の記憶力は南インドにあるチベット仏教の僧院で若い修行僧時代に受けたトレーニングによって鍛えられたと話してくれた。修行僧時代に長い経典を暗記させせられたというのだ。「八歳か九歳のころからです。チベット古語で書かれた経典を、まだ意味もわからないまま暗記するのです。ヨーロッパの修道僧がラテン語を暗記するのと同じようなものでしょうね。耳から聴いて暗記するんです。中にはスートラの詠唱もあります。僧たちがすべて暗記で経典を詠唱するのを聴いたことがあるでしょう」

若い修行僧たちが暗記する経典は三〇ページにも及び、付随する注釈は一〇〇ページにも及ぶ。「まず午前中に二〇行を暗記するところから始めるのです。そのあと日中に、経典をときどき見ながら暗唱をくりかえします。そして夜には、暗闇の中で、記憶だけを頼りに暗唱するのです。次の日は、さらに二〇行が加わって、合わせて四〇行を暗記します。こうして、経典一冊を暗唱できるようになるまで続けるのです」

「理にかなった練習」研究の第一人者アンダース・エリクソンは、同じような記憶術をアメリカの大学で教えてみたという。学生たちは不屈の覚悟をもって臨み、一〇二桁の乱数列を暗唱できるようになった（真剣に練習して四〇〇時間かかった）。エリクソンがやってみたように、キーボードであれ頭の中の作業であれ、熱心に注意を傾ければ高いレベルのパフォーマンスが可能になる。

「このように注意を集中するには、根性が必要です。退屈でも粘り強く努力する根性が必要です」と、ジンパが打ち明けてくれた。

このようなすばらしい記憶力を見ると、ワーキング・メモリー（一時的な記憶能力）が向上したのかと考えたくなるが、そうではない。秘密はチャンク化で、これも「理にかなった練習」の一つの形だ。

ジンパがこんな話を聞かせてくれた。「ダライ・ラマ法王がお話しになるとき、わたしはだいたいの骨子を知っております。そして、たいていは、法王がどの経典に言及しておられるのかもわかっております。速記でキーポイントを書き留めてはおりますが、通訳しながらそのメモを見ることはほとんどありません」。このジンパの速記が、すなわち、チャンク化なのだ。

ノーベル賞受賞者でカーネギーメロン大学のコンピューター・サイエンス教授だった故ハーバート・サイモンから、何年か前にこういう話を聞いた。「その道のエキスパートは誰でも、このような記憶能力を身につけている。記憶は索引のようなものだ。エキスパートは五万にものぼる情報のチャンク（かたまり）を頭に入れている。たとえば医者ならば、それはさまざまな症状ということになる」(注7)

心の「筋トレ」をするには

注意は、ワークアウトで鍛えることのできる筋肉と似たようなものだ。暗記や精神の集中は、心の筋トレだ。心がよそごとへさまようのを目標へと引き戻す努力は、フリーウェイトを上げるトレーニングにたとえることができる。

それは、一点に集中する瞑想と本質的に同じだ。マントラや呼吸など、一つのことに集中しようとすると、どうしても心が徘徊しはじめる。その際の指示は、どれも同じだ。気が散ったときは、集中すべき対象に戻って、そこに注意を保つこと。そして、ふたたび気が散ったら、同じように集中しなおして、それを何度も何度もくりかえす。

エモリー大学の精神科学者チームはｆＭＲＩ（磁気共鳴機能画像法）を使って、この単純な心の動きをくりかえす瞑想者の脳を観察した。(注8) 被験者の認知サイクルは、気が散る、気が散ったことに気づく、注意を自らの呼吸に向ける、注意を呼吸に維持する、という四つの段階をくりかえした。

気が散っているとき、脳の中では、例によって前頭前皮質内側部が活発になっていた。気が散っていることに気づいた瞬間、こんどは別の注意回路（サリエンシーの回路）が活発になった。そして、自分の呼吸に注意を戻して集中を維持しようとしたときには、前頭前野の認知制御回路が活発になった。

ワークアウトと同じように、何度もくりかえすほど心の筋力も鍛えられる。ある研究によれば、ベテランの瞑想者は、気が散ったことに気づいたあと、より迅速に前頭前皮質内側部の活動を抑えられることがわかった。修練を重ねて思考を切り離すことが容易になってくると、思考から離れて呼吸に集中を戻すことが容易になる。ベテラン瞑想者の脳内では、気が散ったときに活性化する領域と思考を捨象するときに活性化する領域の連繫がより強く見られた。(注9) ベテラン瞑想者の脳に見られる特徴は、ウエイト・リフティング選手の完璧な筋肉と共通するものがある、とその研究は示唆している。

ボディビルの選手は、フリーウェイトを上げるトレーニングをやっても美しく割れた腹筋は作れないことを知っている。鍛えようとする筋肉に見合った練習が必要なのだ。特定の筋肉は、特定のトレーニングによって鍛えられる。注意のトレーニングも同じだ。一点に集中することは注意の訓練の基礎であるが、その先は、目的に応じたトレーニングが必要になる。

フィットネス・トレーニングと同じく、メンタル・トレーニングにおいても、トレーニングの内容が肝腎なのである。

ポジティブでいることのメリット

シチュエーション・コメディ番組『となりのサインフェルド』や『ラリーのミッドライフ★クライシス』などの脚本を書き、主演もしているラリー・デイヴィッドは、ブルックリン出身だが、人生の大半をロサンゼルスで過ごしている。たまたま、『ミッドライフ★クライシス』の撮影のためマンハッタンに滞在していたあいだ、デイヴィッドはヤンキー・スタジアムに野球の試合を見に行った。

ゲームの合間に、テレビカメラがとらえたラリー・デイヴィッドの顔がジャンボトロンの画面に大写しになった。スタジアムの観客は総立ちでラリーに拍手を送った。

ところが、その夜、スタジアムを去ろうとしていたラリーに向かって、駐車場で通りがかりの車から男が身を乗り出して、「ラリー、てめえなんか最低だ!」と怒鳴った。

帰る道々、ラリーはその言葉ばかり考えていた。「あの男は誰だろう? 何だったんだろう? どうしてあんなことを言うんだろう?」と。

球場で拍手を送ってくれた五万人のファンの存在は吹っ飛んで、ラリーはその男のことしか考えられなかった。(注10)

ネガティブな思考にとらわれると、心を動揺させる狭い範囲のことしか見えなくなる。(注11) ネガティブな側面ばかりに集中しすぎるとうつにつながるというのは、認知療法の常識だ。認知療法であれば、ラリー・デイヴィッドのようなケースでは、球場で喝采を受けたときのいい気分を思い出してそこに集中するようにアドバイスするところだ。

ポジティブな気分でいると注意の範囲が広くなり、いろいろなことを許容できるようになる。実際、ポジティブな気分に支配されているときは、知覚が変化する。ポジティブな気分とその効果について研究している心理学者バーバラ・フレドリクソンが指摘するように、ポジティブな気分のとき、人間の意識性は、通常の自己(「わたし」)を中心とする意識性から、「わたしたち」を中心とする包容力のある温かい意識性へ広がるという。(注12)

ネガティブなことに集中するかポジティブなことに集中するかによって、脳内の働きも変わってくる。明るく元気な気分でいるときは左脳の働きが活発になることを、リチャード・デイヴィッドソンが発見した。左脳には、念願の目標を達成したらどれほどすばらしい気分になるかを思い出させる回路もある。大学院生がこつこつと論文に取り組む力となる回路だ。

神経レベルでは、ポジティブ性は、前向きな考え方をどれだけ長いあいだ維持できるかを反映している。たとえば、困っている人に救いの手がさしのべられた場面や元気いっぱいの幼児がとびまわっている場面を見たあと、どのくらい長期にわたって笑顔を保てるか、というようなことだ。

このような明るい考え方は、態度に表れる。たとえば、新しい町へ引っ越したり新しい人と知り合ったりすることを、わくわくする可能性につながる冒険ととらえるか、不安なこととしてとらえるか、といった違いだ。

明るい考え方で生きている人は、曇り空にも明るい光明を見出そうとする。反対に、悲観的な考え方で生きている人は、曇り空を見ると、もっと暗い雲がやってくるに違いないと思ってしまう。それはすべて、どこに集中を向けるかにかかっている。一人の意地悪な男から投げつけられた言葉をくよくよ考えるか、拍手喝采を送ってくれた五万人のファンのことを考えるか、という違いだ。

ポジティブ性は、脳内の報酬系回路が働いているということでもある。幸福な気分のとき、側坐核《そくざかく》（腹側線条体《ふくそくせんじょうたい》の一部分）が活発になる。この回路は動機ややりがいにかかわる重要な役割を果たしていると思われ、ドーパミンに富み、ポジティブな気分や目標の達成努力や欲望を後押しする。

ドーパミンと組み合わさって働くのが、エンドルフィン（ランナーズハイを起こす神経伝達物質）などの脳内麻薬だ。動機や忍耐を支えるのはドーパミンだが、エンドルフィンは快感でそれを後押しする。

ポジティブな気分でいるあいだは、報酬系回路が活発に働いている。デイヴィッドソンは、うつ病の被験者と健康な被験者を比較した研究をおこない、うつ病の被験者は健康な被験者と比較して、幸せな場面を見たあとポジティブな気分を長く維持できないことを発見した。(注13) うつ病の被験者たちは報酬系の回路が早く閉じてしまうのだ。人間の脳の実行機能をつかさどる部分には、報酬系の回路を活発にしてポジティブな気分を維持させる働きがある。それによって、わたしたちは挫折にめげず努力しつづけることができ、目標を達成できたときの嬉しさを想像してがんばることができるのだ。ポジティブな気分は集中力や思考の柔軟性や忍耐力を高め、パフォーマンス向上に役立つ。

それでは、ここで質問を一つ。もし自分の人生で何もかもが完璧にうまくいったとしたら、一〇年後にあなたは何をしているだろう？

こういう質問をされると、人は、自分にとって何がほんとうに大切なのか、それが自分の人生をどう導くのか、などと考えてみる。

「ポジティブな目標や夢について語ることは、新たな可能性へ目を向ける脳の回路を活発にします。しかし、自分のだめなところを直すにはどうすべきかというような方向へ会話を変えると、新たな可能性への回路は閉じてしまいます」と、ケース・ウェスタン・リザーヴ大学ウェザーヘッド経営大学院の心理学者リチャード・ボヤツィスは言う。

この対極的なアプローチの仕方がパーソナル・コーチングにおいてどれほど違う効果をもたらすかを調べるため、ボヤツィスの研究チームは大学生被験者にインタビューしながら、脳内のスキャンをおこなった。(注14) 一方の被験者グループに対しては、一〇年後に何をしていたいと思うか、大学生活からどのような成果を期待しているか、というようなポジティブな内容のインタビューをしながら脳スキャンをおこなった。すると、脳内の報酬系回路やいい気分、幸せな記憶をつかさどる領域がより活発に働いていることがわかった。これは、将来へのビジョンに触発され開放された気分が脳スキャンでとらえられたものだと考えられる。

もう一方のグループに対しては、スケジュールや研究課題の厳しさ、友だちを作ることの難しさ、成績に対する不安など、ネガティブな話題のインタビューをおこなった。ネガティブな質問に答えようとする学生たちの脳内では、不安や葛藤や悲しみの領域が活性化していた。

自分の長所に集中することによって、望ましい未来へ向かおうとする意欲が強まり、新しい考えや人々や計画に対して寛大になれる、とボヤツィスは指摘する。反対に、自分の短所ばかりに集中すると、義務感や罪悪感のような防御的な姿勢になって、心が閉ざされてしまう。

ポジティブな見方は、練習や学習を楽しいものにしてくれる。だから、ベテランのアスリートやパフォーマーになってもなお、楽しい気持ちで練習に取り組めるのだ。「生存にはネガティブな集中が必要だが、繁栄にはポジティブな集中が必要だ。どちらも必要だが、適度なバランスが大切だ」と、ボヤツィスは述べている。

ポジティブ対ネガティブの比率は、有名な「ロサダ比率」を見てもわかるように、ポジティブがはるかに大きいほうが望ましい。マーシャル・ロサダは組織における心理学を研究している学者で、優秀なビジネス・チーム内の感情について研究した。何百ものビジネス・チームを分析した結果、最も優秀なチームはポジティブ感情とネガティブ感情の比率が二・九対一以上であることがわかった（ポジティブ感情にも上限があり、ロサダによれば、一一対一以上になるとチームは浮かれすぎて効率が落ちる）。(注15) 人間個人についても同様な比率が望ましい、という研究結果を、ノースカロライナ大学の心理学者（ロサダの元研究仲間）バーバラ・フレドリクソンが報告している。(注16)

ボヤツィスは、コーチング（教師でも、親でも、上司でも、ビジネス・コーチでも）においても、同様なポジティブ／ネガティブ比率が望ましい、と指摘している。

人生の夢や希望を話題にした会話は、そのビジョンを実現する努力へとつながる可能性がある。会話がきっかけとなって一般的なビジョンの中から具体的な目標が見えるようになり、その目標を実現するには自分がどのような能力を向上させればよいか、と考えられるようになる。

反対に、弱点（学校の成績でも、企業の四半期目標でも）に集中して、それを矯正する方法を考えるアプローチでは、会話は欠点に集中してしまい、自責感や不安感ばかりがクローズアップされてしまう。たとえば、子どもの成績が悪いのを責めて成績が向上するまで罰を与えつづける親などは、最悪のアプローチの例だ。罰に対する不安が子どもの前頭前野の働きを阻害してしまい、学習に集中できなくなって、ますます成績が向上しなくなる。

ケース・ウェスタン・リザーヴ大学でＭＢＡ（経営学修士）コースの学生や企業の中堅幹部を教えているボヤツィスは、何年も前から、まず第一に夢を語るコーチングを実施している。

たしかに、夢を語るだけで目標が実現できるものではない。夢を実現するには、必要な能力を身につけるための日々の努力が欠かせない。

ＭＢＡコースを受講したある企業役員は、人間関係をよくしたいという夢を語った。ボヤツィスによると、その役員は「エンジニア出身で、仕事の課題に向かうとそれ以外のことが見えなくなって、課題実現のために一緒に働く人たちのことも見えなくなってしまう」のだという。

そこで、その役員には「他の人たちがどう感じるかを考える時間を作る」という学習計画が与えられた。そして、職場の環境や習慣から離れたところで定期的にリスクの小さい練習機会を得るために、息子のサッカーチームのコーチを引き受けることになった。子どもたちをコーチしながら、プレーヤーの気持ちを考えるよう努力したのだ。

別の企業役員は、同様の目標にもとづいて、貧困地区の高校で学習の個人指導を手伝うボランティアをすることにした。相手の気持ちに寄り添って優しく接する態度を学んだ役員は、新しく身につけた習慣を職場でも実行するようになった。そして、個人指導がとても楽しい経験だったので、またくりかえしボランティアに応募したという。

こうした経験の有効性をデータとして得るために、ボヤツィスはコースの受講者を対象にシステマティックな評価を実施している。受講者をよく知っている職場の同僚などに、数十にわたるＥＱ（情動の知性）関連項目（たとえば、「相手の言い分を丁寧に聞いて理解しているか」など）について無記名で評価してもらうのだ。その後、何年も経てからふたたび受講者に連絡を取り、その時点における職場の同僚たちに同様の項目について評価してもらう。「これまでに二六のケースで受講者の現在の職場をつきとめて、評価を受けてもらいました」と、ボヤツィスが話してくれた。「その結果、最初の受講時に改善できた項目が七年後にも維持できていることがわかりました」

スポーツや音楽のスキル向上であれ、記憶力や傾聴力の向上であれ、「理にかなった練習」の核心にある項目は同じだ。成功の喜びと、的確な方法と、一〇〇パーセントの集中が総合的に効果を発揮する形が作れれば、理想的だ。

第16章

ゲーム脳の功罪

世界チャンピオンのダニエル・ケイツは、六歳でテレビゲーム「コマンド&コンカー」をプレーする才能に気づいて以来、毎日トレーニングに没頭してきた。当時、「コマンド&コンカー」はマイクロソフト・ウインドウズの付録として無料でパッケージにはいっていた。そのとき以来、ケイツは他の子どもたちとはいっさい遊ばず、郊外にある自宅の地下室で何時間もテレビゲームをプレーしつづけた。(注1)

理数系高校に進学したあとも、ケイツは授業をさぼってコンピューター・ルームにしのびこみ、パズルゲーム「マインスイーパ」をやっていた。このゲームは灰色のマス目に隠された地雷を見つけて旗を立てるゲームで、地雷が仕込まれているマス目を開けてしまうと爆発する。「マインスイーパ」をやりはじめたころ、ケイツの腕前はとくに傑出していたわけではなかったが、何時間も練習を重ねた結果、九〇秒以内ですべての地雷をクリアできるようになった(わたしも一度このゲームをやってみたが、九〇秒以内でクリアするなど想像もできない。読者の皆さんも、いちど自分でやってみるとわかるだろう)。

一六歳のとき、ケイツは「天職」に出会った。オンライン・ポーカーである。初めのうち、ケイツは生身の対戦相手に一ゲーム五ドルの勝負で負けつづけていた。しかし、わずか一八カ月後には、オンライン・ポーカーで五〇万ドル勝つまでに腕を上げた(その数年後にアメリカ国内ではオンライン・ポーカーが非合法化された)。二〇歳になるまでに、ケイツはオンライン・ポーカーで五五〇万ドルを獲得した。その年の第二位を一〇〇万ドル以上も引き離しての圧倒的な一位だった(注2)。

ケイツがこれだけ多額の賞金を稼げるようになったのは、「詰め込み教育」をしたからだ。つまり、ケイツは、一度に一ゲームずつプレーするのではなく、超一流の上級者も含めてありとあらゆる相手と同時進行で勝負を重ねたのだ。オンライン・ポーカーは、自分が同時にプレーできるかぎり何人の相手とでも勝負でき、即座に勝ち負けのフィードバックが得られ、それによって習熟度が急上昇する。同時に一ダースの相手とプレーしつづければ、ほんの数年のうちに、ラスベガスのポーカー・テーブルで勝負しつづけてきた五〇代のベテラン・ギャンブラーと同じだけの場数を踏むことができるのだ。

ケイツのポーカーの才能の土台にあるのは、小学校一年生のときに始めた「コマンド&コンカー」によって養われた認知能力であろうと考えられる。「コマンド&コンカー」で勝つには、敵軍に対して自軍を的確に展開し、敵の戦力が落ちた瞬間を見逃さず容赦ない攻撃をしかける、といった迅速な認知処理能力が必要だ。ポーカーに転向する直前、ケイツは「コマンド&コンカー」の世界チャンピオンだった。テレビゲームのチャンピオンになるために養われた注意力や、ここぞというときの攻撃力が、ポーカー・ゲームにも活かされたわけだ。

しかし、二〇代になったケイツは、自分の社会生活の不毛さや恋人もいない人生のむなしさに気がついた。そして、稼いだ賞金で人生を楽しむライフスタイルを模索しはじめた。それはどういう意味だろうか?

「エクササイズとか、女の子とか、かな」と、ケイツは語った。

オンラインの世界で一流にのぼりつめた能力も、一人きりで過ごす地元のバーでは役に立たなかった。テレビゲームで相手がひるんだすきに総攻撃をかける能力は、デートの場面には応用できなかった。

最近、ケイツはわたしの著書『SQ 生きかたの知能指数』を読んでいると聞いた。拙書が役に立つことを願っている。この本で、わたしは、オンライン・ポーカーなどによる交流には人間関係を構築するのに不可欠な脳内回路の学習ループが欠けている、と書いた。

「同時に発火するニューロンはつながりあう」と、一九四〇年代に心理学者ドナルド・ヘッブがいみじくも表現している。脳には可塑性があり、日々の経験を通じてたえず回路を形成しなおしている。

おたがい顔が見える状況の交流では、脳内の社会性をつかさどる回路が人間関係を築くさまざまな合図やシグナルに反応して、それにかかわるニューロンがつながりあう。しかし、オンラインでは、何千時間交流しても、社会脳の回路はほとんど何の刺激も受けない。

ゲームの功罪

「わたしたちの社会化の大半は機械を通じておこなわれており、それは多大な恩恵をもたらすと同時に、多くの懸念も生じさせている」と、ソーシャル・メディア研究財団の創立者マーク・スミスが述べている。(注3)「大半」というのは言い過ぎかもしれないが、恩恵についても懸念についてもたしかに議論が盛んで、なかでもテレビゲームに関しては激しい議論が戦わされている。

さまざまな研究にもとづいて、テレビゲームは精神を害するという主張がある一方、テレビゲームが知能を伸ばすとする主張もある。ゲームが子どもの心に攻撃性を育てるという主張は、正しいのだろうか？　それとも、ゲームは重要な注意スキルを育てるという主張が正しいのだろうか？　あるいは、どちらも当たっているのだろうか？

こうした議論に決着をつけるため、一流科学誌《ネイチャー》が六名の専門家を集め、テレビゲームの功罪を整理した。(注4)その結果、テレビゲームの功罪は食べ物と同じで、場合による、という結論になった。滋養になる食物でも摂取しすぎれば有害になりうるのと同じ、ということだ。テレビゲームの場合、どのゲームが脳のどの回路を強化するか、という点が決め手になる。

たとえば、非常に動きの激しい自動車レースや速射で戦うバトルゲーム。こうしたアクション・ゲームに関するデータを見ると、視覚的注意、情報処理速度、物体追跡、知的作業の切り替えが強化されることがわかる。ゲームによっては、統計的推定力（自分に与えられた戦力と相手の戦力を比較して勝機があるかどうか感知する能力）がつく場合もある。

もっと一般的に言えば、いろいろなゲームが視力や空間認知力、注意の切り替え、決断力、物体追跡能力などを向上させることがわかってきている（ただし、これらの研究の多くは、ゲーム愛好者がもともとそのような知的スキルに長けていたのか、それともゲームによって能力が向上したのか、という点を明らかにしていない）。

段階的により高い認知能力（より正確で高度な判断力や、より迅速な反応、集中力、より広範なワーキング・メモリーなど）が必要になるゲームは、脳にプラスの変化をもたらす。「コンピューター画面に視線を走らせ、ほんのわずかな違い（敵のしるしかもしれない）を見つけたらそこへ注意を向ける、という作業をくりかえしているうちに、そうした注意力は向上していきます」と、アイオワ州立大学メディア・リサーチ研究所の認知科学者ダグラス・ジェンタイルが言う(注5)。

ただし、そうしたスキルが必ずしもテレビ画面を離れた人生にも有益に応用されるとは限らない、とジェンタイルは言う。そうしたスキルは、航空管制など特定の職業には非常に有用かもしれないが、隣に座ってごそごそ動く子どもを無視して自分の読書に集中する、といったような場面では役に立たない。テンポの速いゲームは教室での刺激とはかなりレベルの異なる刺激に子どもを慣らしてしまうので、学校の授業がますます退屈に思えてくるおそれがある、と指摘する専門家もいる。

テレビゲームは画面上で無用なものを迅速に選り分けるというような注意力を強化するには役立つかもしれないが、段階的に発展していく情報に集中を維持しつづける（学校の授業に集中して学習内容を理解し、それが先週や前年に学習した内容とどう結びつくかを理解する）というような、より重要な学習スキルを助長する役にはほとんど立たない。

子どもがゲームに費やす時間が長いと、学校の成績が下がる傾向が見られる。おそらく、勉強時間が少なくなることが直接的に関係しているのだろう。シンガポールの児童生徒三〇三四人を対象に二年間の調査を実施した結果、ゲームにのめりこんだ児童生徒は不安や抑うつや社交恐怖が悪化し、成績が低下した。しかし、ゲームをやめたら、それらの問題は軽減した。(注6)

さらに、脳に高速かつ暴力的な反応を要求するゲームに長時間を費やすことの問題点もある。(注7)とは言っても、なかにはマスコミが過大に報じているにすぎない問題もある、と専門家たちは指摘している。暴力的なゲームは低レベルの攻撃性を増長させるかもしれないが、きちんと育てられた子どもを暴力的な子どもに変容させるわけではない、という主張だ。しかし、そうしたゲームを、たとえば家庭内暴力を受けている児童がプレーした場合、危険な相乗作用が起こる可能性はある（ただし、現時点では、どのような児童に有害な作用が起こるかを断言できる研究者はいない)。

それでも、自分を殺そうとしている集団を相手に戦うゲームを何時間もプレーしつづければ「敵意帰属バイアス」(たとえば、廊下でぶつかってきた子が自分に悪意を抱いていると即座に考えてしまう傾向)が助長されることは理解できる。また、暴力的なゲームをプレーする子どもはいじめの現場を見てもあまり懸念を示さない、という傾向も気になる。

こうしたゲームが助長する偏執的なまでの警戒心が、ときに精神障害の興奮や混乱と相まって悲劇的な結果をもたらすケースを考えると、子どもたちにこのようなゲームをさせていいものかどうか、考える必要があるだろう。

ゲームなどでテレビ画面に集中しつづける状態で育っている新しい世代は前例のない実験であると、ある神経科学者は語ってくれた。それ以前の世代と比較して、「彼らの脳はまるで異なる刺激を受けて形成されてきている」というのだ。長期的な問題は、そのようなゲームが彼らの神経回路、ひいては社会組織にどのような影響を及ぼすか、それが新たな能力となるのか、それとも健全な発達を歪める結果となるのか、ということだ。

よい面としては、さまざまな誘惑要因にもかかわらずゲームに集中しつづけようとする努力によって、脳の実行機能が鍛えられることだ。他のプレーヤーと協力・協調しなければ勝てない、といったような要素を加えれば、貴重な社会的スキルの練習にもなるだろう。

他者との協力が必要なゲームをプレーする子どもは、日常生活において他者を助ける意識が向上する。おそらく、純粋に暴力的で自分以外はすべて敵という想定のゲームも、勝つために必要な戦略として、敵を探して撃破するだけでなく、困っている他者を助けに向かったり援軍を見つけるといった要素を加えて作りなおせば、よい効果が望めるのではないか。

脳トレ・ゲームは効果的か

人気アプリ「アングリーバード」の愛好者は何百万人にものぼり、プレーヤーたちが指先をフリックする時間は累計何十億時間にものぼると思われる。「同時に発火するニューロンはつながりあう」とするならば、子どもたち（大人も）が「アングリーバード」に費やす時間のあいだに、いったいどのような知的スキルが向上しているのだろう？

脳は、最大に集中しているときに最もよく学習し記憶する。テレビゲームをするあいだ、人は注意を集中し、同じ動きを何度もくりかえす。つまり、強力な教育効果があるということだ。ならば、ゲームを脳のトレーニングにも活用できるのではないか。

オレゴン大学のマイケル・ポスナーの研究チームは、四～六歳の子どもを対象として、五日間にわたり一回四〇分以内の注意力トレーニングをおこなった。トレーニングには、小さな目標をつかまえようとする画面上のネコを、ジョイスティックを使ってコントロールするゲームも含まれていた。

二〇〇分程度では注意にかかわる神経回路の変化を調べるには短すぎるように思われるかも

しれないが、脳波を調べたデータによると、注意にかかわる回路の働きにおいて、大人の脳波に近づく方向での変化が認められたという。(注8)

このようなトレーニングを、自閉症、注意欠如障害、その他の学習障害のある注意力の低い児童に受けさせてはどうだろうか。こういう子どもたちに最も大きな効果が期待できるのだから。ポスナーの研究チームは、すべての子どもに対する教育課程に注意トレーニングを盛り込むべきだ、そうすれば学習を全体的にレベルアップできる、と提言している。

ポスナーのように脳トレーニングの潜在的可能性を認める研究者たちは、目的に合わせてゲームを工夫すれば、弱視のビジュアルトラッキング治療から、外科医の視覚と手の協調性を高めるトレーニングまで、いろいろなことに応用できると提唱する。(注9)

オランダで、注意欠如・多動性障害のある一一歳の児童たちに高度な注意力の必要なコンピューター・ゲームをプレーさせる実験がおこなわれた。たとえば、敵のロボットが現れるのを警戒しながら、同時に自分のアバターのエネルギーが低下しすぎないよう気をつけなければならない、というような内容のゲームだ。(注10)一時間のセッションを八回おこなっただけで、被験者たちは気を散らす誘惑が起こっても集中を保てるようになった（しかも、ゲームをプレーしていないときの集中力も高まった）。

カリフォルニア大学サンフランシスコ校の神経科学者マイケル・マーゼニックは、コントロールされたトレーニング処方として、高いモチベーションを感じられる方法でテレビゲームを用いれば、結果として身体面・機能面で神経学的リモデリングを期待することも可能である、と述べている。マーゼニックは、物忘れや認知症などが始まった老人の脳を再トレーニングするゲームの制作を指導している。(注11)

世界的製薬企業メルクで新薬の開発を主導してきたベン・シャピロは、集中力を高めて注意散漫を抑制するゲームをデザインする会社の役員になった。集中力を高めるためには、投薬よりも「理にかなった練習」のほうが利点が多いと、シャピロは考えている。「このようなゲームは、加齢による認知機能の低下を遅らせる可能性が期待されています」と、シャピロは語ってくれた。

さらに、彼はこう付け加えた。「人々のメンタル・ライフをもっといいものにしたいのなら、分子レベルのターゲットよりもメンタル・ターゲットに直接働きかけるほうが効果的です。薬というものは狙った以外のところにも効いてしまうんですよ、自然は同一の分子をいろいろ異なる目的に使っていますからね」

マーゼニックは店頭に並んでいる玉石混交のゲームは評価せず、特定の認知スキルにターゲットを合わせたゲームを作るほうが望ましいと考えている。ダグラス・ジェンタイルは、新世代の脳トレ・アプリは優秀な教師と同じく「理にかなった練習」のテクニックを応用した内容にすべきだとして、次のようなゲーム作りを提言している。

●明確な目標を設定して段階的にレベルアップしていく
●個々の学習者のペースに合わせる
●即座にフィードバックがあり、マスターできるまで徐々に上の課題が与えられる
●同一のスキルを異なる文脈において練習させ、スキルの転用を促す

将来は脳トレ・ゲームが学校の教育課程に組み込まれるだろう、と予言する研究者もいる。最高の脳トレ・ゲームは、プレーヤーに関するデータを収集しながらプレーヤーの必要に応じた内容にゲームを微調整していく、共感を持った認知トレーナーのようなゲームだろう。一方で、専門家たちが残念がるように、そのような教育アプリに投じられる資金はゲーム企業の予算に比べれば微々たるもので、現在のところ、最高の脳トレ装置でさえ「グランド・セフト・オート」の制作費には比ぶべくもない。しかし、変化の兆しはある。

わたしは、ついさっき、孫たちがｉＰａｄで「テナシティ」というゲームのベータ版（リリース前のサンプル）で遊ぶのを見ていた。「テナシティ」は砂漠や宇宙など六つのシーンの中から一つを選んでのんびり旅をしながら進んでいくゲームで、プレーヤーは息を吐くたびに一本指でｉＰａｄの画面をタッチし、五回に一回は二本指でタッチしなければならない（少なくともビギナーのレベルでは）。

孫たちは六歳、八歳、一二歳、一四歳の四人で、脳の成熟と注意力の実験にはもってこいの

条件だ。

最初にゲームをやってみたのは六歳の孫だった。この子は砂漠のシーンを選び、砂丘やヤシの木立や泥の家のあいだをのんびりと進んでいった。初回は動作を指示してやらなくてはならなかったが、三回目にはかなり上達して指先のタッチと呼吸をうまく調整できるようになった（ときどき二本指のタッチにするのを忘れたが）。

それでも、六歳の孫は、うまくタッチできるたびに砂丘にバラ園が少しずつ広がっていくのを見て喜んでいた。

八歳の孫が選んだのは、空の上まで続く螺旋《らせん》階段だった。螺旋階段を昇っていくにつれて、プレーヤーの注意をそらすものが画面に現れる。たとえば、ヘリコプターが飛んできて、宙返りをして、飛び去っていく。あるいは、飛行機が飛んできたり、鳥の群れが飛んできたりする。そして、いちばん高いところまで昇ると、さまざまな衛星が飛んでいる。孫は、その日少し熱があったが、それでも一〇分間ゲームに熱中して画面をタッチしていた。

一二歳になったばかりの孫は、宇宙に浮かぶ階段を選んだ。惑星、流星群、隕石などがプレーヤーの気を散らす。六歳の弟と八歳の妹は指のタッチを忘れないよう呼吸を調節したり声を出して数えたりしながらゲームをしていたが、この一二歳の孫はごく自然に呼吸していた。

そして、最後にゲームをしたもうすぐ一四歳になる孫は、砂漠のシーンを選んで、難なく最後までプレーした。そして、プレーしおわったあと、わたしにこう言った。「心が落ち着いてリラックスした気分になったわ。わたし、このゲーム、好きよ」

孫たちは四人ともすぐにゲームのとりこになり、自分の呼吸と指をタッチするリズムに意識を合わせながらプレーしていた。「すごく集中できた感じ。もう一回やりたいわ」と、一二歳の孫が言った。

それこそまさに、このゲームのデザイナーが狙ったところだった。「テナシティ」は、リチャード・デイヴィッドソン指導のもとで、ゲームでの受賞実績があるウィスコンシン大学のデザイン・グループが開発したものだ。「瞑想的神経科学の研究からわかった集中と鎮静についての研究成果をゲームに盛り込んで、子どもたちに効果が出るようにしてみたんです」

「テナシティ」によって強化される選択的注意は「あらゆる学習の基礎となるもので、注意を自分で調節できることによって目標に集中し、注意散漫に抵抗できるようになります」と、デイヴィッドソンは付け加えた。

「子どもたちがプレーしたがるようなゲームを作ることができれば、注意のトレーニングに効果が期待できます。子どもたちは長時間ゲームをやって慣れていますからね」と、ウィスコンシン大学で心の健康調査センターの所長をつとめるデイヴィッドソンは言う。「子どもたちは宿題をやるのが大好きになりますよ」

スタンフォード大学にはカーミング・テクノロジー・ラボ（鎮静技術研究所）があり、心を穏やかに集中させるのに役立つ製品を考案している。その一つ「ブレスウェア」はベルト型の装置で、呼吸の速度を感知する。たとえば、膨大な数の受信メールを見て「電子メール無呼吸症」になったような場合、iPhoneのアプリが呼吸（そして心）を穏やかにするエクササイズを教えてくれる、というような装置だ。

スタンフォード大学のデザイン・スクールには、院生向けの「デザイニング・カーム（心の鎮静デザイン）」という講座がある。教授の一人ガス・タイは、「シリコンバレーのテクノロジーの多くは注意を散漫にさせる方向に働きます。しかし、心を鎮静させるテクノロジーは、バランスをよくするにはどうすればいいか、ということを念頭に置いています」と述べている。(注12)

第17章
注意と集中の訓練法

ニューヨークのスパニッシュ・ハーレムを東のはずれまで進んでいくと、高速道路とカトリック教会とディスカウントストアと低所得者向けアパート群に囲まれた一画に、第一一二小学校がある。

第一一二小学校には、幼稚園から小学校二年生までの児童が通っている。ほとんどが貧困家庭の児童で、隣の低所得者向けアパートから通ってくる子も多い。七歳児のクラスで「人が射殺されたのを見たことがある人は？」と聞くと、全員が手をあげるような学校だ。

第一一二小学校の入口には警官（親切そうな年配の婦人警官ではあるが）が配置されている。けれども、わたしが小学校を訪ねた朝、何より驚いたのは、校内の雰囲気だった。教室をのぞくと、子どもたちが静かに着席して一心に勉強したり教師の話に耳を傾けたりしていた。

エミリー・ホールドリッジとニコル・ルービンが二人で担任している二年生の教室に立ち寄ってみると、この穏やかな雰囲気の原因を目にすることができた。ブリージング・バディ（呼吸法のエクササイズ）である。

　二年生の児童二二人が三、四人ずつテーブルに集まって算数を勉強している。そのとき、エミリー先生がチャイムを鳴らした。それを合図に、児童たちは大きな敷物の上に静かに集まり、二人の教師のほうを向いて並び、足を組んで座った。一人の少女が教室のドアのところへ行き、外側のドアノブに「開けないで」の札をかけ、ドアを閉めた。

　そのあと、教師は無言でアイスキャンディーの棒を掲げた。一本一本に児童の名前が書いてある。その順番に従って、児童は一人ずつ整理棚のところへ行き、それぞれ自分用の小さなぬいぐるみを取ってくる。縞模様のトラ、ピンクのブタ、黄色い子犬、紫色のロバ。児童たちは床に寝ころび、ぬいぐるみを腹にのせ、両手をからだのわきに伸ばして、合図を待つ。

　親しみのこもった男性の声が流れ、深呼吸の指導が始まる。児童たちは「一、二、三」と数えながら深く息を吐き、息を吸う(注1)。それから目をぎゅっと閉じたあと、目の力を抜く。口を横に大きく開き、舌を出す。両手をこぶしに握り、交互に力をゆるめる。最後に「さあ、起き上がって、リラックスしよう」という声でブリージング・バディは終わる。児童たちはみなリラックスした表情になっている。

　もういちどチャイムが鳴ると、児童たちは依然として無言のまま、こんどは輪になって敷物の上に腰を下ろし、順に、自分がいまどんな気分かを口にする。「心の中がいい気分」「からだが静かになって、だら～んとした気分になった」「なんだか楽しい考えが浮かんできた」

整然としたエクササイズの様子や穏やかな集中を見ていると、二二人の児童のうち一一人が失読症、言語障害、聴力障害、注意欠如・多動性障害などのある、特別支援教育が必要な児童だとは信じられない。

「クラスには問題のある生徒がたくさんいます。でも、これをやると、みんな落ち着くんです」と、エミリー先生は語ってくれた。その前の週、予定が狂ってブリージング・バディができなかった日は、教室は「まるで別のクラスのようでした。みんなじっと席に座っていられなくて、あちこち歩きまわって」と、エミリー先生は言う。

「この学校には、非常に注意散漫になりやすい児童がいます」と、アイリーン・ライター校長は言う。「ブリージング・バディは、子どもたちをリラックスさせ集中させるのに役立ちます。あと、当校では、定期的にからだを動かす時間を作っています。そういうさまざまな工夫が役に立つのです」

ライター校長は、こんな例をあげてくれた。「たとえば、うちの学校ではタイムアウト（問題行動を起こした児童を離れた場所に座らせて反省させる罰）のかわりに、タイムイン（問題行動の原因を聞いてやり、気持ちを落ち着かせる対処法）で子どもたちの動揺に対処しています」。これは、罰やごほうびを与えるかわりに、生徒自身が自律的に自分の感情をおさめることを重視した教育法だ。児童が問題を起こしたときは、「次回もっといい対応をするにはどうすればいいか、本人に考えさせます」と、校長は語ってくれた。

ブリージング・バディは、二〇〇一年九月一一日の同時多発テロの遺産として始められた「インナー・レジリエンス・プログラム（心の回復力を高めるプログラム）」の一環だ。世界貿易センタービルに近い学校で授業中だった何千人もの児童たちは、炎上するツインタワーのすぐそばを通って避難した。車輛通行止めになったウエストサイド・ハイウェイを何マイルも歩いて避難した生徒たちも多かった。引率の教師たちは後ろ向きに歩きながら、児童たちが背後の恐ろしい光景を目にしないよう配慮した。

その同時多発テロから数カ月後、赤十字は当時すでに多くの学校で対立解決プログラムを成功させていたリンダ・ランティエリに、子どもたち（および教師たち）が九・一一後に心の平静を取り戻すためのプログラム作りを依頼した。ランティエリが考案したインナー・レジリエンス・プログラムは、他のさまざまな社会的・情動的教育プログラムとともに「学校を一変させました」と、ライター校長は語ってくれた。「いまでは、本校はたいへん落ち着いた学校になりました。心が落ち着くと、学習もうまく進むのです。いちばん重要なのは、子どもたちに自己管理を教えることです。うちは低学年の学校なので、問題に行き当たったときにそれをきちんと整理してとらえ、解決策を考える、という教育をおこなっています。それによって、子どもたちは問題の大きさを把握できるようになります。たとえば、いじめは心が傷つく大きな問題です。宿題がうまくいかないというようなケースは、中くらいの問題です。そこまで把握できれば、問題に合った解決策を考えることができます」

第一一二小学校では、すべての教室に「やすらぎコーナー」がある。これは、生徒が一人きりになる必要があると感じたときに、そこへ行って一人になれる特別な場所だ。「ときには、とにかく周囲をシャットアウトして一人になることが必要なときもあるのです」と、ライター校長は言う。「ひどく動揺したり腹が立ったりしたとき、子どもたちは『やすらぎコーナー』へ行って、習った方法で心を落ち着かせる努力をします。大切なのは、自分の心の声に耳を傾けて、自分の気持ちを立て直すにはどうすればいいか考えることです」

五歳から七歳の児童たちがブリージング・バディを実践する一方で、八歳以上の児童は呼吸のマインドフルネスを教わっており、それは注意力の持続にも心の鎮静にも効果をあげている。心の鎮静と集中が組み合わさると、学習に最適な精神状態が作れる。

このプログラムを一学期のあいだ実施してみたところ、最も助けを必要とする児童たち（人生で挫折を経験するリスクの高い子どもたち）が最大の恩恵を受けた。注意力と知覚敏感性が顕著に向上し、攻撃性、悲観的気分、学校生活における欲求不満が低下した。(注2) さらに、このプログラムを活用した教師たちも満足感が増大し、クラス運営に自信が持てるようになった。

子どもの脳への、簡単かつ重要なトレーニング

幼稚園の三歳児クラスで、教室に歌が流れている。八人の園児が低いテーブルを囲んで塗り絵をしている。そのとき、いきなり歌が止まった。すると、子どもたちの手も止まった。

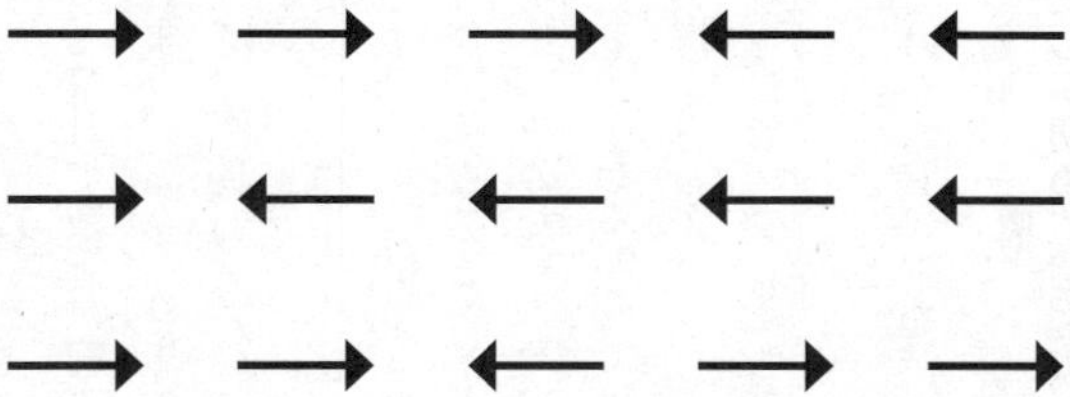

それは三歳児の前頭皮質が学習をおこなう瞬間である。前頭皮質は衝動のコントロールなどの実行機能をつかさどる領域で、そうした能力の一つである認知制御は人生をよく生きるうえでカギとなる。

合図によって何かを中止するのは、認知制御の高度な技だ。音楽が止まったときに塗り絵をストップすることが上手にできればできるほど、園児の前頭前野で認知制御の回路が強化されていることになる。

それでは、ここで、認知制御のテストをしてみよう。急いで答えてほしい。上の図の三つの矢印の列で、真ん中の矢はそれぞれどちらを向いているか？

実験室でこのテスト（フランカー・テスト）を受けてもらうと、被験者によって反応時間に違いがある（一〇〇〇分の一秒単位の違いで、人間にわかるほどの差ではない）。このテストは、集中を邪魔する要素にどれだけ影響されるかを見るために使われる。左（右）を向いている真ん中の矢に集中して、右

（左）を向いている他の矢をすべて無視することは、幼児にとってはたいへんな認知制御を必要とする。とくに、こんなにたくさん矢が並んでいては。

教室で荒れて教師に廊下へ出されるような生徒は、この回路が弱く、そのため気分に左右されてしまう。こういう生徒には、罰を与えるよりも自己管理の仕方を教えてやったほうがいい。たとえば、ブリージング・バディで自分の呼吸に集中する練習をした幼稚園児は、矢の向きを答えるテストでより早くより正確に回答できる。(注3) おそらく、ニュージーランドの研究チームが発見したように、人生で成功するのに最も重要なメンタル・スキルは実行制御だろう。衝動を抑え、無関係なことを捨象し、目標に集中しつづけることのできる子どもが、人生でいちばん成功する。そのための教育アプリ「社会的・情動的学習プログラム」もあるくらいだ。

シアトルのある学校では、二年生と三年生に、腹が立ったときには信号機の「赤」「黄」「青」を思い浮かべるように、と教えている。「赤」は「ストップ」、つまり、落ち着けという意味だ。深呼吸をして、少し落ち着いたら、何が問題で自分はどう感じているのか、頭の中で考えてみる。

「黄」は、スピードを落として可能な解決策を考え、その中から最良の解決策を選びなさい、という意味。そして、「青」はその計画がうまくいくかどうか、やってみよう、という意味だ。

わたしが初めて信号機のポスターを見たのは、《ニューヨーク・タイムズ》紙に記事を書くためコネチカット州ニューヘイヴンの公立学校を視察していたときのことで、私自身、当時はまだ信号機のポスターが児童たちに教えている注意トレーニングの重要性をよくわかっていなかった。信号機のポスターは、扁桃核が主導するボトム・アップの衝動から前頭前野の実行機能回路が主導するトップ・ダウンの対応への切り替えを教えようとしていたのだった。

信号機のトレーニングを発案したロジャー・ワイスバーグ（当時イェール大学の心理学教授）は、一九八〇年代後半にニューヘイヴンの公立学校のために「社会性発達プログラム」と呼ばれる先駆的プログラムを開発した。今日では、同じような信号機のポスターは世界じゅうの学校で教室の壁に貼られている。

考えてみれば当然である。一九八〇年後半には、まだ、怒りや不安に対するこのような対処法を子どもたちに教えることに効果があるかどうか、十分なデータがなかった。今日では、それは社会科学の常識として認められている。

ニューヘイヴンの「社会性発達プログラム」のような社会性や情動の学習プログラムを実施した二〇〇以上の学校のメタ分析を、そうしたプログラムを実施していない同条件の学校と比較したところ、実施した学校では学級崩壊や非行が一〇パーセント減少し、出席率やその他好ましい行動が一〇パーセント向上し、学力テストの点数が一一パーセント向上したことがわかった。(注4)

前出のシアトルの学校では、信号機のトレーニングと併せて、もう一つ別のトレーニングもおこなっていた。二年生と三年生にさまざまな表情の顔カードを見せて、カードが表している感情を答える、というトレーニングを定期的におこなったのである。児童たちは怒り、恐怖、幸福などの感情を抱くとどんなふうになるか、ということを話しあった。

これらの「顔の気持ち」カードは、七歳児の情動的自己認識を鍛える効果がある。このトレーニングによって、気持ちを表す言葉が目で見た表情と結びつき、さらに児童自身の経験と結びつく。単純な認知作業だが、神経にはインパクトを与える。右脳がカードの感情を認識し、一方で左脳がその感情の名前と意味を理解する。

情動の自己認識には、それらすべてを脳梁《のうりょう》（左右の大脳半球をつなぐ繊維の束）を経由して統合する必要がある。その連絡が緊密であればあるほど、わたしたちは自分の情動をしっかりと理解することができる。

心の中にある感情の名前をつきとめ、それを自分の記憶や連想と組み合わせる能力は、自制に不可欠な能力であることがわかってきた。発達心理学者によれば、言葉で表現することによって、子どもたちは衝動に負けそうなとき、それを禁じる親の声に代えて自らの内なる抑制の声を聞けるようになるのだという。

「信号機」と「顔の気持ち」のトレーニングは、衝動コントロールの神経ツールとして相乗的に働く。「信号機」のトレーニングは、前頭前野と大脳辺縁系の連絡を強化する。「顔の気持ち」のトレーニングは、右脳と左脳の連絡を緊密にして、感情について論理的に考える能力を高める。こうして上と下、右と左を結びつけることによって、子どもの脳は三歳児の混沌《こんとん》を制御す

る力をつけていく。(注5)

幼児の脳では、この神経結合がまだ成長途上にあり（脳の回路が完成するのは二〇代なかば）、そのため子どもは気の向くままにとんでもない行動に出て親を笑わせたり怒らせたりする。しかし、五歳から八歳のあいだに、子どもの脳内では衝動を制御する回路が急成長する。内なる衝動について思考し「ノー」という答えを出すことができるおかげで、三年生は一年生ほど騒々しくないのだ。シアトルのプロジェクトは、この脳神経の急成長期をうまくとらえた働きかけだ。

しかし、子どもが小学校にあがるまで待つ必要があるだろうか？　この制御回路は、生まれたときから発達を始めている。ウォルター・ミシェルは、四歳児にマシュマロに対して別の見方をする（たとえば、色に注目する）ことによって、食べたい衝動をがまんする方法を教えた。ミシェルは、マシュマロにすぐ手を出してしまった四歳児にもがまんを教えるのが可能であることを、初めて提唱した学者だ。衝動的な性向は、一生変えられないものとは限らないのだ。

オンライン・ショッピングやインスタント・メッセージで欲望を即座にかなえられるようになった現代において、衝動をコントロールするトレーニングは子どもたちにとってますます重要になっている。ニュージーランドのダニーデンで子どもたちの研究調査をした科学者チームが確証を持って出した結論は、自己制御を向上させる教育的介入を、とくに幼少期から一〇代にかけておこなうことが必要である、という内容だった。幼稚園児から高校生までを対象とし

たSEL（社会的・情動的学習）プログラムは、この目的にぴったりだ。(注6)

世界で最初に学童全員にSELプログラムを受けさせることにしたのがシンガポールであるという事実は、興味深い。この小さな都市国家は、過去五〇年で経済的に最も成功した国の一つだ。

シンガポールは天然資源に恵まれていないし、強大な軍隊も持たないし、特別な政治的影響力もない。この国の強さの秘密は、人材にある。そして、シンガポール政府は国家経済の推進力として人材育成に意識的に力を入れてきた。学校はシンガポールの優秀な労働力の育成機関だ。将来を展望して、シンガポール政府はロジャー・ワイスバーグCASEL（学校教育・社会性教育・情動教育のための協力組織）代表と組んで、EQにもとづいた学校用教育プランを策定した。

それは賢明な方針だ。ダニーデンの研究に参加した経済学者たちが出した結論は、子どもたち全員にこれらのスキルを教えることによって国民の所得が上昇し、さらに健康増進と犯罪率低下も期待できる、という内容だったのだ。

「マインドフルネス」とEQの関係

第一一二小学校で児童たちに教えている注意トレーニングは、それ以外のインナー・レジリエンス・プログラムともよく調和する。インナー・レジリエンス・プログラムは、社会的・情動的学習の潮流の中で最高の実践モデルだ。わたしは『EQ こころの知能指数』の執筆をする一方で、CASELの共同創設者になった。CASELは、社会的・情動的学習プログラムを世界じゅうの学校に広めるために尽力してきたグループだ。

わたしは、自己認識、自己管理、共感、社会的スキル、といったEQがふつうの教育課程に組み込まれて効果を発揮する過程を見てくる中で、その次のステップは基礎的な注意トレーニングであると考えるようになった。これはEQの中心となる神経回路を発達させるローテクな方法だ。

「わたしは社会的・情動的学習を何年も実施してきました」と、リンダ・ランティエリが語ってくれた。「これにマインドフルネスの要素を加えると、落ち着く能力や学習に向かう態度が劇的に速く形成されてくるのです。これは幼い児童や低学年の時期に起こる変化です」

社会的・情動的学習とマインドフルネスのような注意トレーニングとのあいだには、おのずから相乗作用があると考えられる。ワイスバーグは、CASELはちょうど社会的・情動的学習プログラムにおけるマインドフルネスの効果を検証したところだ、と話してくれた。「認知制御と実行機能は、学習活動だけでなく自己認識と自己管理においても欠かせない要素だと思います」

自己管理のカギを握っているのは、意識的なトップ・ダウンの注意だ。そのような実行機能をつかさどる脳の領域は、幼稚園から小学校二年生ぐらいまでの時期に急速に成熟する（成熟は二〇代初めまで続く）。情動の「熱い」処理も、学習のような情動を伴わない情報の「冷静な」処理も、この脳内回路が担当している。(注7) この回路は子ども時代を通じて驚くべき可塑性を示すので、社会的・情動的学習のような介入によって成熟を促すことが可能であると考えられる。

ある研究で、四歳児と六歳児を対象に視覚追跡ゲーム（水にもぐって泳いでいるアヒルがどこで水面に顔を出すか予測するゲーム）や、多様な画像が並ぶ中で目標のアニメ画像を見つけるゲームや、衝動を制御するゲーム（乾草の山の背後から出てきたのがヒツジだったらクリックするが、オオカミだったらクリックしない）をプレーさせて注意スキルを教えた。(注8) すると、わずか五回の練習をしただけで、情動と認知の両面において神経結合が強化されたことがわかった。この短期トレーニングを受けた四歳児の脳は六歳児の脳に似た発達を見せ、六歳児の脳は大人の実行機能に近づく発達を見せた。

脳の実行機能をつかさどる領域の成熟をコントロールするのは遺伝子であるが、そのような遺伝子は経験によっても影響され、トレーニングによって遺伝子の働きが促進されるようだ。これらすべてを管理する脳の回路（前帯状皮質と前頭前野を結ぶ回路）は、情動の抑制においても認知の抑制においても活発に機能し、情動を管理する一方で、非言語的推論や流動的知性などのＩＱ的側面も管理している。

「認知的」と「否認知的」を対立的にとらえていた古い心理学においては、学力を社会的・情動的スキルとは別に分類していた。しかし、実行機能を制御する神経回路が学力と社会的・情動的スキルの両方を支えていることがわかってきた現在、その二つを分けて考えるのは、デカルトの心身二元論と同様に時代遅れの考え方だ。脳の構造において、学力と社会的・情動的能力は別個に独立したものではなく、緊密につながっている。注意力の散漫な児童は、学習できないだけではなく、自己管理もできない。

「定期的に静かな時間を作り、心を落ち着かせる必要がある児童には『やすらぎコーナー』を与えるなどして、マインドフルネスが得られると、子どもたちはより穏やかになって自己管理ができるようになると同時に、集中力が高まってそれを維持できるようになるのです」と、ランティエリは言う。「子どもたちに生理的変化が起き、自己認識も向上します」

気持ちを落ち着かせ注意を集中するのに役立つスキルを子どもたちに教えることによって、「自己認識と自己管理の基礎を作り、その上に積極的傾聴や感情の識別など他の社会的・情動的スキルを積み上げていくことができるのです」

社会的・情動的学習が始まったころのことを、ランティエリはこんなふうに話してくれた。「児童が情動のハイジャック状態になったときに、社会的・情動的学習で獲得したスキルを活用してくれると期待していたのですが、できませんでした。それで、まず最初にもっと基本的な認知制御の手段が必要だと気づいたのです。それを可能にするのが、ブリージング・バディとマインドフルネスです。これが使えるとわかったら、児童たちは『自分にもできる』という自信を持てるようになるんです。テストのときに『バイオドット』を肌に貼って使う児童もいますよ」

「バイオドット」というのは体温（すなわち、その部位への血流）の変化によって色が変わる小さな丸いプラスチック・シールで、これによって「児童たちは、不安が強すぎてテストでちゃんと考えられなくなっていることに気づきます。バイオドットの色の変化を見て、子どもたちはマインドフルネスを使って自分を落ち着かせ集中できるようにして、はっきりと考えられる状態になってからテストに戻るのです。子どもたちは、テストでうまく答えられないのは自分がバカだからではなく、『緊張しすぎると、答えはわかってるんだけどそこに手が届かないの。でも、どうやったら集中して落ち着けるかわかってるから、それをすると、答えに届くようになるの』と言います。子どもたちの態度からは、自分をコントロールできる、どうすればいいかわかっている、という自信が感じられます」

インナー・レジリエンス・プログラムは全米の学校で実施されている。「このプログラムはSELプログラムとセットで実施すると最も効果的です。どこの学校でも実施していますよ」と、ランティエリは話してくれた。

マインドフルネスがもたらす効用

瞑想に関する科学記事は、方法についても効果についても玉石混交だ。そこで、瞑想に関する神経科学の大御所、ウィスコンシン大学のリチャード・デイヴィッドソンに、マインドフルネスの習慣が注意力向上にどのような効果をもたらすのか、わかりやすくまとめてほしいと頼んでみた。デイヴィッドソンは、即座に二つの主要な効果をあげた。

「マインドフルネスは、脳の前頭頭頂にある注意の割り当てを決める神経回路の機能を向上させます。この回路は注意の移動をつかさどり、一つの対象から他の対象へ集中を移して、その新たな注意の対象に集中を維持しておく働きをします」

もう一つ、マインドフルネスによって向上するのは選択的注意、すなわち他のことに気が散らないようにする働きだ。このおかげで、わたしたちは周囲で起こっていることに気を取られず重要なことに集中できる。たとえば、文末の（注9）に気を取られず、本文の意味に集中する、というように。(注9) これは認知制御の本質だ。

子どものマインドフルネスについては、これまでのところ、よく考えられた研究は少ないが、「大人については、マインドフルネスと注意ネットワークに関して確かなデータがありそうです」と、ペンシルヴァニア州立大学で人材開発を研究するマーク・グリーンバーグ教授は語る。(注10) グリーンバーグ教授は、自身も若い人たちを対象にマインドフルネスの研究をおこなっており、慎重ではあるが楽観的な見解を持っている。(注11)

生徒にとって大きな恩恵の一つは、理解の向上だ。注意があちこちにそれていては、理解が抜け落ちてしまう。マインド・ワンダリング（心の徘徊）の防御策はメタ認識、すなわち注意そのものに対する注意、自分が気づくべきものに気づいていないことに気づいて集中しなおす能力だ。マインドフルネスは、この重要な注意を強化してくれる。[注12]

もう一つ、ブリージング・バディで生徒たちが落ち着くように、マインドフルネスにもリラクゼーション効果が認められている。マインドフルネスの生理学的インパクトは、迷走神経を活性化しやすくすることだ。迷走神経は、ストレス状況下で冷静さを保ったり動揺から迅速に回復するのに重要な役割を果たす。迷走神経はさまざまな生理的機能に関与するが、とくに顕著なのは心拍数の調整（したがってストレスからの迅速な回復）だ。[注13]

マインドフルネスやその他の瞑想によって迷走神経が活性化すると、いろいろな面で柔軟性が高まる。[注14] 注意も情動もうまく管理できるし、社会性においてはいい人間関係を築いたり効果的な意思疎通ができる。

さらに、マインドフルネス瞑想によって、からだの不調（いらいらした気分から、高血圧や慢性疼痛に至るまで）にも改善が見られる。「マインドフルネスの大きな効果の中には、生理的なものもあります。注意のトレーニング効果としては、驚くべきことです」と、デイヴィッドソンは言う。

ジョン・カバット・ジンはマインドフルネスにもとづくストレス軽減プログラムを考案し、それがきっかけとなって、世界じゅうの何千という病院やクリニックにマインドフルネスの活用が広まり、さらに刑務所からリーダーシップ開発に至るまでマインドフルネスが広く応用されるようになった。カバット・ジンは、こう言う。「患者さんの多くは、ストレスや疼痛に耐えきれなくて来院します。しかし、自分の内なる状態に注意を向ける、そして自分の人生で何を変える必要があるのか考える、ということには不思議な効果があって、患者さんは自分から禁煙したり食生活を改善して体重を減らしたりするようになるんです。原則としてわたしたちは直接はそういうことを言わないのですがね」

本質的に、ほとんどすべての瞑想は注意の習慣（とくに、気が散りやすいという癖）を見直すことにつながる。(注15) 集中の瞑想、慈悲の瞑想、開かれた意識性の瞑想、という三種類の瞑想を試してみたところ、どれもマインド・ワンダリングをつかさどる領域を沈静化させることがわかった。

ゲームは認知能力を高める有望な方法ではあるが、マインドフルネスなどの注意力トレーニングにも、ゲームによるトレーニングを代替または補完する効果を期待できる。この二種類のトレーニング・アプローチは、「テナシティ」のような形で一体化させることが可能かもしれない。デイヴィッドソンは、「われわれは瞑想の研究から得られた成果をゲームに取り入れようとしています。そうすれば、もっと広範に啓発できますからね。注意と鎮静の研究成果をゲームに取り入れるのです」と話してくれた。

とはいえ、何時間も延々とゲームをすることが子どもたちにとって社会性の領域でマイナスになりかねない危険性を考えると、マインドフルネスのような方法のほうが集中のスキルを教えるうえでより健全かもしれない。(注16)事実、マインドフルネスは、世界と積極的にかかわろうとする脳内回路を活発化するように思われる。(注17)よく考えられたゲームが社会性をつかさどる脳の回路に対して同じような効果をもたらすことができるかどうかは、まだ解明されていない。(注18)

カリフォルニア大学ロサンゼルス校の精神科医ダニエル・シーゲルは、自己に対する同調と他者に対する同調を結ぶ回路を「共振回路」と呼び、マインドフルネスのトレーニングによってこの回路を強化できる、としている。(注19)シーゲル博士によれば、人間関係において充実した人生を送るための第一歩は前頭前野の実行機能センターにあるマインドフルネスの回路にあり、この回路はラポールにおいて同調しあうときにも活発に働くのだという。

マインドフルネスは前頭前野の実行機能をつかさどる部位と扁桃核との連絡、とくに衝動に「ノー」と言う回路を強化する。これは、人生をうまく生きるために不可欠なスキルだ。(注20)

脳の実行機能強化はメタ認識の形成にもつながり、心理作用に一方的に流されるのでなく、心理作用を観察する能力がついて、衝動が行動に結びつきにくくなる。これによって、それまでにはなかった決定点が形成され、望ましくない衝動を抑え込むことができるようになる。

仕事におけるマインドフルネスを見直す

グーグルにはＩＱの高い人間が集まっている。聞いた話では、ＩＱテストで上から一パーセント以内でないと採用面接さえ受けさせてもらえないらしい。だから、数年前、グーグル本社に招かれてEQに関する講演をした際に本社で最大級の会議室でも人がはいりきれなかったのを見て、驚いた。会議室にはいれなかった人たち用に別室にモニター画面が用意された。そうした熱意がきっかけで、後日、グーグル大学に「サーチ・インサイド・ユアセルフ」という名のEQ研修コースが開設されることになった。

研修コースの創設にあたったのは、グーグルの社員チャディ・メン・タンと、わたしの旧友でセンター・フォー・コンテンプレイティブ・マインド・イン・ソサイティ（社会の瞑想する心のためのセンター）の創設者であるミラバイ・ブッシュで、二人は協同で自己認識を高める体験（たとえば、ボディスキャン瞑想を通じて感情に注意を払う、など）を考案した。グーグルのような企業においては、内面的な指針を持つことは非常にプラスに働く。というのも、グーグルでは社員は自分が追究したいプロジェクトのために週一日を自由に使うことが許されており、そこから多くの革新的ビジネスが生まれているからだ。しかし、メン（チャディ・メン・タンは皆から「メン」と呼ばれている）は、もっと大きな視野を持っている。この研修コースをグーグル社外、とくにリーダーの立場にある人たちに広めようと考えているのだ。(注21)

一方、ミネアポリスにもマインドフル・リーダーシップ協会が新たに誕生し、ターゲット社、カーギル社、ハネウェル・エアロスペース社をはじめとする世界じゅうの企業リーダーにマインドフルネスのトレーニングを提供している。もう一つ、マインドフルネスのトレーニングが盛んなのは、マサチューセッツ大学メディカルスクールのセンター・フォー・マインドフルネス・ベースド・ストレス・リダクション（マインドフルネスにもとづいたストレス軽減のためのセンター）だ。アリゾナの超高級リゾート地ミラヴァルでは、数年前から企業CEOを対象にマインドフルネス・トレーニングが実施されていて、ジョン・カバット・ジンが講師をつとめている。

マインドフルネス・プログラムは、アメリカ陸軍、イェール大学ロースクール、大手食品メーカーのゼネラル・ミルズなど、さまざまな組織がトレーニングとして取り入れている。

こうしたトレーニングは、どれくらい効果があるものなのだろうか？　グーグルの「サーチ・インサイド・ユアセルフ」プログラムを実施したあるバイオテクノロジー企業における初期のデータによれば、マインドフルネスによって自己認識と共感の向上が認められたという。トレーニングの受講者たちは特定のマインドフルネス・スキル（自分自身の経験を観察し説明する能力、意識性をもって行動する能力など）が向上したと、プログラムの効果を査定したスタンフォード大学の心理学者フィリップ・ゴールディンが述べている。

「受講者たちは、注意のハイジャックが起こるような緊迫した場面においても、自己制御ストラテジーをよりうまく使えるようになった、と言っていました」と、ゴールディンは補足した。「トレーニングでは、注意の使い方を鍛えて、日々の経験のどのような局面に注意を向けるべきか選択できるようにしようとしています。これは、注意を意志的に方向転換させ、ほんとうに必要な場面で注意をよりよく使えるようにする力です。さらに、他人に対する共感的関心が高まり、傾聴能力も高まります。一方は心構えの問題で、もう一方は実際のスキルです。これらは職場においてきわめて重要な能力です」

ゼネラル・ミルズのある事業部の部長は、忙しすぎる毎日の中でひと息つきたいと願ってマインドフルネス講習に参加したあと、マインドフルネスの精神を職場に持ち帰って、部長に会議への出席を求める前に一考してほしいと直属の部下たちに要請した。狙いは、そもそも部長の出席が必要な会議なのかどうか、部下たちに考えなおしてもらうことだった。

その結果、九時から五時までびっしり詰まっていたスケジュールが一変し、部長は毎日三時間自分の時間が取れるようになった。

自分のマインドフルネスを見直してみるのに役立つ項目を、ここにあげておこう。(注22)

●会話中に、相手が発言したばかりの話を思い出せないことがある
●けさの通勤時間のことをおぼえていない
●食べものの味が感じられない
●目の前にいる相手よりもｉＰｈｏｎｅのほうが気になる
●この本を飛ばし読みしている

該当する項目が多いほど、気が散っている可能性が大きい。マインドフルネスのトレーニン

グをすれば、集中の選択肢を増やすことができる。

マインド・ワンダリングは、職場における注意の最も大きな無駄使いかもしれない。課題であれ、会話であれ、会議であれ、目の前の事象に集中できれば、心の中の無関係なおしゃべりは抑え込むことができる。[注23]

マインドフルネスを身につけると、どんな場面においてもバランスの取れた落ち着いた対応ができるようになる。一つの考えに拘泥せず、意識にのぼるものに自由に注意を向けられるようになる。このトレーニングは広く一般化できるので、職場でも必要に応じて一つの対象に注意を集中し、それ以外は捨象できるようになる。

マインドフルネスのトレーニングをすると、前頭前皮質内側部の活動が鎮静し、脳内のおしゃべりが減って、集中が高まる。[注24] マインドフルネスの練習を長く積んだ人ほど、脳内の二種類の自己認識を切り離して、目の前の課題に立ち向かう集中力を発揮できる。[注25]

実行制御の能力は、とくに挫折したり傷ついたり失望したりしたときにくよくよ思いつめてしまうタイプの人にとって有益だ。マインドフルネスがあれば、みじめな堂々めぐりにつながりかねない思考の流れを断ち切ることができる。思考に流されるのではなく、立ち止まって「それは単なる思考にすぎない」と見切り、その思考にもとづいて行動するか否かを選択できるのだ。

要するに、マインドフルネスの訓練は集中力、とくに実行制御、ワーキング・メモリー、そして注意を維持する能力を強化する。一日二〇分の練習を四日間やっただけでも、これらのいくつかについて効果が見られる（もっと長い時間トレーニングすれば、それだけ効果も持続する）。(注26)

「マルチタスキング（同時並行的に多数の仕事をすること）」は、効率を阻害する。「マルチ」と言っても、実際にはワーキング・メモリーを割り当てる対象を切り替えているだけで、集中を頻繁に中断することは、タスクに注ぐ時間が削られるということだ。一〇〇パーセントの集中を回復するには、一〇ないし一五分かかる。

人事のプロにマインドフルネスのトレーニングを受けさせたあと、彼らの多忙な日常業務（会議出席者のスケジュール調整、空いている会議室の手配、議案の作成等々のかたわら、さまざまな電話やメールに応対する）に似た状況を作ってテストしたところ、トレーニングによって集中力がかなり向上し、さらに、課題に集中している時間が伸びて効率も向上したことがわかった。(注27)

わたしがモア・ザン・サウンド社（わたしの息子の一人が経営しているプロダクション）で会議に出席していたとき、出席者たちの集中がとぎれかける場面があった。あちこちで私語が始まり、こっそりメールをチェックする者もいた。他の会議でもよく見る光景で、集団の効率が落ちてきているしるしだ。そのとき突然、出席者の一人が立ち上がり、「マインドフルネスを回復する時間です」と言って、小さなゴングを鳴らした。

わたしたち出席者は、ふたたびゴングが鳴らされるまで数分間を無言で過ごし、そのあと会議を再開した。会議はふたたび活発な空気を取り戻した。わたしにとっては印象深い場面だったが、モア・ザン・サウンド社では珍しいことではないようだった。社員たちは不定期に集合し、ゴングの音に従って数分間のマインドフルネス・トレーニングをくりかえしていたのだ。マインドフルネスを取り戻す時間のおかげで頭がすっきりして、新たにエネルギッシュな集中が可能になる、と社員たちは話してくれた。

この小さな出版社がマインドフルネスの価値を認めているのには、理由があった。わたしが立ち寄ったとき、モア・ザン・サウンド社はミラバイ・ブッシュ（マインドフルネスをグーグルに導入した人物）のオーディオ・ブック『職場におけるマインドフルネス』を出版したばかりだったのだ。

より大きな視野でマインドフルネスを考える

ビジネスリーダーは、加速度的に複雑さを増すシステムの中で、ますます増大するプレッシャーにさらされている。市場、サプライヤー、組織のグローバル化。超スピードで進化する情報テクノロジー。迫りくる環境危機。製品が市場に導入されるスピードも、時代遅れになるスピードも、どんどん速くなっている。目が回りそうだ。

「ほとんどのリーダーは立ち止まることもしませんが、立ち止まって考える時間が必要なのです」と、あるベテランのリーダーシップ・コーチが語ってくれた。

　そのコーチの上司は巨大投資マネジメント会社の社長だが、同じことをこんなふうに表現している。「そういう時間を自分で守らないと、混乱に陥ってしまいます」

　医療機器メーカーのメドトロニックの元CEOビル・ジョージも、同じことを言う。「今日のリーダーたちは忙殺されています。一五分きざみのスケジュールで朝から晩まで埋まっていて、しかも何千もの邪魔がはいる。とにかく考えるために、一日の中で静かな時間を作らなければだめです」

　一日の中で、あるいは一週間の中で、定期的に考える時間を作っておくことは、忙しすぎて余裕のない精神状態から離れて現状をしっかり把握し、先を見据えるのに役立つ。ティム・ライアン下院議員から、コロンビア大学の経済学者ジェフリー・D・サックスまで、多種多様な思想家が、リーダーとしてより広い視野を持つためにはマインドフルネスを心がけるべきだ、と述べている。(注28)そして、リーダーのマインドフルネスだけでなく、社会全体にもマインドフルネスが必要であり、自己の幸福のためのマインドフルネス、他者の幸福のためのマインドフルネス、さらには人間の生活を支える広範なシステムを動かしていくためのマインドフルネスが必要である、と提言している。

　自己の幸福のためのマインドフルネスには、真の幸福をもたらす要素を正確に読み取る能力が含まれる、とサックスは主張している。グローバル経済のデータを見ればわかるように、国家がそれなりの所得レベル（基本的ニーズが満たされる程度）を達成したあとは、幸福と富との相関性はゼロになる。愛する人々とのあたたかい人間関係や有意義な活動のような無形の価値のほうが、ショッピングや労働などよりはるかに人間を幸福にする。

しかし、人間は、何が自分を幸福な気分にさせてくれるのか、適切に判断できない場合もある。サックスは、人間がお金の使い方にもっとマインドフルになれば、幸福に結びつかない商品の魅惑的な広告にだまされずにすむだろう、と述べている。マインドフルネスがあれば、人間は物欲にそれほど迷わされず、もっと人生の意味や人間関係のニーズを満たす深い目標に時間とエネルギーを注ぐようになるだろう。

他者の幸福のためのマインドフルネスとは、貧困や社会のセーフティネットに注意を向けることであり、アメリカ合衆国をはじめとする先進諸国ではそれがうまく機能していない、とサックスは述べている。貧困層はかろうじて生きのびることができる程度の援助しか受けておらず、それでは次の世代にまで貧困が受け継がれてしまう、と。必要なのは、貧困層の子どもたちが一世代で教育と健康を獲得し、より高レベルのスキルを身につけて生きられるようになること、親の世代と同じような援助を必要としないレベルまで這い上がることである。

そうした目標のために、わたしならば、マインドフルネスと並行して脳の実行制御を向上させるプログラムを付け加えたいところだ。ダニーデンにおける追跡調査では、子どものころ運よく自制を向上させることのできた子どもたちは、もともと自制のできた子どもたちと同じだけの収入や健康を得て幸せな人生を手に入れていた。しかし、そうした衝動のコントロールはたまたま偶然に実現しただけで、計画的に達成されたものではない。すべての子どもにこうしたスキルを教えることは、意味があるのではないだろうか？

さらに、人類が地球に及ぼすインパクトのような、グローバルレベルにおけるシステム認識も必要だ。システムレベルの問題を解決するには、システム的集中が必要だ。将来のマインドフルネスとは、わたしたち自身の行動が子どもたちの世代、そのまた子どもたちの世代、さらに先の世代にまで、長期的にどんな結果をもたらすかを考慮に入れて考える意識である。

第VI部

良きリーダーの集中力

Part VI
The Well-Focused Leader

第18章 リーダーが選択すべき道

「パワーポイントによる死」とは、このソフトウェアを使った延々と続く退屈なプレゼンテーションのことを言う。まとまりのないプレゼンテーションを聞くのは、つらい。要点をまとめる能力があるかどうかは、「要するにあなたは何が言いたいのか？」という単純な質問をしてみればわかる。

マイクロソフト（パワーポイントの開発元）のCEOだったスティーヴ・バルマーは、会議における漫然としたプレゼンテーションを禁止していると聞いたことがある。そのかわりに、バルマーは前もってプレゼンテーション資料を読み、会議で実際に顔を合わせたときには面倒な前置きを省いてずばり核心に斬り込むのだという。「そのほうが、はるかに集中できますからね」と、バルマーは言う。（注1）

注意を方向づけてやるのは、リーダーの基本的な役割だ。これは、全体の趨勢《すうせい》や現実を読み取り、チャンスを見て取り、適切な場所に適切なタイミングで注意を振り向ける能力だ。しか

し、企業の盛衰を左右するのは戦略的判断を下す一個人の力ではなく、社員一人ひとりの注意の幅と冴えの総合である。(注2)

単純に人数だけを考えても、個人より集団のほうが組織としての注意を分担するうえで有利だ。組織の多種多様な注意が、複雑なシステムを読み解き対応するうえで力を発揮する。

組織における注意も、個人における注意と同じく、その能力には限界がある。組織もまた、注意を振り向ける対象を選択し、一定の対象に集中する一方で他を捨象しなければならない。何に集中するかは、組織の機能（経理、マーケティング、人事など）によって違ってくる。

不十分なデータにもとづいて誤った判断を下す、熟考する時間が足りない、市場の注目を喚起できない、重要な時間と場所に集中できない、などは組織としての「注意欠如障害」の徴候と呼んでもいいかもしれない。

たとえば、市場における注目の喚起。斬新なものでも急速に飽きられてしまう市場においては、顧客の注意を引きつけるためのハードルはつねに上がりつづけている。意外なテクノロジー効果で顧客の目を引きつける戦略がわれわれのボトム・アップ・システムに訴えかける一方で、ストーリーで訴えるという古典的な方法も見直されている。(注3) ストーリーは、注意を引くだけでなく、注意を保持できる。これはメディア、テレビ、映画、音楽、広告などの「注意産業」においても、いまだに通用する手だ。これらの産業では注意をめぐってゼロサム・ゲームが展開されており、どこかが勝利すれば、それはどこかの敗北を意味する。

注意は、意味のある対象に向けられる傾向がある。リーダーは心に響くストーリーを語ることによって、どこに注意とエネルギーを注ぐべきかを皆に伝えることができる。(注4)

リーダーシップは、集団の注意をうまくとらえて方向づけてやれるかどうかにかかっている。注意を導くのに必要な要素は、まず自己に注意を集中し、次に他者の注意を引きつけて方向づけてやること、そして従業員や同僚や顧客の注意をとらえ保持すること、だ。

優秀なリーダーは、組織風土や文化に向ける集中（自己への集中）と、競争環境に向ける集中（他者への集中）と、企業をとりまく環境など、より大きな現実に向ける集中（外界への集中）のバランスを取ることができる。

リーダーがどのような問題や目標に注意を向けているかは、リーダー自身がそれを明白に表明するか否かにかかわらず、従う人々の注意を方向づける。人々は、リーダーが何を重視しているかを感じ取り、それにもとづいて集中の対象を選ぶのだ。こうした波及効果ゆえ、リーダーの責任は、いっそう重くなる。リーダーは自己の注意だけでなく、他者の注意も方向づける役割を果たしているのだ。(注5)

たとえば、組織の戦略。組織の戦略は、組織としての注意の望ましいパターンを表現するもので、組織の全部門がそれぞれの形で共通に集中しなくてはならない対象だ。(注6) 組織の戦略に従って、何を捨象し何を重視するかが決まる。市場シェアか、利益か。現在のライバル企業か、将来ライバルになりそうな企業か。どの新テクノロジーを採用するか。リーダーが戦略を選ぶことは、組織の注意を方向づけることなのだ。

戦略はどこから生まれるのか?——アップルとシンガーの例

弓道の名手知野弘文《ちのこうぶん》は、あるとき、カリフォルニア州ビッグ・サーにある有名な成人向け研修センターであるエサレン研究所に招かれて弓道の腕前を披露することになった。エサレン研究所のすぐ近くには、サンフランシスコ禅センターのタサハラ修養所もある。

当日、太平洋を見下ろす高い崖の上、草に覆われた小山の上に弓道の的が据えられた。知野は的からかなり離れた場所に立ち、伝統的射法にしたがって足もとを固め、背すじを伸ばし、非常にゆっくりと弓を引き絞り、一呼吸おいたのち、矢を放った。

矢は的のはるか上方を飛んでいき、広い空に弧を描いて、太平洋に落下した。見ていた人たちは、あっけにとられていた。

知野は、うれしそうに「的中!」と叫んだ。

「天才は他者には見えぬ的を射る」と、ショーペンハウアーが述べている。

知野弘文は、アップル・コンピューターの伝説的CEO故スティーヴ・ジョブズの禅の師だった。ジョブズが射抜いた目に見えない的の一つは、コンピューター・オタクだけでなく誰もが理解できて簡単に使えるコンピューターという、当時にしては過激な概念だった。どういうわけか、当時のコンピューター企業にこのアイデアを考えついた企業はなかった。アップルのデスクトップ第一号機を生み出したあと、ジョブズと彼のチームはそのユーザー・フレンドリーなビジョンをｉＰｏｄ、ｉＰｈｏｎｅ、ｉＰａｄへと発展させていった。どれも、実物を目にするまで、消費者自身さえ必要としていたことに気づかなかったような（というより、そもそも想像さえしなかったような）便利な商品だった。

一九八四年にアップルを追放されたあと、一九九七年に復職したジョブズが見たのは、多品種生産に溺れかけているアップルの姿だった。コンピューター、周辺機器、一二タイプのマッキントッシュに手を広げたアップル社は、傾きかけていた。ジョブズの戦略はシンプルだった。集中すること。

ジョブズは一ダースもあった商品ラインアップを改め、四つの品種に集中する方針を打ち出した。一般消費者向けのデスクトップとノートパソコン、プロ向けのデスクトップとノートパソコン。座禅で気が散ったと気づくことが集中に役立つのと同じく、ジョブズは「やらないと決めることは、やると決めることと同じぐらい重要なのだ」と気づいた。(注7)

ジョブズは、私生活においても、仕事においても、重要でないと思うことを容赦なく切り捨てた。ただし、効率よく単純化するためには削減しようとする対象の複雑性を理解している必要があるということも、ジョブズは知っていた。アップルの製品はどんなことでもクリック三つ以内でできるようにすべし、というジョブズの厳命も、削減するコマンドやボタンの機能を深く理解し、エレガントな代替案を得られてこそ可能になるものだった。

アップルが誕生するより一世紀以上前にも、斬新な発想によってミシンを世界的な大ヒット商品にしたシンガーという会社があった。シンガーは、家庭の主婦にも縫製用の機械を扱うことができるはずだと考えた。アメリカ合衆国の女性が選挙権さえ獲得していなかった一九世紀においては、急進的な考えであった。シンガーは、さらに、クレジット販売という革新的な手段を編み出して、女性がミシンを買いやすくした。

一八七六年の一年間だけで、シンガーは二六万二三一六台のミシンを売った。当時では途方もない数字だ。ジョン・レノンとオノ・ヨーコのような有名人が住んだことで知られるマンハッタンのダコタ・ハウスも、シンガー・ミシンの社長が建てさせたものだ。一九〇八年に竣工した四七階建てのシンガー本社ビルは、当時世界で最も高いビルだった。

わたしの母は一九一〇年生まれだが、一〇代のころからシンガー・ミシンを使っていた。わたし自身、子どものころ母について近所の裁縫店へ型紙を買いにいったことをおぼえている。母の時代の女性たちは、家族が着る衣類を手作りしたものだった。しかし、わたしが生まれたころには（わたしは母が年を取ってから生まれた三人目の子だった）、母はわたしの服を店で買うようになっていた。

主婦がミシンを使うようになり、そして、やがて海外の安い労働力で作られた衣類を買うようになる、といった変化は、つねに新しいチャンスをもたらす。新しい購買層、新しい購買行動、需要の変遷、新しいテクノロジー、流通経路の変化、新しい情報システム。あらゆる進歩が成功戦略につながる。

アップルとシンガーが新雪に残した足跡を、ライバル企業たちは必死で追った。今日、さまざまなコンサルタント会社が基本戦略をとりそろえているが、このような「既製品」の戦略は組織の戦術を微調整するにとどまり、市場を一変させるような根本的変化をもたらすものではない。

戦略（ストラテジー）の本来の意味は、用兵学、すなわち、全兵力をいかに活用するかを意味する。一方、戦術（タクティクス）は、個々の戦闘における戦い方だ。今日、リーダーに必要とされているのは、組織の置かれた大きなシステムの中において機能しうる戦略を生み出すこと、すなわち外界への集中である。

新しい戦略とは、現状のビジネスから斬新な対象への方向転換を意味する。革新的な戦略を考えつくためには、斬新な視点、ライバル企業が気づいていない視点に気づくことが必要だ。勝てる戦術は誰にでも可能だが、ほとんどの人がそれを見逃している。

戦略を微調整するための凝った分析ツールを提供するコンサルタントはいくらでもある。しかし、彼らは「そもそも成功する戦略とはどこから生まれてくるのか?」という大きな疑問をつきつけられると、そこで口ごもってしまう。戦略を論じた古典的なある論文は、あっさりと、成功する戦略を見つけるには「創造性と洞察力が必要である」と述べているだけだ。(注8)

創造性と洞察力を発揮するには、自己への集中と外界への集中が必要だ。セールスフォース・

ドットコムの創業者で初代CEOのマーク・ベニオフは、クラウド・コンピューティングの潜在的可能性に気づいたとき、システムを変革させる技術の進歩に目配りする（外界への集中）と同時に、そのようなサービスを提供する企業がどう成長するだろうかという直観も得ていた。セールスフォース・ドットコムは、クラウドベースでクライアント企業の顧客管理を支援する企業として、この分野で他社にさきがけて地位を築いた。

優れたリーダーはシステム認識を持ち、自分たちは何をめざしどこへ進むべきか、という問いにつねに答えようとしている。自己への集中と他者への集中にもとづく自己コントロールや社会的スキルは、目標達成に必要な人間力を発揮するためのEQの土台となる。リーダーは、あらゆる知識を動員して、可能な戦略的選択肢をチェックしなくてはならない。そして、いったん戦略を選択したら、熱意とスキルをこめてそれを伝え、知的・情動的共感を引き出さなくてはならない。しかし、戦略的見識がなければ、いくら個人的スキルを駆使しても挫折するだろう。

ラリー・ブリリアントは、こう言っている。「システム的な考え方ができれば、価値観、ビジョン、ミッション、戦略、目標、戦術、成果、評価などに対処する姿勢が定まり、プロセス全体を再始動させるフィードバック・ループが機能するようになる」

先の先まで注意する——ブラックベリーとインテルの例

二〇〇〇年なかばには、ブラックベリーは企業ITの寵児《ちょうじ》となっていた。クローズド（閉鎖型）ネットワークで機能するブラックベリーの信頼性、迅速性、安全性が企業に高く評価されていた。企業は何千人という社員にブラックベリーを持たせ、片時もブラックベリーを手放せない愛用者たちを表す「クラックベリー」という言葉が流行したほどだった。ブラックベリーが市場で圧倒的優位を占めたのは、四つの強み、すなわち、キーボードが使いやすいこと、安全性が高いこと、バッテリーが長持ちすること、データを圧縮して送信できること、があったからだ。

しばらくのあいだ、ブラックベリーは成功をおさめ、ライバルのIT機器（デスクトップとノートパソコン、当時の携帯電話）を駆逐して市場を席巻した。しかし、ブラックベリーが企業の需要において優位を占め、一般消費者にまで流行が広まる一方で、世界は変化しはじめていた。iPhoneの登場によって、しだいに多くの労働者が私用のスマートフォン（必ずしもブラックベリーではない）を自費で買うようになり、それに対応して企業のほうでも労働者が私物のIT機器を会社のネットワークに接続することを認めるようになっていったのだ。ライバル社と競争になったとたん、ブラックベリーの市場優位は消え去った。

カナダに拠点を置くブラックベリーのメーカー、リサーチ・イン・モーション（RIM、現ブラックベリー）社の対応は後手に回った。たとえば、タッチパネル方式を遅まきながら導入したものの、先行企業にはとうてい対抗できなかった。かつては強みだったクローズドネットワークも、iPhoneやアンドロイドの携帯電話自体がアプリのプラットフォームになる時代においては、かえって弱点となった。

RIM社は二人のエンジニアが共同でCEOをつとめており、ブラックベリー成功の第一歩は優れたエンジニアリングによってもたらされたものだった。この二人の共同最高経営責任者を解任したあと、RIM社は、成長の大部分が消費者向け市場の需要によるものであるにもかかわらず、ふたたび企業向け市場に主力を注ぐ方針を発表した。

新CEOソーステン・ハインズが語るように、RIM社は自社の得意とする市場において重大なパラダイム・シフトのチャンスを逃したのだった。RIM社はアメリカ合衆国における第四世代（4G）のワイヤレス・ネットワークの動向を無視し、ライバル各社が4Gに次々と進出していく中で、4G向けデバイスの生産に乗り出さなかった。また、iPhoneが採用したタッチパネルの人気を過小評価し、キーボードに固執した。

「消費者は、タッチパネルが使いやすければバッテリーの持ちなど二の次だと考えたんです。われわれは、そんなことはないだろうと考えていました。セキュリティについても同じです」と、ハインズは言う。企業各社が労働者に私用のスマートフォンで会社のネットワークに接続することを認めるようになってきた変化を、RIM社は見過ごしたのだ。(注9)

かつて革命的に見えたブラックベリーは、いまや、あるアナリストの言葉を借りるならば「顧

客のニーズをわかっていない」商品になってしまった。(注10)

インドネシアなどの市場では依然として優位を保っていたものの、ブラックベリーがアメリカ市場を席巻してからわずか五年で、ＲＩＭ社は市場価値の七五パーセントを失うことになった。わたしがこの原稿を書いている現在、ＲＩＭ社は新型機種で最後の巻き返しをはかると発表した。しかし、同社は企業生命における「死の谷」に足を踏み入れたようにも見える。

「死の谷」というフレーズは、インテルの伝説的創業者アンドリュー・グローヴがインテル社が死に瀕したときのことを語る際に使った言葉だ。創業まもないころ、インテルは、コンピューター産業で使われるシリコン・チップ（半導体）を製造していた。グローヴによれば、インテルの経営幹部は、顧客がどんどん安い日本製チップに乗り換えているという販売担当からの情報に注意を払わなかった。

もし、当時のインテルが半導体のほかにマイクロプロセッサを製造していなかったら、インテル社はそこで終わっていたかもしれない。しかし、当時はメモリー・チップの製造からマイクロプロセッサへ転換する戦略はインテル社内で全員一致の賛成を得られたわけではなかった、とグローヴは述懐する。

「パラノイドだけが生き残る（*Only the Paranoid Survive*）」というグローヴの著書のタイトル（邦題は『インテル戦略転換』佐々木かをり訳、七賢出版）も、油断なく地平線に目を配っておくことの必要性を示唆している。こうした用心は、とくに技術セクターにおいては不可欠だ。

この世界では、商品のサイクルが（たとえば冷蔵庫などと比べると）非常に短く、技術革新がものすごい速さで進んでいく。

技術セクターはプロダクト・イノベーションのサイクルがきわめて短いので、ケーススタディに最適だ（世代間隔の短いキイロショウジョウバエが遺伝学において果たす役割と似ている）。ゲームの世界では、任天堂のＷｉｉがソニーのプレイステーション２に取って代わった。ウェブのポータルサイトでは、グーグルがヤフーに取って代わった。携帯電話のＯＳとして一時は四二パーセントの市場シェアを誇ったマイクロソフトは、みるみるｉＰｈｏｎｅに抜かれた。技術革新は、思ってもみなかったことをどんどん実現していく。

アップルがｉＰｏｄを発表したあと、マイクロソフトは四、五年かかって携帯音楽プレーヤーＺｕｎｅ（ズーン）を発売し、さらに六年かかって最終的に市場から撤退した。(注11) ドル箱商品だったウインドウズ・ソフトウェアに固執した結果、マイクロソフトはｉＰｏｄ、ｉＰｈｏｎｅ、ｉＰａｄを次々に発表して市場を席巻したアップルに対抗できなかったのだとアナリストは指摘する。

コンフォート・ゾーンに固執しすぎた失敗例について、クレイ・シャーキーがこう指摘している。「古いシステムを動かしている人々は、最初は変化に気づかない。変化に気づいても、そんなものは些細なことだと決めてかかる。次には、変化は単なるニッチだと断じ、その次は、変化は一時的流行にすぎないと断じる。そして、世界がほんとうに変化したのだと理解できたときには、対応すべき時間の大半を浪費したあとなのだ(注12)」

発想を転換せよ――二種類の経営戦略

落日のRIM社は、組織の硬直性の教科書的ケースだ。新技術を市場に初めて導入した成功によって繁栄した企業が、昔日の新技術に固執したがゆえに、後発技術の波にのまれて後退していったのである。内向きに集中する組織は、既存の事業で利益をあげることには優れているかもしれないが、自社の置かれたより大きな世界に波長を合わせずにいると、間違った戦略に力を入れることになりかねない。

ビジネススクールの授業では、戦略(ストラテジー)について「活用」と「探索」の二つのアプローチがあると教える。人も、企業も(RIM社のように)、既存の能力や技術やビジネスモデルをより向上させていく「活用」ストラテジーで成功するケースもある。一方、既存とは別の革新的な道を探る「探索」ストラテジーで成功するケースもある。

一つのストラテジーで成功している企業は、大きな変化を探索するよりも現状の事業を改良していこうとする傾向がある。新しい事業を探索する一方で順調な事業を活用しようとする綱渡りは、自然にできるものではない。スマートフォン事業におけるサムスンのように「活用」と「探索」の両ストラテジーを実行できる企業は、いわば「両利き」だ。そういう企業は、二つのストラテジーに対応できる組織を、大きく異なる操業スタイルや組織風土を持つ二つの構造に分離している。同時に、社のトップでは緊密に連繫する幹部がチームとなって自己への集中、他者への集中、外界への集中のバランスに目配りしている。(注13)

組織レベルのバランス感覚は、個人のバランス感覚と平行している。人間の集中をつかさどる脳の実行機能部位は、「活用」に必要な集中と「探索」に必要な開かれた集中の両方を管理している。

「探索」は、現状の集中から離れて新たな可能性を探ることを意味し、柔軟性、発見、革新をもたらす。「活用」はすでに実行していることに集中を維持してパフォーマンスを効率化し向上させる。

「活用」のストラテジーを追究するリーダーのほうが、より安全に利益を回収できる。一方、「探索」を追究するリーダーは、新規事業によってはるかに大きな成功をおさめる潜在的可能性がある半面、失敗のリスクはより大きく、投入した資本を回収できる日も遠い。いわば、「活用」はカメで、「探索」はウサギである。

「活用」か「探索」かは、あらゆる意思決定者の中で綱引きをしている。社の技術が日々向上していて利益も出しているバッテリー技術をこのまま継続するか、それとも、バッテリーを時代遅れにするような新しい蓄電技術を開発するR＆Dに方向転換するか。企業を活かすも殺すも戦略的決断しだいであると、スタンフォード・ビジネススクールで戦略理論を教えるジェイムズ・マーチが指摘している。(注14)

優秀な意思決定者は、「活用」と「探索」を切り替えて使いこなせる「両利き」だ。たとえば、技術革新とコスト抑制というように、まったく異なるタイプの経営方針を同時に追究して企業を成長させることができる。

事業が右肩下がりになると、企業は当然ながら生き残るためにコスト削減（従業員にかける経費や時代の変化に対応するための投資が犠牲になるケースが多い）しなければならず、こうした局面では危険が多い。生き残りモードになると、集中の範囲が狭くなる。

ただし、事業がうまくいっているからといって、「両利き」の経営ができているという保証にはならない。インテルのアンドリュー・グローヴがいう「成功の罠」にはまってしまうと、「両利き」の切り替えは非常に難しくなる。どんな企業でも、業績向上のためどころか生き残るために劇的な転換を迫られる時点があり、「その瞬間を逃したら衰退が始まる」と、グローヴは述べている。

インテルの生き残りがマイクロプロセッサにかかっていることが明白になった状況下でも、なお、インテルはメモリー・チップに最高の開発スタッフを投入していた、とグローヴは反省する。その後、二〇年以上にわたって、マイクロプロセッサはインテルの大きな原動力となった。インテルは苦戦しながら「活用」から「探索」への戦略転換を成しとげたのだった。

アップルのスローガン「Think different（発想を変えよう）」は、「探索」へ方向転換せよ、という意味だ。効率にしがみつくのをやめて新しい分野へ踏み出そうとすることは、単なるスタンスの転換ではない。脳のレベルでは、この二つはまったく異なる精神機能と神経メカニズムを表すものなのだ。方向転換を迫られた意思決定者においてカギを握るのは、注意のコントロールだ。

意思決定者の立場にあるベテランのビジネスマン六三人を被験者として、「活用」または「探索」のストラテジーを追究する（あるいは二つのストラテジーを交互に追究する）シミュレーション・ゲームをしてもらっているあいだに脳をスキャンした研究がある。すると、それぞれのストラテジーに集中しているあいだ、とくに活発に働く脳内回路が明らかになった。(注15)「活用」のストラテジーを追究しているときには、脳内では期待と報酬の回路が活発になった。慣れ親しんだルーティンを流すのは、気分のいいものなのだ。一方、「探索」の追究をしているときには、脳内の実行機能と注意制御をつかさどる部分が活発になっていた。現状のストラテジーに代わるものを探索する作業には意図的な集中が必要なようだ。

新しい領域に一歩を踏み出すには、快適なルーティンと訣別《けつべつ》し、惰性と戦わなくてはならない。これは神経科学的には「認知的努力」を必要とする行為だ。そのようにして実行制御を働かせることによって、注意が自由に歩きまわり新しい道を探すようになるのだ。

このような小さな神経的努力が実行できないのは、なぜか？　一つには、精神的な過負担、ストレス、睡眠不足、そして言うまでもなく飲酒によって、実行機能の回路がそのような認知的転換をするだけの活力を失い、惰性に流れてしまうからだ。そして、過負担や睡眠不足に悩まされ鎮静作用のある物質に頼る生活は、重要な判断を下さなければならない立場にある人々のあいだに蔓延している。

第19章

必要な三つの集中力

わずか一一歳のころから、スティーヴ・タトルマンは祖父と一緒に《ウォールストリート・ジャーナル》紙を読むようになった。その習慣は、四〇年を経た現在も、紙からタブレットに変化してはいるが、続いている。毎日、タトルマンは二〇を超すウェブサイトを閲覧し、RSSリーダーでニュースや世論をチェックしている。朝、目がさめた瞬間から情報のチェックを開始し、一日に六回も《ニューヨーク・タイムズ》や《ウォールストリート・ジャーナル》やグーグル・ニュースなどのサイトで最新ニュースをチェックする。さらに、ウェブ・アプリを使って購読している二六の雑誌の見出しに目を通し、必要な記事にはフラッグを付けておいて、あとで読む。「重要な記事や、研究が必要なことがら、あるいは資料として取っておきたい項目については、集中できる時間に見直すことにしています」と、タトルマンは言う。

さらに、タトルマンは、自分のかかわっている事業に関係する業界紙のチェックも怠りない。《ナショナル・レストラン・ニュース》は、株式を持っているダンキン・ドーナッツ・チェーンに関係がある。《ボウラーズ・ジャーナル》は、タトルマンが所有するボウリング用品のメーカー、エボナイトの経営に関係してくる。《ジャーナル・オブ・プラクティカル・エステート・プランニング》をはじめとする六誌は、取締役をつとめるハートル・キャラガンの仕事に関係があるから目を通しておく。ハートル・キャラガンは、慈善団体や大学や富裕層の個人を顧客とする資産管理会社だ。《プライベート・エクイティ・インベスター》に目を通すのは、タトルマンが社長をつとめる投資会社ブルー・ナイン・キャピタルの経営に関係する情報を得るためだ。

「たしかに、かなり大量の情報スキャンではあります」と、タトルマンは語る。「スキャンに時間を使いすぎかと感じることもあります。しかし、どれも仕事に関係のある情報です。情報はわたしの仕事の基礎なのです」

二〇〇四年、タトルマンのもとへ小売りチェーン「ファイブ・ビロウ」(すべての商品が五ドル以下の意)への投資話が持ち込まれた。「先方はモデル店の経営見通しを出してきました。経費も利益も納得できる数字でした」と、タトルマンは語る。

しかし、タトルマンは数字を見るだけでなく、実際にチェーン店六店舗のなかの一店に足を運び、直観を自分の目で確かめた。「品揃えが魅力的でした。方針というものが感じられました。店のターゲットは一二歳から一五歳の顧客で、店に来る子どもたちはたいてい母親と一緒でした。しかし、何よりの決め手は、客が店に満足しているように見えたこと、そして、私自身が店を気に入ったことでした」

それから数年のあいだに、タトルマンはファイブ・ビロウにさらに資金をつぎ込み、二〇〇四年に六店舗のチェーンだったビジネスを二〇一二年には二五〇店舗まで成長させ、ＩＰＯ（新規株式公開）も成功させた。ちょうどフェイスブックのＩＰＯが失敗に終わったあとの荒れた市場だったが、ファイブ・ビロウの株価は堅調だった。

「わたしのところには、しょっちゅう投資話が持ち込まれます」と、タトルマンは話す。「候補企業の帳簿など細かい数字を持ってくるのですが、そういう話は、社会や文化や経済の面で何が起こっているか、といったもっと広い文脈で検討しないといけません。わたしはつねに、より広い世界で起こっていることにアンテナを向けています。より広い視野が大切なのです」

はるか昔、一九八九年の時点で、タトルマンはスターバックス、マイクロソフト、ホームデポ、ウォルマートの株を買っていて、いまでもそれらの株を持ちつづけている。なぜ買ったのかと尋ねられて、タトルマンは、こう答えている。「自分が気に入ったものを買っただけです。わたしは自分の直観を信じます」

このような決断をするときは、大脳皮質下の回路が意識の及ばない領域から決定則を集めてきて、結論を漠然とした感触のかたちで提示する。その漠然とした感触は、決定が言葉のかたちを取るより先に、結論を決めてしまう。

成功する起業家は、重要な決断を下すにあたって、通常の人間が思いつくよりはるかに広い範囲から関係のありそうなデータを集める。そして、データを集めたうえでなお、重大な決定を下すにあたっては自分の直観もまたデータの一つであることを理解している。

言葉になるより先にそうした直観を感じ取るのは、扁桃核や島皮質をはじめとする大脳皮質下の回路だ。直観を研究している学者たちは、感覚を情報の一つとして活用するのは「一般的に見て理にかなった判断戦略」であって、超理性主義者が主張するような「間違いのもと」ではない、と結論づけている。(注1) 情報源の一つとして自分の直観を読み取ろうとするのは、脳が無意識のうちに収集した膨大な量の決定則を利用することなのだ。

タトルマンが直観の声を聞こうとするのは、おそらく、若いころ祖父と一緒に《ウォールストリート・ジャーナル》を読んだころに芽生えた習癖だろう。タトルマンの祖父はロシアからの移民で、食料品店で働きはじめ、そのうちその食料品店を買い取るまでになり、さらに食料品店に商品を納入している業者まで買い取り、最後にその会社を売って、株式投資家に転じた人物だ。

自分の父親や祖父と同じように「小さいころから、自分は投資家になるのだと思っていました」と、タトルマンは語る。「わたしが小さかったころ、わが家の夕食時の会話といえば、ビジネスの話ばかりでした。わたしはこの稼業を始めて三〇年近くになりますが、ずっとさまざまな会社に投資してきました。どの会社にもそれぞれに課題があって、わたしはつねにそういった課題に対処してきました。いまでも、わたしの中ではデータベースが拡大中なのです」

つまり、賢明な判断を下すには、単にその分野を知り尽くしているだけでなく、高い自己認識を持つことも必要なのだ。ビジネスを理解すると同時に自分自身を理解していれば、事実を賢明に解釈することができる（さらに、ものを見る目を曇らせるかもしれない自分の内なる偏向も予防できるだろう）(注2)。

そうでないと、たとえば期待効用理論の決定木《けっていぎ》のように、冷徹な合理性のみに頼って損得を天秤にかけて判断を下すことになる。しかし、これには一つ問題がある。人生というものは、スパッと割り切れるものではないのだ。もう一つ問題なのは、人間のボトム・アップ回路が握っているきわめて重要な情報は、トップ・ダウン回路からは直接アクセスできない（まして決定木に書くことなどできない）ということだ。書類上すばらしく見えても、現実にはそうでないことも多い。例をあげるならば、サブプライム・ローンを野放しにしていた市場。あるいは、イラク侵攻。

「優れたリーダーは、つねに新しい情報を求めています」と、コンサルティング会社ヘイ・グループのリーダーシップ人材担当グローバル・ディレクターのルース・マロイが指摘する。「優秀なリーダーは、自分が相手にする領域を理解しようと努力します。だから新しいトレンドに敏感だし、自分に関係があるかもしれない新しい動向をキャッチしようとするのです」

リーダーを評して「集中力がある」という場合、わたしたちは往々にして、そのリーダーがビジネス上の一つの目標をめざしているとか、特定の戦略を追求している、などということを意味しがちだが、そのように一点だけに集中する姿勢で十分なのだろうか？　他の分野への注意は、どうなるのだろうか？

タトルマンは、ビジネス上の選択をする場合、数字だけでなく、より広範囲から集めた情報を検討し、さらに自分の直観の声に耳を傾けて、他者がどう感じるかまで読み取ろうとする。

このように、優れたリーダーであるためには、自己への集中、他者への集中、外界への集中のすべてが必要であり、そのどれが欠けてもリーダーとしてバランスを失うのである。

指導力があるリーダーの条件

二つのタイプのリーダーを考えてみてほしい。一人目のリーダーは、土木建設会社の重役だ。二〇〇〇年代初頭、アリゾナ州の住宅建設ブームのあいだ（まだサブプライム・ローンが破綻する前）、この人物は次々に転職をくりかえして、そのたびにより高い地位に昇っていった。しかし、この人物にはリーダーとしての指導力が伴っていなかった。会社の将来に向けてのビジョンを問われたとき、彼は、しどろもどろに「ライバル企業の上を行くこと」と回答するのが精一杯だった。

二人目のリーダーは、アメリカ南西部のヒスパニック系コミュニティで社会保健サービスを提供する非営利法人の代表だ。この人物の口からは、より大きな目標に真正面から取り組もうとするビジョンがすらすらと出た。「長年にわたってわれわれを育ててくださったこのコミュニティのためにいい環境を創造すること、利益配分の可能な事業にすること、人々の役に立つ製品を提供すること……」。そのビジョンは前向きであり、広く投資家たちの意見を反映するものだった。

その後、数週間のあいだに、この二人のリーダーの直属の部下たちに匿名で上司の評価をしてもらった。一人目のリーダーは、評価対象となった五〇人のリーダーたちの中で最低ランクの評価を受けた。二人目のリーダーは、最高ランクの評価を得た。

もっと興味深いのは、それぞれのリーダーに対しておこなわれた脳内の「コヒーレンス」評価、すなわち一定領域にある回路どうしの活動が連繋しあう度合いを評価した結果である。調査対象となったのは右脳の前頭前野で、思考と感情を統合したり、他者の思考や感情を理解したりする際に活発に働く部分だ。指導力に優れたリーダーはこの部分のコヒーレンスが高く、指導力の低いリーダーはコヒーレンスが低かった。(注3)

指導力の優れたリーダーは、集団と共鳴し集団の士気を高める共通理念を明快に語ることができる。こういうリーダーは人々から慕われ、皆を動かすビジョンを表現することができる。しかし、心から語りかけ、他者の心に訴えかけるためには、リーダーはまず自分自身の価値観を知らなければならない。それは自己認識の力だ。

リーダーとして指導力を発揮するには、自分の内的情動に耳を傾けると同時に、自分に従う人々の内的情動にも耳を傾けなくてはならない。これはEQの要素だ。

EQの世界では、注意は、自己管理の基礎となる「自己認識」の一要素として、また、円滑な人間関係の基礎である「共感」の一要素として、間接的に言及されるだけだ。しかし、自己と他者に対する認識を深め、それを自己の内面および対人関係に活用することは、EQの本質である。

注意の働きは、EQそのものと不可分に絡みあっている。なぜなら、脳の構造レベルにおいて、情動と注意の区分は曖昧だからだ。注意の神経回路と情動の神経回路は多くの面で重なりあっており、神経経路を共有したり交流しあったりしている。

脳内で注意の回路とEQの回路が絡みあっているため、この共通の神経回路は、IQによって測定されるような学力的な知性とは一線を画す形になる。(注4) つまり、IQの非常に優れたリーダーでもEQが優れているとは限らない、ということだ。

たとえば、共感。リーダーにありがちな欠点は、他人の話を聞かないことだ。この共感の不足について、あるCEOが率直に自分の問題を語ってくれた。「わたしの頭は回転が速すぎるので、部下の話は全部聞いているんですが、はい、わかりました、理解しましたよ、と言って確認してやらないと、部下はちゃんと話を聞いてもらえたと思ってくれないんです。実際、話の先へ先へと頭が回転してしまって、ちゃんと聞いていないこともありますしね。だから、部下にベストの成果を出してほしいと思うなら、部下が言い分をしっかり聞いてもらえたと感じるまで、じっくり話に耳を傾けてやることですね。わたしはもう少しペースを落として人の話に耳を傾けるということを身につけないといけないんです。自分自身のためにも、周囲の人たちのためにもね（注5）」

ロンドンに拠点を置くエグゼクティブ・コーチは、こんな話をしてくれた。「クライアント

に周囲の人たちからのフィードバックを伝えるのですが、重役はちゃんと話を聞いてくれない、

という内容のフィードバックが多いです。他者にもっとしっかりと注意を向ける態度についてコーチすると、そんなことぐらいできると答える重役が多いのです。でも、わたしは、『できるかもしれませんが、問題はどのくらい頻繁にそうしているかです』と指摘します。わたしたちは自分にとって最も重要なことには注意を向けますが、忙しい職場の毎日では、いいかげんな聞き方が日常的になってしまうものです」

それでも、傾聴の努力をすれば、成果がある。あるCEOが広大な森林の購入をめぐって州の機関と対立したときの経験を話してくれた。このCEOは問題を弁護士任せにせず、自ら州機関の責任者と会うことにした。

会談の席上、州の責任者はCEOの会社に対する手厳しい不満の言葉を並べ、問題の土地は開発ではなく保全することこそ必要なのだと主張した。CEOは一五分間にわたり黙って相手の話に耳を傾けた。すると、そのうちに、自社のニーズと州機関のニーズの折り合える部分が見えてきた。CEOは、森林のごく一部だけを開発して残りは森林保護基金を設立して保全するようにしてはどうか、という妥協策を提案した。

会談は、両者が合意の握手を交わすかたちで終了した。

目標至上主義者の弱点

巨大法律事務所のあるパートナー弁護士のもとで働く人間は、みな頭がおかしくなりそうだった。彼女は細かいことまで管理し、つねに部下たちを後知恵で批判し、完璧なできばえの報告書でさえ自分の基準に合わないというだけの理由で書き直した。彼女はつねに批判ばかりして、部下を褒めるということをしなかった。マイナス面ばかり指摘されるため、部下たちの士気は低下しつづけた。優秀な部下は会社を辞め、残った人たちは他の上司のもとへ異動を希望した。

部下の批判しかしないこの弁護士のように、高レベルの結果を求める超集中型のリーダーは「ペースセッター」と呼ばれる。このタイプのリーダーは、自らが身をもって手本を示し、他者にも同じようなペースでの仕事を要求する。「命令と強要」によって部下に指示をし服従させるかたちのリーダーシップを発揮しがちだ。

ペースセッター型や命令型のリーダーシップしか発揮できないリーダーは、部下たちのあいだに険悪な空気を醸成し、チームの士気を削ぐ。そのようなリーダーは、自分が出ていって相手と話をつけるなどの個人プレーによって短期的には成果をあげられるかもしれないが、それとひきかえに組織の成長を犠牲にする。

《ハーバード・ビジネスレビュー》誌に掲載された「リーダーシップの暴走」というタイトルの論文は、ペースセッター型リーダーシップの欠点をついている。著者はヘイ・グループのスコット・スプライアが率いるグループだ。スプライアは、「このタイプのリーダーは成果に集中するあまり、自分が周囲の人々に与えるインパクトが見えなくなってしまうのです」と語ってくれた。

ペースセッター型リーダーの最悪の例として、スプライアは前出の巨大法律事務所の要求レベルが高すぎる女性弁護士をあげる。このタイプのリーダーは他人の話を聞かないし、まして、合意によってものごとを決めるようなことはしない。部下を理解するための労を惜しみ、部下を単なるコマとして一面的にしか見ていない。部下が新しい能力を身につけて向上できるように援助する気などなく、学習が必要な部下は落第だと切り捨てる。こういうリーダーは、横柄でせっかちな印象を与える。

しかし、ペースセッター型リーダーは、はびこっている。ある追跡調査によれば、一九九〇年代以来、あらゆる種類の組織において、成果至上主義のリーダーは着実に増えつづけているという。(注6)一九九〇年代は経済成長のためにいかなる犠牲を払ってでも成績をあげるスタンドプレーがもてはやされた時代で、こうしたリーダーシップの悪い面(倫理観の欠如、手抜き、人を踏みにじる行為など)がしばしば黙認された。

それに続いて起こったのは、エンロンの経営破綻、ITバブルの崩壊だ。こうした現実によって、リーダーシップの基本要素を無視して財務成績だけを求めるペースセッター型リーダーシップの弱点が明らかになった。二〇〇八年以降の世界金融危機の中で、「多くの企業において強力なトップ・ダウン式のリーダーが就任した。彼らは非常事態の処理には能力を発揮したが、それによって組織の本質が変わってしまった。二年後、信頼や忠誠心を失った企業風土を作り出したのは、まさにこのリーダーたちだった」と、ヘイ・グループのリーダーシップ人材部門欧州責任者のゲオルグ・フィールメッターは言う。

このタイプのリーダーシップで問題なのは、目標を達成できないことではなく、人々と理解しあえないことだ。「とにかく言われたとおりにやれ」というスタイルのリーダーシップは、人の心を踏みにじる。

どの組織においても、重要な目標に鋭い集中を注ぐ人間は必要な存在だ。それは、注意散漫をしりぞけてつねに向上をめざす人材であり、技術革新、生産性、成長はそうした優秀な人材にかかっている。

しかし、それも程度問題だ。野心的な収益目標や成長目標だけが組織の健全性を測る数値ではない。そうした目標を達成するために他の基本的要素を犠牲にすれば、長期的なマイナス（たとえば、優秀な社員を失う、など）のほうが大きくなってしまうだろう。

目標にこだわりはじめると、何であれその目標達成に関連のあることがらが優先されるようになる。集中とは、単に適切な選択をするだけでなく、適切でない選択をしないことでもある。

しかし、適切なことまで捨象するようになったら、それは集中の行きすぎだ。一つの目標にこだわりすぎて、他人の正当な懸念や優れた考えや重要な情報、果ては士気、忠誠心、意欲まで「余計なこと」に分類してしまうのは、やりすぎだ。

この研究は、遡れば、ハーバード大学のデイヴィッド・マクレランド教授が始めた、健全な達成意欲が起業家精神をどう後押しするか、というテーマの研究だった。当初から、マクレランドはあることに気づいていた。向上心の強いリーダーの中には「目標に到達するための近道を見つけることにこだわりすぎて手段を問わない」人間もいる、という事実だ。(注7)

「二年前、わたしは自分の仕事ぶりについてフィードバックを受け、目がさめました」と、法人向け不動産を扱うグローバル企業のCEOが打ち明けてくれた。「フィードバックの内容は、わたしは仕事上の能力は高いけれども、人を動かすリーダーシップや共感に欠けている、というものでした。自分ではこれでいいと思っていたので、わたしは当初はフィードバックを否定していました。しかし、よく考えたら、自分にも共感がないわけではないのだが、部下の仕事ぶりに不満を感じたとたんに心を閉ざし、非常に冷たく、ときには意地悪にさえなる、ということに気づいたのです。考えてみたら、わたしにとって、最も恐れているのは失敗することだったのです。わたしを動かしているのは、その恐怖でした。だから、部下の仕事ぶりに失望すると、その恐怖が頭をもたげてしまうのです」

恐怖によって情動のハイジャック状態になると、そのCEOはペースセッター型リーダーシップに頼ってしまうのだ。「目標達成の衝動にかられた場面で自己認識を欠くと、共感を失って、何も考えずに突っ走ってしまうことになります」と、エグゼクティブ・コーチのスコット・スプライアが言う。

それを防ぐために大切なのは、傾聴、動機づけ、影響、協力、といったペースセッター型リーダーにとって苦手な対人スキルだ。「最悪の場合、ペースセッター型のリーダーは共感を欠いています」と、スイスのビジネススクールIMDでリーダーシップを教えるジョージ・コールリーザーが話してくれた。コールリーザーは世界各国のリーダーに、リーダーは「心の安全基地」のような存在であれ、情動面で支援と共感を与えることのできるリーダーは人々から最大の能力を引き出すことができる、と教えている。(注8)

「この職場では、全員がペースセッターです」と、世界屈指の金融機関のCEOがやや自嘲気味に言う。しかし、ペースセッターが集まっているからといって、かならずしも士気が落ちるとは限らない。集団の誰もが高いレベルの能力を持ち、成功への意欲を持っていれば(つまり、全員がペースセッター型ならば)、うまくいく。

しかし、ペースセッターの社内風土が高じて顧客に対する傲岸《ごうがん》な態度が目につくようになってしまった銀行を評して、ある金融アナリストは、こう言った。「わたしなら、あの銀行には預金しませんね。ま、株は買いでしょうけどね」

他者への影響力を管理する

二〇一〇年春、イギリスの石油大手BP社がメキシコ湾原油流出事故を起こした直後、汚染によって膨大な数の動物や鳥が死に、湾岸地域の住民から大災害を非難する声があがっているまさにそのとき、BPの取締役たちは危機管理の「やってはいけない」失敗を犯した。なかでも最もまずい対応をしたのがCEOトニー・ヘイワードだった。ヘイワードは、なんと、「この一件がさっさと片付くことを願っているのは、誰よりこのわたしだ。早くふつうの日常を取り戻したいものだよ」と言ってのけたのだ。

ヘイワードの言葉には、事故の被害者に対する配慮はみじんもなく、ただ騒ぎを迷惑がっているだけに聞こえた。ヘイワードは、さらに、事故はBPの責任ではなく、悪いのは下請け業者であると主張して、責任を取ろうとしなかった。(注9) 危機の最中にのんびりヨットに乗ってバカンスを楽しんでいる写真がマスコミで報道された。

BPの広報担当者は、「トニー・ヘイワードは口を開くたびにろくなことを言わなかった。彼にはメディアというものの怖さがわかっていなかったし、社会が事故をどう見ているかもわかっていなかった」とこぼした。(注10)

職場におけるコンピタンス（成果を生む行動特性）が注目されはじめたばかりのころに共著者として本を出したシグネ・スペンサーによると、最近ハイレベル・リーダーのあいだで注目されるようになった能力に、「他者に対するインパクトの管理」があるという。つまり、自ら

のメディア露出と役割をうまく活用してプラスの影響を与えることのできる能力である。(注11)

自分が他者に（ましてBPの企業イメージに）与えるインパクトが見えていなかったトニー・ヘイワードの発言は、非難の嵐を巻き起こした。新聞の一面には、いつまでCEOの座に居座るのか、という記事が載り、オバマ大統領までもが、自分ならあんなCEOはクビにする、と発言した。ヘイワードの辞任は翌月に発表された。

この原油流出事故によってBPは四〇〇億ドルにのぼる損害賠償責任を負い、取締役四人が職務怠慢で起訴され、アメリカ政府は企業倫理の欠如を理由にBPに対する新規油田開発の禁止などの措置を発表した。

トニー・ヘイワードの例は、集中の欠如がリーダーにとっていかに大きな損失をもたらすかの典型だ。「人々の反応を予期するには、人々の自分に対する反応が読めなくてはなりません」と、スペンサーは言う。「そのためには、自己認識と共感を強化する努力をつねにくりかえすしかありません。努力するうちに、自分が他者にどういう印象を与えているかがわかるようになります」

高い自己認識があれば自己管理能力も向上するし、「自己管理能力が向上すれば他人に対する影響力も高まります」と、スペンサーは言う。原油流出事故の際のヘイワードは、このうちのどの能力も発揮できず、自分が周囲に与える影響を管理することもできなかった。

自己認識、自己管理、そして影響力を発揮するには、さまざまな注意を使いこなす能力が必要だ。それができないリーダーは、自分にも組織にも損害をもたらす。

第20章
優れたリーダーの条件とは

昔、わたしがハーバードの大学院で学んでいたころ、デイヴィッド・マクレランドは心理学の有力誌《アメリカン・サイコロジー》にある論文を投稿して、ちょっとした嵐をひき起こした。マクレランドは、当時神聖視されていた「学業成績が優秀な生徒は社会に出てからも成功する」という説に疑問を投げかけたのだ。

マクレランドは研究の中で、たしかに高校の学業成績からその後の職業をかなり確実に予測することはできる、と認めた。職業に就くところまでは、学業成績から予測できる部分が大きい。学業成績（ＩＱとほぼ比例する）は、その生徒がどの程度まで認知的に複雑な課題に対応できるかを示し、したがってどの種の職業に向いているかを示す。たとえば、専門家や企業の重役になるには、ＩＱ一一五程度は必要だ。

しかし、いったん就職して自分と同程度の知能指数を持つ集団にはいったあとは、認知能力が高いだけでは他人より秀でた成績をあげることはできない（とくにリーダーとしては）、という事実は、ほとんど議論されていなかった。

マクレランドは、いったん職業に就いたあとは、学業成績よりも自制、共感、説得などの能力のほうが成功をおさめるうえではるかに重要である、と主張した。そして、特定の業種で成功するために必要な能力を体系的にまとめた。それらはコンピテンシー・モデルとして、いまでは世界の一流組織においてあたりまえの知識となっている。

マクレランドが発表した「インテリジェンスよりもコンピテンスを測るテストを」と題する論文は、日常的に従業員の査定や昇進の決定をおこなったり、リーダーの成果を評価したり、人材教育の内容を検討している人々からは、広く賛同を得た。こうした人々は、学業成績や卒業校の名声は実際に仕事ができるか否かとはほとんど関係がない、ということを知っていたのである。

ある大手銀行の頭取だった人物から、「わが社では最も優秀な人間ばかりを採用していたにもかかわらず、業務成績をグラフにするとベル・カーブになるので、どういうわけなのだろうと思っていました」という言葉を聞いたことがある。マクレランドが提唱した理論が、その答えだ。

学者のあいだでは、マクレランドの論文に対する反論も少なくなかった。学者の中には、学業において高い成績をおさめた人間が職場においてなぜ同様の成績をおさめられないのか、理解できない者もいたのだ(職業が大学教授ならば、話は別だろうが)。(注1)

マクレランド論文から数十年を経た現在、コンピテンシー・モデルが明解な説明となっている。傑出したリーダーに必要な素質として、共感のような非学業的能力が純粋な認知的能力よりも重要な場合が多い、ということだ。[注2] ヘイ・グループの研究によれば、八項目以上の非認知的コンピテンシーにおいて秀でているリーダーは、非常に精力的で生産的な組織風土を作れていたという。[注3]

しかし、この研究をおこなったイヴォンヌ・セル（イギリスにおけるヘイ・グループのリーダーシップ人材部門責任者）によれば、こうしたリーダーは非常に少なく、企業役員の中でこのレベルに達しているのは一八パーセントしかいない。リーダーの四分の三はこうしたスキルを三項目以下しか持っておらず、無関心で無気力な組織風土を作り上げてしまっているという。無能なリーダーシップは多くの企業に蔓延し、リーダーの半数以上が「ロー・インパクト」リーダーに分類されるという。[注4]

ほかの研究でも、ソフトスキルについて厳しい結果が出ている。アクセンチュアが一〇〇人のCEOに企業をうまく経営するためのスキルについてインタビューしたところ、グローバル思考や士気を高める共通ビジョンから、変化を歓迎する姿勢、テクノロジーの知識まで、一四の能力が列挙された。[注5] 一人の人物がそのすべてを持ち合わせることは不可能だ。しかし、一つの「メタ」能力の重要性が明らかになった。それは自己認識である。自分の長所や短所を把握したうえで自分の能力を補ってくれるチームを作り上げるためには、自己認識が必要なのである。

とはいえ、自己認識は、組織が優秀な人材の長所を分析して作成するコンピテンシー・リストにはなかなか登場しない能力だ。(注6) 集中力の中でもこの微妙な能力は把握しにくいかもしれないが、自己認識は忍耐力、回復力、目標達成意欲など高度な認知制御の土台である。

共感能力は、単純な傾聴能力から組織における影響力の予測に至るまで、さまざまな形でリーダーのコンピテンシー研究において取り上げられる。優秀なリーダーのコンピテンシーの多くは、この共感能力を基礎とする目に見えやすいカテゴリーにはいる。すなわち、影響力や説得力、チームワークや協力などの対人関係能力である。しかし、これらの目に見えやすいリーダーシップ能力の基礎となるのは共感能力だけでなく、自己管理能力や自分の行動が他者にどう影響するかを感知する能力もかかわってくる。

システム理解を可能にする集中力は、組織によって、あるいはコンピテンシー・モデルによって、全体像把握、パターン認識、システム思考など、さまざまな名称で言及されている。この能力に含まれるのは、複雑なシステムの動きを予見して、ある時点における決定が将来的にどのような影響を生むかを見通す能力、あるいは、きょうの行動が数週間後、数カ月後、数年後、数十年後にどのような意味を持つようになるかを感知する能力である。

リーダーは、三種類の集中力を兼ね備えるだけでは十分ではない。重要なのはバランスを取ること、然るべき場面で然るべき集中力を発揮すること、である。集中力に優れたリーダーは、それぞれの集中から得られるデータのバランスを取り、それらを縒《よ》り合わせて行動に移す。注意のデータとEQやパフォーマンスのデータを統合することによって、この三つの集中力は傑出したリーダーの真の実力となる。

集中力の正しいバランス

ある集団において「リーダーは誰ですか?」と質問してみると、メンバーは然るべき肩書を持つ人の名をあげるだろう。

それでは、「この集団で最も影響力のある人は誰ですか?」と質問してみよう。答えからは、どの人物が実質的なリーダーであり、その集団が実際にどのように動いているかがわかるだろう。

こうした実質的リーダーは、集団の他のメンバーに比べて自己認識に優れており、自分の能力に対する自己評価と他者による評価の落差が最も小さい。(注7)この調査研究をおこなったニューハンプシャー大学の心理学者ヴァネッサ・ドラスカットは、「実質的リーダーはその場その場で現れることが多く、次々に交代します。わたしたちの調査では、『実質的なリーダーの役割を果たしている場面が最も多いのは誰ですか?』という形で質問しました」と述べている。

その実質的リーダーが共感能力に優れ、しかも他の能力もバランスが取れている場合、そのチームのパフォーマンスが高くなる傾向があることが研究によって明らかになった。「リーダーの共感能力が低くて、達成欲求が高いと、目標しか見ようとしないリーダーのもとでチームのパフォーマンスが落ちます。でも、重要なのは、共感能力は高くても、リーダーの自制能力が低ければ、やはり、パフォーマンスは落ちる、という点です。共感ばかり高すぎると、他者の不適切な行為を修正させることができないのです」と、ドラスカットは言う。

ある銀行の役員は、こんな話をしてくれた。「わたしは金融業界にいますが、職場で『共感』という言葉をそのまま使ったことはありません。大事なのは、共感を戦略と結びつけることです。従業員満足度とか、顧客満足度とか。共感能力は、ライバルに差をつけるポイントです。傾聴が大切なのです」

そういう声は、この銀行役員だけではない。メイヨー・クリニックやクリーヴランド・クリニックのような世界的に卓越した病院の経営者たちからも、同様のメッセージを聞いた。世界有数の資産運用会社のCEOは、自分の会社にはビジネススクールの卒業生の中でも超一流の学生たちが就職試験を受けにくる、みな巨額の報酬にひかれて応募してくるのだ、と話してくれた。しかし、会社が求めているのは「一生働いて築いた財産をわが社に託してくださる未亡人や、引退した元消防士さんのためを思って働ける」人たちなのだと、そのCEOは嘆いていた。言い換えるならば、お金を預けてくれる人たちの人間性まで含めて思いやる共感能力が必要なのである。

ただし、人間だけしか見ない集中では、不十分だ。たとえば、フォークリフトの運転手からたたき上げで昇進し、世界的メーカーのアジア生産部門担当責任者にまで出世した男性の例を紹介しよう。高い地位に就いたあとも、この男性は生産現場で労働者と言葉を交わすときがいちばん心の落ち着く時間だった。戦略を考えなければいけないとわかっていながらも、この重役は「人付き合い」のほうに時間を割いた。

「この重役は、他者への集中と外界への集中のバランスが取れなかった例です」と、スプライアは言う。「集中の仕方が間違っていたため、優れた戦略を打ち出すことができなかった。戦略を立てるのは、あまり好きではなかったようです。頭ではわかっていても、気持ちがはいらなかったのです」

目標達成のための集中と他者の反応を感知する集中とのバランスを取るのは、神経学的には難しいことかもしれない。わたしの古くからの同僚リチャード・ボヤツィスが、ケース・ウエスタン・リザーヴ大学における研究の成果を教えてくれた。それによると、目標に集中するときに使う神経回路と人間関係を観察するときに使う神経回路は別なのだという。「その二つの神経回路は、お互いに抑制しあうのです」と、ボヤツィスは言う。「優秀なリーダーは、数秒のうちに二つの回路を行ったり来たりしています」

言うまでもなく、企業にとって、より高い成果を求めるリーダーは必要な存在だ。しかし、長い目で見れば、頭ごなしに命令するリーダーや自分で課題を処理してしまうリーダーよりも、他者への集中を発揮して自他ともに成功できるよう援助してやる意欲を持つリーダーのほうが、より健全な成果を達成することができる。

そういうリーダーは、たとえば、現時点で必要な能力が足りない部下に対しては、能力が身につくよう手を差し伸べようとする。こういうリーダーは、部下に対して指導や助言をする時間を作る。実際の場面では、優れたリーダーは次のような行動を取る。

●内なる声を聞き、全体的な方向を示す本物のビジョンを明快に伝えて他者の奮起を促すと同時に、はっきりとした期待値も設定する。
●部下の人生、キャリア、現在の職務に対する要望に耳を傾け、それにもとづいてコーチングをおこなう。部下たちの気持ちやニーズに注意を払い、心遣いを見せる。
●助言や専門の意見に耳を傾ける。協力を惜しまず、場合によっては合意にもとづいて決断を下す。
●部下たちとともに勝利を祝い、笑いあう。部下たちとの交歓は時間の無駄ではなく、感情面での資本を積み増す行為だと考える。

これらのリーダーシップ・スタイルを同時に、あるいは場面に応じて使うことによって、リーダーは自己への集中、他者への集中、外界への集中を拡大することができる。そのようにして集中の幅が広がり、理解が広がり、柔軟な対応ができるようになれば、リーダーシップの向上につながる。リーダーシップ・スタイルについてマクレランド研究所がおこなった調査によれば、こうしたリーダーシップ・スタイルを取り入れる優秀なリーダーが増えているという。リーダーシップ・スタイルのレパートリーが広ければ広いほど、組織の雰囲気が活性化され、成果もあがる。(注8)

優秀なリーダーが持つ情動の「絞り」

ある健康関連企業の経営者が、新しい事業を展開するにあたって、四〇人あまりの経営幹部の評価をおこなうことになった。会議で幹部が一人ずつ立ち上がり問題提起をする場面で、この経営者は、発言者以外の人間が発言者にどのくらい注意を払っているかを観察した。ある経営幹部が発言したときには全員が注目して熱心に発言を聞いていたのに、他の発言者の発言中には皆の視線が下を向いてテーブルを見つめていた。聞き手の注意を引きつけることができていない証拠だ。

情動の「絞り」、すなわち集団におけるこのような微細な合図を感知する能力は、カメラレンズの「絞り」と似たところがある。教室であれ、職場であれ、ズームインして一人の人間の気持ちに注目したり、ズームアウトして集団全体を視野におさめたりするのである。

リーダーにとっては、「絞り」は提案に対する支持や反感をより正確に読み取るうえで必要な能力であり、リーダーとしての指導性を発揮できるか否かを左右する能力だ。(注9)

グループレベルで声の調子や表情などに気づけば、グループ内の何人が恐れや怒りを感じているか、何人が希望や積極性を抱いているか、軽蔑や無関心に陥っているか、などが読み取れる。こうした合図を読み取れれば、本人たちに面と向かって気持ちを尋ねたりするよりも手っ取り早く、正確な推測が可能になる。

職場では、集団全体としての感情（いわゆる組織風土）が、顧客サービス、欠勤、業績全般に大きな違いをもたらす。

集団の感情について、より微妙な機微（不安、希望など感情全般）を感じ取ることのできるリーダーは、不安を希望へ、軽蔑を積極性へと変える決断ができやすい。

そうした広角レンズ的な見方を難しくしている要因の一つは、職場では感情にとらわれるべきではない、という暗黙の了解だ。こうした思い込みは西洋の職業倫理に根ざすものだ、という見方もある。西洋の職業倫理においては、仕事を道徳的義務とみなし、そうした場においては人間関係や感情を抑圧すべきである、と考える。したがって、人間的な面に注意を向けることは仕事の効率を妨げると考えるわけである。

しかし、ここ数十年のあいだに組織を対象におこなわれた調査の結果、これは誤った考え方であり、優秀なチームのメンバーやリーダーは視野を広くして情動に関係する情報を集め、チームメイトや従業員の情動的ニーズに対処している例が数多く見られた。

情動の「森」に目が行くか、一本の「木」に注目するかが、情動の絞りを決定する。たとえば、被験者に視線追跡装置をつけたうえで、一人が笑っていて周囲の全員が怒った顔をしているイラストを見せると、大多数の被験者は笑っている顔だけに注意を向け、他の顔を無視した。(注10)

どうやら、人間は（少なくとも心理学におけるこうした研究で被験者になりやすい西洋の大学生のあいだには）より大きな集団のほうを無視する偏向があるようだ。これとは対照的に、東アジアの社会においては、集団の広範なパターンに着目する傾向がより自然に見られる。リーダーシップ論の権威ウォレン・ベニスは、あらゆる状況に対して研ぎすまされた注意力を傾注し、その場で起こっていることがらにつねに（ときには周囲を巻き込むほどの）強い関心を抱く人のことを「第一級の観察者」と表現している。傾聴能力に優れた人も、第一級の観察者の一例である。

観察眼を曇らせる精神的マンネリを二つあげるとすれば、何らかの前提を頭から信じ込んでしまっていること、そして、経験則に頼りすぎること、である。変化しつつある現実に照らし合わせ、つねに問い直す姿勢が大切だ。一つの方法としては、ハーバード大学の心理学者エレン・ランガーが「周囲に対するマインドフルネス」と呼んだ行為、すなわち、つねに質問し耳を傾ける心がけ、探究や精査や熟考によって他者の識見や視点を収集する心がけがある。こうして積極的に周囲とかかわることによって、より意味のある質問が可能となり、よりよい学習が可能となり、来るべき変化に対してより敏感に身構えることができる。

システム脳はリーダーに向くか

官僚の業績を評価した研究において、革新的で優れたリーダーであると評価されたある行政官の例を見てみよう。(注11)

この人物は、最初、海軍にはいり、艦船の無線室に配属された。彼はすぐに無線のシステムをマスターした。「わたしは艦船内の誰よりも無線のことを知り尽くしていました。何か問題があると、皆がわたしを頼ってくるようになりました。しかし、わたしは、昇進するためには艦船全体のことを知らなければならない、と考えました」

そこで、この人物は、艦船の各部分がどのように連繫しあって動いているか、それぞれが無線室とどのようにつながっているかを学ぶことにした。のちに、民間人として海軍から大きな仕事を任される立場になったとき、この人物は「無線室の仕組みをマスターしたときや、そのあと艦船の仕組みを学んだときと同じように、こんどは海軍がどう機能しているかを学ぶ必要があると気づきました」と言った。

生まれつきシステム思考が得意な人もいるが、大多数のリーダーは(右で紹介した官僚のように)努力してシステム思考を身につける。ただし、システム認識があっても、自己認識と共感能力がなければ、優れたリーダーにはなれない。三つのバランスが大切なのだ。

ここで、ラリー・サマーズのパラドックスを考えてみよう。サマーズが天才的IQの持ち主でシステム思考に優れていることは、疑いがない。なんと言っても、史上まれに見る若さでハーバード大学の教授となった人物である。しかし、のちに、サマーズは「女性には科学の才能がない」など無神経な失言をくりかえし、ハーバード大学学長の座を追われることになった。サマーズは、オックスフォード大学のサイモン・バロン＝コーエンが、システム分析には優れているが共感や社会的文脈への感性に欠ける極端な脳の持ち主と分類したタイプにあてはまるように見える。(注12)

バロン＝コーエンの研究によると、システム分析能力が優れているのに、他者が感じていることや考えていることがわからず社会的状況が読めない人々が、少数ではあるが無視できない割合で存在するという。そうした理由から、システム理解に優れた人材は組織にとって貴重な存在である半面、EQが欠けていれば必ずしも組織のリーダーとしては適任でない場合もある。

ある銀行の役員は、その銀行ではこのような傾向の才能を持った人材には別の独立した昇進コースを設定して、リーダーとして育成するよりもシステム分析の能力だけを評価して昇進・昇給させるようにしている、と語ってくれた。そうすれば、銀行は有能な人材を雇用し昇進させることができ、一方で別の人材をリーダーとして育成できる。リーダーは、必要に応じてシステム分析専門家の意見を仰げばいいのだ。

優秀なチームの集中力とは

ある国際組織では、チームワークを含む対人スキルをまったく無視して、もっぱら専門能力だけで人材を採用していた。案の定、メンバー一〇〇人のチームは崩壊し、人間関係のいざこざが多発し、仕事がつねに遅れた。

「チームのリーダーは、メンバーの誰とも一度もじっくり話しあう機会を作れていませんでした」と、問題解決のために招致されたリーダーシップ・コーチが話してくれた。「リーダーには、心を開いて話せる友人が一人もいませんでした。リーダーにじっくり考えてもらう時間を作るために、わたしはまず彼の夢から話を始め、次に彼の問題点を話しあいました。一歩引いてチームの現状をふりかえってみたとき、彼は自分がすべてを一つの小さなレンズ（皆がいかに自分を失望させてばかりいるか、という視点）を通してしか見ていなかったことに気づきました。彼は、なぜ皆がそんなふうに行動するのか考えてみたことがありませんでした。他人の立場に立つこと、チームのメンバーの視点からものを見ることが、彼にはできていなかったのです」

そのチームリーダーは、メンバーの欠点ばかりを見ていた。誰がどのような失敗をしたかということばかり考え、メンバーが自分の足を引っ張ることに腹を立てていた。メンバーの欠点はいくらでも目についた。

しかし、いったんチームメンバーの視点に立って問題点を見直せるようになってみると、トラブルの原因が違って見えてきた。リーダーは、チームメンバーの多くが憤懣《ふんまん》を抱いていることに気づいた。理論優先の基礎科学者たちは実利的で現実的な技術者を軽蔑し、技術者たちは机上の空論ばかり並べる研究者を軽蔑していた。

もう一つの不和の原因は、国籍を背景とするものだった。巨大なチームは国連のようなもので、各国からの出身者が集まっており、中には紛争当事国も少なくなく、それが個人の人間関係にまで緊張を及ぼしていた。

表向きには、そのような対立は存在しないことになっていたので、それを口に出すこともできなかった。しかし、実際には、チームのリーダーはそうした対立を忌憚なく話しあってみる必要があると感じていた。「そこで、リーダーはそこから手をつけたのです」と、コーチは話してくれた。

ヴァネッサ・ドラスカットによると、優秀なチームは、くすぶる不和を表面化させて沸騰する前に処理するなど、集団の自己認識を高める努力をしている。

チーム内の感情に対処する一つの方法は、人々が抱いている気持ちを口に出せる時間と場所を設けることだ。ドラスカットがスティーヴン・ウォルフと協同でおこなった研究によると、このような努力をしているチームはきわめて少なかった。「でも、チームでこういう努力をすれば、たいへん有益です」と、ドラスカットは言う。

「ノース・カロライナ州であるチームをコーチしたときのことですが、そのチームでは、感情的な問題を話しあう必要があるときには大きな陶器製のゾウを使うことにしました」と、ドラスカットが話してくれた。「その職場では、誰でも、いつでも、その陶器製のゾウを持ち上げて『このゾウの前で聞いてもらいたいことがあります』と言えば懸案を話題にすることができる、という決まりを作りました。すると、すぐに、一人の男性がゾウを持ち上げたのです。その男性は、自分はめちゃくちゃ忙しい思いをしているのに、チームの他のメンバーはそのことに気づかなくて、自分に時間のかかる仕事を押しつけてくる、と発言しました。『いま、すごく忙しい時期なんだ。それをわかってもらいたい』と、その男性は発言しました。同僚たちは、ちっとも気づかなかった、なぜ最近こんなに無愛想なのだろうと思っていた、と発言しました。中には、個人的な当てつけかと思っていた、と言った人もいました。そのあと、次から次へと発言が続き、みなが胸につかえていた感情を吐き出しました。一時間たらずで、チームの雰囲気はすっかり変わりました」

「集団が知性を発揮するには、二つのことが必要です。マインドフル・プレゼンスと安心感です」と、ＧＥＩパートナーズ代表スティーヴン・ウォルフは言う。(注13)「ここは安全な場所だ、という共通認識が必要なのです。もし間違ったことを言ったら経歴に汚点が残る、などと感じるようではダメです。思っていることを自由に口に出せる雰囲気が必要なのです」

「マインドフル・プレゼンスとは、現状を認識して、それを掘り下げてみようとする意識です。おかげで、わたしは否定的な感情もありがたいと思えるようになりました。たしかに楽しいものではありませんが、否定的な感情は、ちゃんと向き合えば、最後に成果をもたらしてくれます。否定的な感情を抱いたら、そこで立ち止まって『これは何だ？』と自問するのです。すると、感情の背後にある問題を理解できるようになり、自分の胸の中にあるものをチームの仲間の前に見せることができるようになります。ただし、そのためには、グループが安心できる環境、感じていることを率直に口に出せる雰囲気でなくてはなりません」

こうして集団で自己認識を高めていけば、感情の行き違いを解消することができる。「われわれの調査によれば、それは成績優秀なチームを表す一つの特徴です。優秀なチームは、メンバーの否定的な感情を口に出し、話しあいやすい雰囲気を持っています」と、ウォルフは付け加える。

優秀な個人と同じく、優秀なチームも三つの集中に優れている。チームの場合、自己認識とはメンバーのニーズに注意を払うこと、問題を表面化させること、そして陶器のゾウのように有効な決まりを意識的にもうけること、である。毎日、会議を始める前にメンバー一人ひとりにその日の調子を尋ねるチームもある。

チームの共感能力とは、メンバー間の感受性だけでなく、チームがかかわる他の人々や集団の視点や感情をも理解すること、すなわちグループレベルの共感能力である。

優秀なチームは、組織のダイナミクスもきちんと読み取れる。ドラスカットとウォルフの研究によれば、この種のシステム認識能力はチームの優秀なパフォーマンスと強い相関性があるという。

チームの集中とは、より大きな組織の中で誰を援助すべきか、そしてチームが目標を達成するためにはどこから資源と注意を得るか、という形で表現される。あるいは、チームの能力に影響を与えうるメンバーの関心がどこにあるのかを知ること、チームの関心が組織のより大きな戦略や目標に合致するものであるかどうかを自問するということだ。

優秀なチームは、集団としての自らの機能を定期的に熟考し、必要な変化を実現することもできる。集団の自己認識を高める努力によって、集団内からの率直なフィードバックが可能になり、それによって「とくに初期段階において集団の効率が高まるのです」と、ドラスカットは言う。

優秀なチームは、前向きな雰囲気も作り出す。楽しい雰囲気は、チームがフロー状態を共有できていることを示す徴候だ。イノベーション・コンサルタント企業アイディオのCEOティム・ブラウンは、これを「本気の遊び」と呼ぶ。「遊びは信頼と同じ、人々がリスクを冒せるスペースなのです。リスクを冒すことによってしか、貴重な新しいアイデアにたどりつくことはできません」

第 VII 部

より大きな視野を

Part VII
The Big Picture

第21章

遠い未来を考えられるリーダー

わたしの叔父である故アルヴィン・ワインバーグは核物理学者で、しばしば学会の良心として行動した。叔父は二五年間にわたってオークリッジ国立研究所に勤めたあと、所長を解任された。原子炉の危険性や核廃棄物の問題に声をあげつづけたからである。叔父はまた、原子爆弾の製造原料になりうるタイプの核燃料の使用にも反対をとなえた。(注1)その後、エネルギー分析研究所を創立し、アメリカの代替エネルギー研究開発の先駆者となった。二酸化炭素や地球温暖化の脅威について警告した最初の科学者たちの一人でもあった。

叔父は、営利目的の企業が原子力発電所を経営することに対する懸念をわたしに漏らしたことがあった。利益追求のために安全対策がおろそかになるのではないか、と。まさに、日本の福島原発事故を予言するような話だった。(注2)

叔父がとくに案じていたのは、原子力エネルギー業界が放射性核廃棄物の処理問題を解決できていないという点だった。叔父は業界に対して、核廃棄物の放射性がなくなるまで責任を持てる解決策が必要である、たとえば何世紀にも何十世紀にもわたって核廃棄物を保管し人々に害が及ばないようにするための専門施設を建設するというような対策を講じる必要がある、と進言していた(注3)。

長い先を見据えた決断をするためには、われわれの今日の行動が一〇〇年先に、あるいは五〇〇年先に、あるいは孫たちの孫たちのそのまた孫たちの世代にどのような影響を及ぼすか、ということを問わなければならない。

そのような遠い未来においては、われわれの今日における行動の詳細は記憶から薄れてしまっているかもしれない。それよりもっと長期にわたって組織そのものが消滅したあとも影響力を残すことができるのは、規範であり、組織原理である。

シンクタンク、企業、行政組織の中にも、未来のシナリオを深く考えている機関はある。アメリカ国家情報会議が発表した二〇二五年の情勢予想を紹介しておこう(注4)。

● 人間の活動が環境に及ぼすインパクトが原因となって、農地など資源の不足が起こるだろう。

● エネルギー、食糧、水に対する経済需要が当面供給可能な資源を上回るだろう。水資源の不足は急迫している。

● こうした動向は人類の生活、経済、政治システムに衝撃と崩壊をもたらすだろう。

この予想が提出されたとき、アメリカ連邦政府はこれを無視した。長期的視点にもとづいた対策を担当する部署は、アメリカ政府内には一つも存在しない。政治家は目先のこと（とくに再選されること）しか見ておらず、未来の世代を守るためにいま何をしなくてはならないかということにはほとんど関心がない。多くの政治家にとって、自分の地位を守ることのほうが地球や貧困層を守ることよりも大切なのである。

だが、問題は政治家だけではない。わたしたちの大多数は、手近な解決策のほうを好む。認知心理学の研究によれば、人間はあらゆる種類の決断において「いま」を優先したがるのだという。「いま、パイ・アラモードを食べて、あとでダイエットしよう」というように。

目標についても、同じことが言える。「われわれは現在のこと、いま成功するために必要なことに目が向いてしまいます」と、コロンビア大学の認知科学者エルク・ウェーバーが言う。「しかし、これは遠い先を見通した目標を立てるには不都合です。遠い先のことは、頭の中では現在と同じだけの優先順位を与えられていません。まず目の前のニーズに対処することが先で、将来のことはあとまわしにされてしまうのです」

二〇〇三年、ニューヨークのマイケル・ブルームバーグ市長は、バーでの喫煙禁止を宣言した。市長の決断に対して、強烈な反対の声があがった。バーの経営者は、これでは仕事にならないと苦情を呈した。喫煙者たちも大反対した。しかし、市長は、いまは気に食わないかもしれないが二〇年後にはわたしに感謝することになるだろう、と言った。

世論が好転するのに、どのくらいの時間がかかるものだろうか？　エルク・ウェーバーは、次のように答えている。「当初不人気であった現状変更が新たな現状として受け入れられるのにどのくらいかかるか、ケーススタディをおこなったところ、データからは六ないし九カ月かかるという結果が出ました」

ブルームバーグ市長の禁煙命令はどうなったのだろう？　「しばらくたつと、喫煙者でさえ市長の決断を支持するようになりました」と、ウェーバーは付け加えた。「他の喫煙者たちとバーの外でたむろするのも悪くない、と。そして、バーがタバコ臭くなくなったことは、誰からも好評でした」

もう一つ別のケーススタディを紹介しよう。カナダのブリティッシュ・コロンビア州政府が炭素の排出に「炭素税」を課す決定をした。これは税収中立で、炭素税として徴収された税額が州民に分配される仕組みになっていた。当初、新しい課税に対しては大きな反対があったが、しばらくすると、州民は税金の還付を歓迎するようになり、一五カ月後には炭素税は州民の支持を得るに至った。(注5)

「政治家は、住民の福祉に責任があります」と、ウェーバーは言う。「今日の難しい決断がのちに人々から感謝されることを、政治家は知るべきです。ティーンエージャーを育てるのと同じですね。いまは感謝されなくても、長い目で見れば甲斐がある、ということです」

システムを再構築するには

ハリケーン・サンディによってニューヨーク市が広範な被害を受けた直後、わたしはグリーン・コミュニティ運動の創始者ジョナサン・F・P・ローズと話をした。ローズは都市をシステムとして評価する著書を執筆中だった。（注6）「われわれは、いま、気候変動は対処を必要とする深刻な長期的問題であるという考え方に関して転換点にいます」と、ローズは言った。「ハリケーン・サンディが最もひどい被害を及ぼしたのは、ウォール・ストリート地域でした。いまでは、あのあたりで地球温暖化を否定する声はありません。ウォール・ストリートでは、四半期先というのは長い長い先のことです。でも、ハリケーン・サンディのおかげで、連中ももっと長い目で先のことを考えるようになったのかもしれません」

ローズは、さらに、こう続けた。「たとえ、いまの時点で温室効果ガスの排出を削減したとしても、地球温暖化にストップがかかるのは少なくとも三〇〇年先か、もっと先のことでしょう。われわれの認知能力には現在のニーズをかなえようとする強いバイアスがかかっていて、遠い将来のことを考えるのは苦手なのです。それでも、少なくとも、自分たちが人類と自然界のシステムをどれほど深刻な危険にさらしているかは認識しはじめたようです。われわれにいま必要なのは、リーダーシップです。優秀なリーダーは、システム理解にもとづく長期的な視野を持たなくてはなりません」

たとえば、ビジネスを例に考えてみよう。遠い未来に向けてビジネスを構築しなおすためには、株主から従業員、顧客、周囲のコミュニティまで、すべての利害関係者が支持する共通の価値観を見つけることが必要になる。これを「意識の高い資本主義」と呼ぶ人もいる。四半期の目標達成だけでなく、あらゆる利害関係者の恩恵を考える経営である。こうした広い視野を持つホールフーズ・マーケットやザッポスなどの企業は、実際、利益のみを追求するライバル社よりもよい財務成績をあげている。(注7)

リーダーがそうした共通の価値観を効果的に表明するためには、まず自らの内に視線を向け、真摯な指針を見つけなければならない。空虚なミッション・ステートメントをいくら表明しても、企業の行動には何ひとつ結びつかない。

大企業のリーダーでさえ、十分に長い先を見なければ、長期的結果を見落とすことになりかねない。真に優秀なリーダーであるためには、数十年先まで見越すと同時に、システム理解の精度を高める必要がある。さらに、そうしたリーダーシップのもとで、システムそのものを作り替えていく必要がある。

そこで思い浮かぶのが、ユニリーバのCEOポール・ポルマンだ。スイスで開かれたダボス会議でポルマンとわたしはともにパネリストをつとめたのだが、その席で、ポルマンは、ユニリーバは二〇二〇年までに社の環境フットプリントを半減させる目標を採択した、と発表して周囲を驚かせた（この発言は二〇一〇年だったので、この時点で一〇年の時間的猶予があったことになる）。それはすばらしい話ではあるが、いささか食傷気味の話でもあった。地球温暖

化対策としてそのような目標を表明する有名企業は少なかったからだ。(注8)
しかし、それに続いてポルマンが口にした言葉には、ほんとうに驚いた。ユニリーバは農産物原材料を小規模農家から仕入れることとし、世界各国の五〇万の小規模農家と契約を結ぶことにする、と発表したのである。(注9) 契約農家の大多数は茶の栽培農家だったが、他にもココア、パームオイル、バニラ、ココナッツシュガーなど、さまざまな野菜や果物の栽培農家が含まれていた。地域的には、アフリカ、東南アジア、ラテンアメリカのほか、インドネシアや中国やインドの農家も含まれていた。
ユニリーバはこうした小規模農家をサプライチェーンに組み込むだけでなく、レインフォレスト・アライアンスなどのグループと協力して、農家の栽培効率を高めグローバル市場で信頼できる原材料供給源となるよう援助していく方針も発表した。(注10)
ユニリーバにとっては、仕入れ先の多様化は、食物の安全保障が将来問題となりうる不安定な世界において、リスクを低減するメリットがある。農家にとっては、収入の増加とより確かな未来というメリットがある。
このようなサプライチェーンの再構築は、世界各地の農業コミュニティの収入増から健康や教育の増進までさまざまなメリットがある、とポルマンは指摘した。小規模農家への支援は、経済発展を促し農村の貧困を減らすうえで最も効果的な方策であると世界銀行は指摘している。(注11)

「新興市場においては、低所得者の四人に三人が直接的間接的に農業で生計を立てています」と、ユニリーバの小規模農家調達計画責任者シェリー・タンが言う。世界じゅうの農業人口の八五パーセントは小規模農家なので、「これはたいへん有望な計画なのです」と、タンは付け加えた。

　企業を単なる金儲けの手段としか見なければ、企業で働く人々、企業のおかれたコミュニティ、企業の顧客や得意先、そして社会全体とのつながりを無視することになる。より大きな視野を持つリーダーは、こうした関係にも集中を向けるものだ。

　利益をあげることはもちろん大切だが、広い視野を持つリーダーはどのように利益をあげるかにも注意を払うので、おのずから選択の仕方も違ってくる。優秀なリーダーの決断は、単純な損得勘定にもとづくものではなく、経済の論理を超えたレベルにある。優秀なリーダーは、財務収益と公共の利益とのバランスを考える。[注12]

　その意味で、よい決断とは、現在のニーズだけでなく、未来の世代も含む広範な人々のニーズを考慮に入れたものでなくてはならない。優秀なリーダーは、あらゆる人々の労働に意味と一貫性を持たせる大局的な共通目標を語りかけ、人々に仕事の充実感を与え、意欲を高め、正しい針路を示す共通の価値観を提示することができる。

　社会的ニーズに集中すること自体、事業の新機軸につながる可能性を持っている。ある世界的な消費財メーカーのインド部門の責任者は、村の床屋が錆びたカミソリを使うせいで男たち

が血だらけになっているのを見て、村人たちが買えるくらい安い価格のカミソリを新しく考案した。(注13)

そのようなプロジェクトは、仕事にやりがいや熱意を抱くことのできる組織風土を生み出す。安価なカミソリを開発したチームのメンバーにとっては、労働は「グッドワーク」となり、熱意を注ぐに足る仕事、優秀な能力を発揮できる仕事、意義のある仕事となったことだろう。

視野の広いリーダーとは

ベン&ジェリーズ・アイスクリームのケースを見てみよう。人気フレーバーの一つ「チョコレート・ファッジ・ブラウニー」は、アイスクリームにブラウニーを混ぜて作る。ベン&ジェリーズ社は大量のブラウニーをグレイストン・ベーカリーから仕入れている。グレイストン・ベーカリーはブロンクスの貧困地区に工場があり、就業困難者に職業訓練を施して雇用している。中には子持ちのホームレスだった人もいるが、いまでは一家で工場の近くの安い賃貸住宅に住んでいる。グレイストン・ベーカリーのモットーは、「ブラウニーを焼くために雇用するのではなく、雇用するためにブラウニーを焼く」である。

難題を解決するには、このように既成概念にとらわれない考え方が必要だ。しかし、真の解決には、どのような場合にも、隠れた要素がある。それは、自分自身と、他者と、コミュニティや社会に対する注意と理解を高める、ということだ。

リーダーとは、人々を共通の目標に向けて導いていく存在だ。その意味において、リーダーは、どこにでも存在する。家族の中でも、ソーシャル・メディアにおいても、組織や社会においても、われわれは何らかの意味において全員がリーダーなのである。

ふつうのリーダーは、既成のシステムの範囲内で、単一グループの利益のために既定のミッションを実行し、目の前の問題に取り組む。一方、優秀なリーダーはミッションを定義し、多層的に行動し、より大きな問題に挑む。優秀なリーダーは既成のシステムに妥協することなく、目標を見定め、システムをよりよいものに変え、最大限の福利のために働く。

さらに優秀な、たぐいまれなリーダーは、単なる有能さを超えた叡智を備え、特定の政治的集団やビジネスのためではなく、社会そのもののために指導力を発揮する。こうしたリーダーははるか遠い先のことまで考えることができ、単一の集団ではなく人類全体の幸福を視野にとらえて、人間を「自分たちと他者たち」ではなく「われわれ」と見ることができる。そして、あとに続く世代に遺産を残し、一世紀後も、もっとあとにも、人々の記憶に残る。たとえば、ジェファソン、リンカーン。ガンジーやマンデラ。あるいは仏陀やイエス・キリスト。

今日の混乱の一つは、人間中心主義のパラドックスがもたらしたものだ。人間が作り出したシステムが生命を支える地球のシステムに影響を及ぼし、スローモーションでシステム・クラッシュに向かっているように見える。解決策を見つけるには、人間中心主義にもとづいてシステム・ダイナミクスのレバレッジ・ポイントを理解し、よりよい未来に向けてコースをリセットすることが必要だ。今日のリーダーが直面するさまざまな難題は、これによってさらに複雑化し、リーダーの荷はますます重くなる。

たとえば、健康面や環境面において、世界の最富裕層がもたらすインパクトは最貧困層に対して不当な苦痛を与えている。このような経済システムは、経済成長だけでなく人間のニーズも考慮に入れたうえで構築しなおす必要がある。

世界で最も豊かで権力を持つ人々と最も貧しい人々の格差は、広がっている。富裕層は力を持っているが、まさにその立場ゆえに、貧しい人々の現状が見えず、貧しい人々の苦しみに無関心のままでいるおそれがある。では、権力を持つ者に向かって真実を伝えることができるのは、誰だろうか？

「文明は、権力に最も近い者に対する待遇によってではなく、人種であれ、宗教であれ、性別であれ、貧富であれ、階級であれ、権力から最も遠い者をどう遇するかによって評価されるべきである」と、ラリー・ブリリアントは言う。「偉大な文明は、そういう者たちに対しても同情と愛情を忘れない」

活気あふれる経済は魅力的ではあるが、糖尿病や心臓病のような「文明病」も生む。こうした病気は、豊かなライフスタイルを可能にする苛酷な労働やストレス（そして、もちろん、ジャンクフード）によって悪化する。大半の国々において医療サービスが平等に受けられない現状においては、この問題はいっそう深刻だ。

さらに、教育や機会の不均等は、あいかわらずだ。エリートグループは特権を享受し、一方で、抑圧された人々が存在する。国家が崩壊して、軍事勢力による内乱状態に陥っている地域もある。

このような複雑かつ緊急な問題を解決するには、自己認識と行動原理、共感と同情、そして、問題となっているシステムに対する正確な理解が必要となる。

厄介にこじれた問題に対処するには、地政学や経済学や環境などさまざまなシステムに注意を向けることのできるリーダーが必要だ。しかし、残念なことに、多くのリーダーは今日の切迫した問題に気を取られていて、われわれが人類として直面する長期的課題に対応できていない。(注14)

マサチューセッツ工科大学スローン・マネジメントスクールで教鞭を取るピーター・センゲは、「組織学習協会」を発足させた。(注15) 企業におけるシステム理解を進める協会だ。「システム理解でいちばん肝腎なのは、どこまで遠い将来を見据えるか、ということです」と、センゲは語ってくれた。「近くしか見えていないと、大切なフィードバック・ループを見落とすことになり、短期的な対策で終わってしまうので、長期的な効果を望めません。でも、遠い将来を見据えて対処できれば、いまの状況に影響を及ぼす重要なシステムがいろいろ見えてくる可能性があります。遠い将来まで見通すことができれば、より大きなシステムを視野に入れることができます」

しかし、「大規模なシステムを変容させることは簡単ではありません」と、マサチューセッツ工科大学で開かれたグローバル・システムの会議で、レベッカ・ヘンダーソンが発言した。ヘンダーソンはハーバード・ビジネススクールで倫理と環境問題の講座を担当し、システム・フレームワークを活用した解決策を探っている。たとえば、リサイクルは「小手先の対応」であるのに対し、化石燃料の使用を全廃する対策はシステムレベルの対策である、とヘンダーソンは指摘する。

ヘンダーソンは、ハーバード・ビジネススクールで「資本主義再考」という非常に人気の高い講義を担当しており、たとえば、透明性を確保して二酸化炭素排出の対価を正確に算出できるようにすれば、市場は温室効果ガスの排出量を減らす方法を選択するだろう、と主張している。

ヘンダーソンが講演したマサチューセッツ工科大学のグローバル・システム会議では、ダライ・ラマも次のように発言した。「われわれは政策決定者に働きかけて、国益ばかり考えるのでなく」環境危機や所得分布の不公平など「長期的視点から人類にとって重要な事項に注意を払うよう影響力を行使する必要があります」

ダライ・ラマは、「わたしたちには数世紀先を見据えて考える能力があります」と語りかけ、さらに、次のように付け加えた。「自分が生きているうちには実現できないとしても、課題に取り組む努力を始めましょう。いまの世代には、世界を作りなおす責任があります。努力すれば、達成できるかもしれません。いまは絶望的に見えても、諦めてはなりません。熱意と歓喜、楽観的な見通しに満ちた前向きのビジョンを描きましょう」

三つの集中は成功へのカギかもしれないが、成功とは何をめざしての成功なのだろうか？　自分たちの持てる能力をいったい何のために使おうとしているのか、わたしたちは自問してみる必要がある。集中の対象が私利私欲、目の前の報酬、自分の属する小さな集団など、個人個人の目標にすぎないのであれば、人類の未来はない。

われわれが集中を向けるべき最大の対象は地球規模のシステムであり、考慮すべき対象は権力や富を持たない人々や遠い将来の人類を含めたあらゆる人々のニーズだ。何をするにせよ、どのような決断を下すにせよ、その動機について次のことを自問すべきである、とダライ・ラマは提案している。

それは、単に自分のためか、他者のためか？

少数のためか、多数のためか？

いま現在のためか、将来のためか？

Development Report 2008, http://wdronline.worldbank.org/worldbank/a/nonwdrdetail/87.

12. ホールフーズ・マーケットの共同CEOジョン・マッケイが、この考え方を「意識の高い資本主義」の一環として強く提唱している。たとえば、マッケイの給与は、ホールフーズ・マーケットの従業員の最低給与のわずか14倍でしかない。あるいは、ホールフーズ・マーケットで販売されている魚類は、海洋生物の多様性を守る方針のもとで仕入れられている。John Mackey and Raj Sisodia, *Conscious Capitalism* (Boston: Harvard Business Review Press, 2013)がマッケイの経営精神をよく伝えている。また、Rosabeth Moss Kanter, "How Great Companies Think Differently," *Harvard Business Review*, November 2011, pp. 66–78も参照。
13. 5ルピーのカミソリはインドで最も安い価格ではないが、大半の人が買える価格ではある。Ellen Byron, "Gillette's Latest Innovation in Razors: The 11-Cent Blade," *Wall Street Journal*, October 1, 2010を参照。
14. コンサルタントElliot Jacques（故人）の主張によれば、仕事のレベルとタイムスパンのあいだにはおおざっぱな関係が成立するという。店員や警官などは1ないし3カ月のタイムスパンでものを考えようとし、職長や小企業のオーナーは3カ月ないし1年のタイムスパンでものを考えようとし、さほど大きくない企業のCEOや大企業の部長クラスは10年先まで考えようとする。グローバル企業のCEOは何十年も先を考えて仕事をすべきだ。Art Kleiner, "Elliott Jacques Levels with You," *Strategy + Business*, First Quarter, 2001を参照。
15. センゲの最も有名な著書は*The Fifth Discipline: The Art and Practice of the Learning Organization* (New York: Doubleday Business, 1990)（ピーター・M・センゲ著『最強組織の法則——新時代のチームワークとは何か』守部信之訳、徳間書店）。

weinberg-foundation.org/を参照。

2. ワインバーグが公的な場でこのような発言をしたかどうかは不明。わたし個人としては、核も石炭も石油も使わないエネルギー源がいつか実現することを願っている。
3. Alvin Weinberg, "Social Institutions and Nuclear Energy," *Science,* July 7, 1972, p. 33.
4. National Intelligence Council, "Global Trends 2025: A Transformed World," November 2008.
5. Ronald Heifetz and Marty Linksy, *Leadership on the Line* (Boston: Harvard Business Review Press, 2002)（ロナルド・A・ハイフェッツ、マーティ・リンスキー著『最前線のリーダーシップ――危機を乗り越える技術』竹中平蔵監訳、ハーバード・MIT卒業生翻訳チーム訳、ファーストプレス）にも同様の（同じではないが）ケース・スタディが紹介されている。ハイフェッツは、公共の利益のためにはリーダーは不評な政策スタンスを取らなければならない場合もあると主張し、避けがたい逆風をのりきる手腕を紹介している。
6. Jonathan Rose, *The Well-Tempered City,* should be published in 2014.
7. ジム・コリンズも著書*Good to Great* (New York: HarperBusiness, 2001)（ジム・コリンズ著『ビジョナリー・カンパニー2 飛躍の法則』山岡洋一訳、日経BP社）で同様な主張を展開している。コリンズが「第五水準」と呼ぶリーダーは長期的視点で考え、持続可能な変化を模索する。また、四半期先の利益ではなく、数十年続く繁栄を追求する。「第五水準」のリーダーは、株主だけでなく、広範囲の投資関係者の利益を念頭に置き、従業員の心にプライドと忠誠心を育てる。「第五水準」のリーダーは強力なビジョンをかかげて社員を鼓舞し、高い集中と意志力を引き出す一方で、自らは謙虚さを忘れない。こういうリーダーこそが単なる一流企業でなく超一流企業のリーダーなのだ、とコリンズは主張している。
8. アクセンチュアが世界のCEO750名を対象に調査したところ、90%以上が持続可能性を企業の目標としてあげた。http://www.accenture.com/us-en/Pages/insight-un-global-compact-reports.aspxを参照。
9. ユニリーバは農家から直接仕入れるのではなく、小規模農家と強いネットワークを持つサプライヤーの輪を広げようとしている。
10. これによって収益の向上が見込めるが、厳密にいえば作物種や気候によって収益は変動する。
11. World Bank, "The Future of Small Farms: Synthesis Report," World

Influence of Team Leader Competencies on the Emergence of Emotionally Competent Team Norms," paper presented at the Annual Academy of Management Conference, San Antonio, TX, August 2011を参照。

8. リーダーのスタイルは組織風土の50ないし70%を左右する。組織風土はそのリーダーのもとにおける業績の約30%に影響を及ぼす。EQコンピテンシーの高いリーダーほど、リーダーシップのレパートリーが広がる（問題は、このような力のあるリーダーが10%にも満たないことである。大多数のリーダーは、単一のリーダーシップ・スタイルしか発揮できない。三つ以上のリーダーシップ・スタイルを駆使できるリーダーは非常に少ない）。自己認識の高いリーダーが率いる組織のメンバーによる評価では、92%が前向きの企業風土を達成していた。自己認識の低いリーダーが率いる組織では、22%しか良好な企業風土が達成できていなかった。
9. Jeffrey Sanchez-Burks and Quy Nguyen Huy, "Emotional Aperture and Strategic Change: The Accurate Recognition of Collective Emotions," *Organization Science* 20, no. 1 (2009): pp. 22–34.
10. T. Masuda et al., "Placing the Face in Context: Cultural Differences in the Perception of Facial Emotion," *Journal of Personality and Social Psychology* 94 (2008): 365–81.
11. Partnership for Public Service, "Critical Skills and Mission Critical Occupations, Leadership, Innovation," research report, 2011, http://ourpublicservice.org/OPS/publications/viewcontentdetails.php?id=158.
12. Simon Baron-Cohen, *The Essential Difference: Men, Women, and the Extreme Male Brain* (London: Allen Lane, 2003)（サイモン・バロン=コーエン著『共感する女脳、システム化する男脳』三宅真砂子訳、NHK出版）.
13. See Vanessa Urch Druskat and Steven B. Wolff, "Building the Emotional Intelligence of Groups," *Harvard Business Review,* March 2001, pp. 80–90.

第21章　遠い未来を考えられるリーダー

1. アルヴィン・ワインバーグはトリウムを燃料とする原子炉が望ましいと考えていた。福島原発のような事故が起こらないからである。トリウムの場合、使用後の燃料の半減期がウランよりはるかに短く、また、トリウムはウランと違って核兵器に転用できない。ウラン燃料に代えてトリウムを燃料とする原子炉を復活させようという動きもある。http://www.the-

NPR, April 21, 2011.

11. Lyle Spencer and Signe Spencer, *Competence at Work* (New York: Wiley, 1993)（ライル・M・スペンサー、シグネ・M・スペンサー著『コンピテンシー・マネジメントの展開』梅津祐良、成田攻、横山哲夫訳、生産性出版）.

第20章　優れたリーダーの条件とは

1. いまだに議論が続いている理由のひとつは、コンピテンシー・モデルがたいてい組織の専有情報であり、公表される機会が少ないからである。そのため多くの心理学者は証拠を否定している。一方、一部の心理学者（おもに企業や組織から依頼を受けた専門家）がコンピテンシー・モデルを作ってそれが広く使われているという実態があるため、学会と専門家のあいだで意見の相違が拡大するのである。
2. Gerald Mount, "The Role of Emotional Intelligence in Developing International Business Capability: EI Provides Traction," in Vanessa Druskat et al., eds., *Linking Emotional Intelligence and Performance at Work* (Mahwah, NJ: Lawrence Erlbaum, 2005)を参照。コンピテンシー・モデルを分析したこのような研究発表は非常に少ない。コンピテンシー・モデルがしばしば専有情報であるということも一因。
3. EQコンピテンシー、リーダーシップ・スタイル、企業風土などについてデータを得られた404人のリーダーを、イヴォンヌ・セル（ヘイ・グループ、ロンドン）が分析した結果。
4. こうしたリーダーは幅の狭いリーダーシップ（とくにペースセッター型とコマンド・アンド・コントロール型）に頼りすぎていたものと考えられる。リーダーシップのスタイルは、EQリーダーシップ・コンピテンシーを示す。ヘイ・グループの分析によれば、リーダーシップのスタイルが企業風土を作り、企業風土は企業のパフォーマンスの約30%に影響する。
5. Alastair Robertson and Cathy Wail, "The Leader Within," *Outlook* 2 (1999): 19–23.
6. 多くのコンピテンシー・モデルを調査したRutgers Consortium for Research on Emotional Intelligence in OrganizationのCary Chernissの話。
7. Vanessa DruskatとSteven Wolffが同僚のJoan Manuel Batista-Foguet博士（ESADE Business School in Barcelona）と共同で、この方法で調査をおこなった。Vanessa Druskat, Joan M. Batista-Foguet, and Steven Wolff, "The

Organization," *Harvard Business Review,* April 2004, pp. 74–81.
14. James March, "Exploitation and Exploration in Organizational Learning," *Organizational Science* 2, no. 1 (1991): 71–87.
15. Daniella Laureiro-Martinez et al., "An Ambidextrous Mind," working paper, Center for Research in Organization and Management, Milan, Italy, February 2012を参照。「活用」ストラテジーは脳のドーパミンの回路および腹内側前頭前皮質の働きと関係があり、「探索」ストラテジーは実行機能や注意コントロールの領域と関係があった。

第19章　必要な三つの集中力

1. Rainer Greifeneder et al., "When Do People Rely on Affective and Cognitive Feelings in Judgment? A Review," *Personality and Social Psychology Review* 15, no. 2 (2011): 107–41.
2. Gerd Gigerenzer et al., *Simple Heuristics That Make Us Smart* (New York: Oxford University Press, 1999).
3. David A. Waldman, "Leadership and Neuroscience: Can We Revolutionize the Way That Inspirational Leaders Are Identified and Developed?" *Academy of Management Perspectives* 25, no. 1 (2011): 60–74.
4. EQにおいて重要な脳の領域のうち、前帯状皮質、側頭頭頂接合部、眼窩前頭皮質、および腹側内側の各領域は、さまざまな注意においてもカギとなる役割を果たしている。注意とEQの双方に関係のある領域に関しては、Posner and Rothbart, "Research on Attention Networks as a Model for the Integration of Psychological Science"やR. Bar-On et al., "Exploring the Neurological Substrate of Emotional and Social Intelligence," *Brain* 126 (2003): 1790–1800などを参照。
5. Steve Balmer, CEO of Microsoft, in Bryant, "Meetings, Version 2.0."
6. Scott W. Spreier, Mary H. Fontaine, and Ruth L. Malloy, "Leadership Run Amok: The Destructive Potential of Overachievers," *Harvard Business Review,* June 2006, pp. 72–82.
7. マクレランドの発言は、上記論文の中で引用されている。
8. George Kohlrieser et al., *Care to Dare* (San Francisco: Jossey-Bass, 2012).
9. 2010年メキシコ湾原油流出事故によるBPの賠償責任は400億ドル近くにのぼると推定され、BPの役員4名が過失で起訴されている。
10. Elizabeth Shogren, "BP: A Textbook Example of How Not to Handle PR,"

照。

2. Davenport and Back, *The Attention Economy.*
3. See, e.g., the summit on the Future of Story-Telling: http://futureofstorytelling.org.
4. See Howard Gardner with Emma Laskin, *Leading Minds: An Anatomy of Leadership* (New York: Basic Books, 1995)（ハワード・ガードナー著『「リーダー」の肖像――20世紀の光と影』山崎康臣、山田仁子訳、青春出版社）.
5. Davenport and Back, *The Attention Economy*に示されているデータによれば、小さい企業ではリーダーの集中と従業員の集中のあいだに非常に高い関連性が認められる。多国籍企業においても、やはり二者のあいだには非常に高い関連性がある。
6. ケロッグ・スクール・オブ・マネジメントのWilliam Ocasioは、企業を注意の流れにもとづいて見る必要があると提唱しており、ビジネス戦略とは、特定の問題やチャンスや脅威に対して企業の時間と努力をどのように集中させるか、そのパターンを形成することであると定義している。William Ocasio, "Towards an Attention-Based View of the Firm," *Strategic Management Journal* 18, S1 (1997): 188を参照。
7. Walter Isaacson, "The Real Leadership Lessons of Steve Jobs," *Harvard Business Review,* April 2012, pp. 93–102を参照。肝臓ガンで死の床にあったジョブズをラリー・ペイジ（グーグルの共同創業者）が見舞ったとき、ジョブズはペイジに対して、あれこれ手を広げすぎず少しの品種に集中すべきだ、と語った。
8. Michael Porter, "What Is Strategy?" *Harvard Business Review,* November–December, 1996, pp. 61–78.
9. Ian Marlow, "Lunch with RIM CEO Thorsten Heins: Time for a Bite, and Little Else," *Globe and Mail,* August 24, 2012.
10. James Surowiecki, "BlackBerry Season," *New Yorker,* February 13 and 20, 2012, p. 36.
11. アップルが最初にiPodを発売したのは、2001年。マイクロソフトがZuneを発売したのは2006年。Zuneは2012年に販売終了となり、ソフトウェアはXboxの一部となった。
12. Clay Shirky, "Napster, Udacity, and the Academy," November 12, 2012, www.shirky.com/weblog.
13. Charles O'Reilly III and Michael Tushman, "The Ambidextrous

うした感情を意識のレベルに保持することを意味する。ゲシュタルト療法とマインドフルネスを組み合わせたアプローチが、島皮質と共鳴する神経回路の強化に役立つかもしれない。

21. See http://www.siyli.org.
22. Gill Crossland-Thackray, "Mindfulness at Work: What Are the Benefits?" *Guardian Careers,* December 21, 2012, http://careers.guardian.co.uk/careers-blog/mindfulness-at-work-benefits を参考にした。
23. 心のおしゃべりは一日じゅういつでも続いていると考えられる（夜中でも、眠っている被験者を起こして何を考えていたか質問してみると、かならず答えが得られるのである）。
24. Norman Farb et al., "Attending to the Present: Mindfulness Meditation Reveals Distinct Neural Modes of Self-Reference," *Social Cognitive Affective Neuroscience* 2, no. 4 (2007): 313–22. See also Aviva Berkovich-Ohana et al., "Mindfulness-Induced Changes in Gamma Band Activity," *Clinical Neurophysiology* 123, no. 4 (April 2012): 700–10.
25. Farb et al., "Attending to the Present" より、専門的な説明を付記しておく。「訓練を積んだ被験者においては、マインドフルネスによって明らかに前頭前皮質内側部の鎮静化が認められ、一方で、右外側部回路（前頭前皮質外側部、島皮質、第二体性感覚皮質、下頭頂小葉）の活発化が認められた。マインドフルネスの訓練を積んでいない被験者においては、右島皮質と前頭前皮質内側部の連繋が強く認められた」
26. Feidel Zeidan et al., "Mindfulness Meditation Improves Cognition: Evidence of Brief Mental Training," *Consciousness and Cognition* 19, no. 2 (June 2010) 597–605.
27. David M. Levy et al., "Initial Results from a Study of the Effects of Meditation on Multitasking Performance," *Proceedings of CHI '11 Extended Abstracts on Human Factors in Computing Systems,* 2011, pp. 2011–16.
28. See Tim Ryan, *A Mindful Nation* (Carlsbad, CA: Hay House, 2012), and Jeffrey Sachs, *The Price of Civilization* (New York: Random House, 2011)（ジェフリー・サックス著『世界を救う処方箋――「共感の経済学」が未来を創る』野中邦子、高橋早苗訳、早川書房）.

第18章　リーダーが選択すべき道

1. "Meetings, Version 2.0, at Microsoft," *New York Times,* May 16, 2009 を参

の未就学児童を対象に実施されている。http://www.investigatinghealthyminds.org/cihm Projects.html#prek を参照。

12. Smallwood et al., "Counting the Cost of an Absent Mind."
13. Stephen W. Porges, *The Polyvagal Theory* (New York: Norton, 2011).
14. わたしが初めてこのデータに関する話をバーバラ・フレドリクスンから聞いたのは、2010年5月16日、ウィスコンシン大学におけるCenter for Healthy Mindsの創設会議の席であった。フレドリクスンは研究成果について、前出の著書*Love 2.0*に書いている。
15. Judson Brewer et al., "Meditation Experience Is Associated with Differences in Default Mode Network Activity and Connectivity," *Proceedings of the National Academy of Sciences* 108, no. 50 (2011): 20254–59を参照。何かの課題に集中すると、デフォルト・モードは鎮静化する。瞑想のあいだデフォルト領域の活動が低下したのは、予想されたことである。ベテラン瞑想者のほうが、瞑想の経験のない対照被験者に比べてこうした切り替えがうまかったという事実は、この働きを訓練によって向上させられる可能性を示している。
16. 非有機的アプローチが想定外の結果を招いた類似例としては、農業の緑の革命があげられる。1960年代にインドなどで安価な化学肥料が使われるようになった結果、当時予言されていた深刻な食糧不足の危機は回避された。しかし一方で、化学肥料が流出し、河川や湖沼や海水が広範にわたって「死ぬ」という結果を招いた。窒素肥料を多用しすぎたために、水質に致死的な環境負荷を及ぼしたのである。
17. Richard J. Davidson et al., "Alterations in Brain and Immune Function Produced by Mindfulness Meditation," *Psychosomatic Medicine* 65 (2003): 564–70.
18. マインドフルネス（習得に必要なのは短時間のくりかえし練習であり、長時間の練習は必要ない）によってゲームがはらむ危険を回避することができる。ゲームによって、子どもは他者と話したり遊んだりする時間を大幅に奪われ、人生に必要な社会的・情動的な神経回路の成長が阻害されるおそれがある。
19. Daniel Siegel, *The Mindful Brain* (New York: Norton, 2007).
20. とはいえ、マインドフルネスがあらゆる問題を解決してくれるわけではない。自分の感情が把握できない人間——あるいは、他者の苦痛を感じ取れない人間——には、別の方法で注意を払う訓練も効果的かもしれない。意識的に自分や他者の苦痛に向き合うことは、情動により深く踏み込み、そ

第17章　注意と集中の訓練法

1. 生徒たちが聞いていたのは、わたしの声である。リンダ・ランティエリの依頼により、わたしがCDのナレーションを担当した*Building Emotional Intelligence* (Boulder, CO: Sounds True, 2008)。ナレーションの原稿は、ニューヨークの公立学校などにおける児童の研究にもとづいて、ランティエリが書いた。
2. Linda Lantieri et al., "Building Inner Resilience in Students and Teachers," in Gretchen Reevy and Erica Frydenberg, eds., *Personality, Stress and Coping: Implications for Education* (Charlotte, NC: Information Age, 2011), pp. 267–92.
3. リチャード・デイヴィッドソンの話。この研究は、現在もCenter for Investigating Healthy Mindsにて継続中。
4. Joseph A. Durlak et al., "The Impact of Enhancing Students' Social/Emotional Learning: A Meta-Analysis of School-Based Universal Interventions," *Child Development* 82, no. 1 (2011): 405–32.
5. Nathaniel R. Riggs et al., "The Mediational Role of Neurocognition in the Behavioral Outcomes of a Social-Emotional Prevention Program in Elementary School Students: Effects of the PATHS Curriculum," *Prevention Science* 7, no. 1 (March 2006): 91–102.
6. テストに向けての勉強にしろ、iPodを買うための貯金にしろ、日常的な課題によって意志力が養われる場合があることは、言うまでもない。
7. Philip David Zelazo and Stephanie M. Carlson, "Hot and Cool Executive Function in Childhood and Adolescence: Development and Plasticity," *Child Development Perspectives* 6, no. 4 (2012): 354–60.
8. Rueda et al., "Training, Maturation, and Genetic Influences on the Development of Executive Attention."
9. この記述のせいで、かえって（注9）を読んでみようという気になった場合を除いて。
10. グリーンバーグからの電子メールによる。
11. 本書を執筆している現段階において、子どもの注意スキルについてのマインドフルネスの効用を直接取り上げた研究は、ほとんどなされていないものの、進行中の研究がないわけではない。たとえば、30人の未就学児童を対象に、マインドフルネスと親切のトレーニングをおこなった予備研究がある。リチャード・デイヴィッドソンのグループによると、注意と親切に関して向上が見られたという。本書の執筆段階で、同様の研究が200名しかし、何千回もゲームをすれば、実力差が結果の差に反映されてくる。オンライン・ポーカーで勝てるプレーヤーの資質の一つは、リスクをおかす無鉄砲さであるが、これは一瞬で数万ドルを失う危険と裏表の態度である。

3. *Boston Globe*, July 28, 2012, p. A6を参照。
4. Daphne Bavelier et al., "Brains on Video Games," *Nature Reviews Neuroscience* 12 (December 2011): 763–68.
5. Gentile, quoted ibid.
6. Ibid.
7. 現在まででもっとも広範なメタ分析（136件の研究、3万296人のゲームプレーヤーが対象）の結果、攻撃性の強化があきらかになった。Craig A. Anderson, "An Update on the Effects of Playing Violent Video Games," *Journal of Adolescence* 27 (2004): 113–22参照。また、John L. Sherry, "Violent Video Games and Aggression: Why Can't We Find Effects?" in Raymond Preiss et al., eds., *Mass Media Effects Research: Advances Through Meta-Analysis* (Mahwah, NJ: Lawrence Erlbaum, 2007), pp. 245–62も参照。
8. 重要な役割を果たしている部分は、前帯状皮質。M. R. Rueda et al., "Training, Maturation, and Genetic Influences on the Development of Executive Attention," *Proceedings of the National Academy of Sciences* 102, no. 41 (2005): 1029–40を参照。
9. もうひとつ、注意欠如障害に関連して見られるのは、注意や実行機能や自制をつかさどる前頭前野の働きが不活発であることだ。M. K. Rothbart and M. I. Posner, "Temperament, Attention, and Developmental Psychopathology," in D. Cicchetti and D. J. Cohen, eds., *Handbook of Developmental Psychopathology* (New York: Wiley, 2006), pp. 167–88を参照。
10. O. Tucha et al., "Training of Attention Functions in Children with Attention Deficit Hyperactivity Disorder," *Attention Deficit and Hyperactivity Disorders*, May 20, 2011.
11. Merzenich in Bavelier et al., "Brains on Video Games."
12. ガス・タイの発言はJessica C. Kraft, "Digital Overload? There's an App for That," *New York Times*, Sunday, July 22, 2012, Education Supplement, p. 12に引用されている。

Fall." を参照。

8. Wendy Hasenkamp et al., "Mind Wandering and Attention During Focused Attention," *NeuroImage* 59, no. 1 (2012): 750–60.
9. ベテラン瞑想者がリラックスしている状態においては、注意を捨象する働きをする脳の内側部と頭頂部の連繋が強く見られた。これは、思考の捨象をコントロールする領域からマインド・ワンダリングを惹起する可能性のある前頭前皮質内側部へのアクセスが強力になっていることを示唆しており、瞑想の訓練を積むことによって脳内の連繋を強める効果があるのではないかと考えられる。Wendy Hasenkamp and Lawrence Barsalou, "Effects of Meditation Experience on Functional Connectivity of Distributed Brain Networks," *Frontiers in Human Neuroscience* 6, no. 38 (2012): 1–14 を参照。
10. ヤンキー・スタジアムの群衆に対するラリー・デイヴィッドの反応については、"The Neurotic Zen of Larry David," *Rolling Stone*, August 4, 2011, p. 81 が報じている。
11. Taylor Schmitz et al., "Opposing Influence of Affective State Valence on Visual Cortical Decoding," *Journal of Neuroscience* 29, no. 22 (2009): 7199–7207.
12. Barbara Fredrickson, *Love 2.0* (New York: Hudson Street Press, 2013).
13. Davidson and Begley, *The Emotional Life of Your Brain.*
14. Anthony Jack et al., "Visioning in the Brain: An fMRI Study of Inspirational Coaching and Mentoring," submitted for publication, 2013.
15. M. Losada and E. Heaphy, "The Role of Positivity and Connectivity in the Performance of Business Teams: A Nonlinear Dynamics Model," *American Behavioral Scientist* 47, no. 6 (2004): 740–65.
16. B. L. Fredrickson and M. Losada, "Positive Affect and the Complex Dynamics of Human Flourishing," *American Psychologist* 60, no. 7 (2005): 678–86.

第16章　ゲーム脳の功罪

1. Jay Kaspian Kang が語ったもの。"The Gambler," *New York Times Magazine,* March 27, 2011, pp. 48–51 を参照。
2. 言うまでもなく、ポーカーは実力だけで勝敗が決まるゲームではない。配られたカードが悪ければ、一流プレーヤーでも勝負に勝てないこともある。

その時点で一万時間の練習を積んでおり、一方、7500時間しか練習していないバイオリニストは二流の地位にしかなれない、ということを発見した。Daniel Goleman, "Peak Performance: Why Records Fall," *New York Times,* October 11, 1994, p. C1を参照。

2. 《ニューヨーク・タイムズ》の記事を書くため1994年にアンダース・エリクソンにインタビューしたときの話。
3. Anders Ericsson et al., "The Role of Deliberate Practice in the Acquisition of Expert Performance," *Psychological Review* 47 (1993): 273–305を参照。たとえば、13歳で天才と呼ばれてジュリアード音楽院に入学したイツァーク・パールマンは、入学後8年間にわたってドロシー・ディレイに師事した。ディレイ教授は厳格な教師で、生徒に毎日5時間の練習を課し、つねにフィードバックを与えて生徒を激励した。パールマンはジュリアード音楽院の在学中だけで「理にかなった練習」を少なくとも1万2000時間積んだことになる。しかし、デビューをはたしたあとも、そのレベルの練習で名声を保っていけるものだろうか？　プロの演奏家の世界では、生涯を通じて名コーチに師事する例も少なくない。声楽家はボイストレーナーのレッスンを続けるし、一流のアスリートもコーチに練習をみてもらう。優れたコーチなしには、世界一流にはなれない。パールマンでさえ、いまだにコーチの声に耳を傾けるという――ジュリアード音楽院時代に出会った妻のトビーである。トビー自身もコンサート・バイオリニストの腕前を持つが、40年以上にわたって、パールマンはトビーの厳しい批評の声を参考にしている。
4. 先述のとおり、いったんルーティンが自動的にできるようになってしまったあとは、そのパフォーマンスについて考えること自体がパフォーマンスを妨げる要因になる。トップ・ダウンがボトム・アップに取って代わるのは、あまり効果的ではないのだ。
5. K. Anders Ericsson, "Development of Elite Performance and Deliberate Practice," in J. L. Starkes and K. Anders Ericcson, eds., *Expert Performance in Sports: Advances in Research on Sport Expertise* (Champaign, IL: Human Kinetics, 2003).
6. トゥプテン・ジンパはケンブリッジ大学で学んで教鞭もとったが、イギリス英語のアクセントは、若いころインド向けのBBC放送を聞いて身につけたものだと話してくれた。
7. 《ニューヨーク・タイムズ》の記事を書くためにインタビューしたときにサイモンが語ってくれた話。Goleman, "Peak Performance: Why Records

動、生物多様性、人間の健康や経済に大きな利益をもたらす。

11. 学校の児童たちはコミュニティの家庭に断熱カバーを無料で配布し、各家庭とのあいだで、「断熱カバーをもらった家庭は最初の9カ月に節約できた燃料費を学校に返納し、そのあとの節約分は各家庭の利益とする」というような約束を交わす。総計すると、学校にはいる利益は1万5000ドル前後となり、学校はそのうち5000ドルを公園や遊び場の改修に使い、残りの1万ドルで貯湯タンクの断熱カバーを購入してほかの2校に寄贈して、同じような動きの輪を広めることができる。
12. 汚染物質の種類によって、具体的な改善数値は異なる。数カ月で投資額を回収できるケースもあれば、数年かかるケースもある。たとえば、大気を汚染する粒子状物質には大別して2種類あるが、いずれも人間の肺の深くまで到達する。それらの粒子状物質の削減は種類によって異なるが、ハンドプリントでは、すべての物質の健康被害と生物多様性への被害をひとつの数字にまとめて示している。
13. Will Wright, quoted in Chris Baker, "The Creator," *Wired,* August 2012, p. 68.
14. Celia Pearce, "Sims, Battlebots, Cellular Automata, God and Go," *Game Studies,* July 2002, p. 1.
15. 大気汚染は中国において120万人の若死を、世界全体においては320万人の若死を招いている。"Global Burden of Disease Study 2010," *The Lancet,* December 13, 2013を参照。
16. 拙書Ecoliterate（センター・フォー・エコリテラシーのリサ・ベネットおよびゼノビア・バーローとの共著）は、環境教育における生徒の情動教育に力を入れる必要性を提唱している（ただし、本書で書いたようなカリキュラムまでは踏み込んでいない）。
17. Paul Hawken, "Reflection," *Garrison Institute Newsletter,* Spring 2012, p. 9.

第15章 「一万時間の法則」の盲点

1. 一万時間の法則が広く知られるようになったきっかけは、マルコム・グラッドウェルのベストセラー*Outliers*である。わたし自身も、この法則の人気にいくらか貢献したと思う。1994年に《ニューヨーク・タイムズ》に、一万時間の法則の根拠となったアンダース・エリクソン（フロリダ大学の認知科学者）の研究についての記事を書いたのだ。たとえば、エリクソンは、超一流の音楽学校でトップの成績をおさめるバイオリニストはすでにトの最大のファクターであった、と発表した（責任を消費者に都合よく転嫁した例である）。

6. ドイツの社会理論家ニクラス・ルーマンは、人間の主要システムはすべて単一の基準にもとづいて構築されている、と主張する。経済ならば、金。政治ならば、権力。人間社会ならば、愛。それゆえ、こうした領域における明解な決定は、二者択一にならざるをえない。金があるか、金がないか。権力があるか、権力がないか。愛があるか、愛がないか。われわれの脳があらゆるものを知覚する際に、脳が単純な「ありか、なしか」の法則を適用するのも、偶然ではないのであろう。人間が何かを知覚した瞬間に、情動の中心となる回路が関連のある経験を総計して、知覚の対象を「好き」か「好きでない」かに分類するのである。社会システム論に関するニクラス・ルーマンのドイツ語による論文は、いまのところまだ英語に訳されていないが、東欧諸国では非常に影響力がある。わたし自身は英語に訳されたものを間接的に読んだり、主要な内容についてゲオルグ・フィールメッター（ルーマンの理論を基礎にした博士論文を書いている）にかいつまんで説明してもらっただけにすぎない。

7. LCAを簡易にしたソフトウェアが現在開発途上にある。

8. Jack D. Shepard et al., "Chronically Elevated Corticosterone in the Amygdala Increases Corticotropin Releasing Factor mRNA in the Dorsolateral Bed Nucleus of Stria Terminalis Following Duress," *Behavioral Brain Research* 17, no. 1 (2006): 193–96.

9. 拙著 *Ecological Intelligence: How Knowing The Hidden Impacts of What We Buy Can Change Everything* (New York: Broadway, 2009)（『エコを選ぶ力——賢い消費者と透明な社会』）は、この考え方にもとづいて書いたものである。

10. 米エネルギー省のデータによると、全米の住宅におけるエネルギー使用量の18ないし20％が湯を沸かすために使われているという。ニューイングランド地方では、4人家族が年間に使う湯沸かしコストは500ドルから800ドル超（使用する燃料による）に及ぶという。住宅エネルギー消費調査によれば、アメリカの住居で貯湯タンクを断熱カバーで覆っている家庭はわずか12％しかなかった。こうした断熱カバーは20ドル程度で購入できて年間のエネルギー消費を70ドル節約でき、いちど購入すれば貯湯タンクの寿命（平均13年程度）と同じだけ使用できるのに、である。貯湯タンクに断熱カバーをかぶせ、サーモスタットの設定温度を50℃弱にするだけで、全米の世帯で約2％のエネルギーが節約でき、しかも、気候変の移行にともなう情報分散システムの問題など）のほんの一部にすぎない。

2. John D. Sterman, *Business Dynamics: Systems Thinking and Modeling for a Complex World* (New York: McGraw-Hill, 2000)（ジョン・D・スターマン著『システム思考——複雑な問題の解決技法』枝廣淳子、小田理一郎訳、東洋経済新報社）.
3. サプライチェーン、排気ガス問題、人工物の環境コストなど、詳しくは拙書*Ecological Intelligence* (New York: Broadway, 2009)（ダニエル・ゴールマン著『エコを選ぶ力——賢い消費者と透明な社会』酒井泰介訳、早川書房）または、Annie Leonardの20分のビデオ“The Story of Stuff,” http://www.storyofstuff.orgを参照。
4. イエール大学の心理学者Frank Keilのグループが最初に提唱した考え方で、自覚の欠如は純粋に機械や自然のシステムにとどまらず、社会・経済・政治のシステムにまで及んでいる。Adam L. Alter et al., “Missing the Trees for the Forest: A Construal Level Account of the Illusion of Explanatory Depth,” *Journal of Personality and Social Psychology* 99, no. 3 (2010): 436–51を参照。
5. See, e.g., Elke Weber, “Experience-Based and Description-Based Perceptions of Longterm Risk: Why Global Warming Does Not Scare Us (Yet),” *Climatic Change* 77 (2006): 103–20.

第14章　未来の危機を見通す

1. Nassim Nicholas Taleb, *The Black Swan: The Impact of the Highly Improbable* (New York: Random House, 2007).
2. Johan Rockstrom et al., “A Safe Operating Space for Humanity,” *Nature* 461 (2009): 472–75.
3. Will Steffen et al., “The Anthropocene: Are Humans Now Overwhelming the Great Forces of Nature?” *Ambio: A Journal of the Human Environment* 36, no. 8 (2007): 614–21.
4. 世界銀行が発表した数字で、Fred Pearce, “Over the Top,” *New Scientist*, June 16, 2012, pp. 38–43に紹介されたもの。一方、“China Plans Asia's Biggest Coal-Fired Power Plant,” (http://phys.org/news/2011-12-china-asia-biggest-coal-fired-power.html)も参照のこと。
5. ある世界的な消費材メーカーは、LCAを用いて自社のCO_2フットプリントを分析し、洗剤を溶かすために消費者が湯を沸かす行為がフットプリン

chological Science 20, no. 1 (2009): 99–106.
6. Gerben A. van Kleef et al., "Power, Distress, and Compassion," *Psychological Science* 19, no. 12 (2008): 1315–22.
7. Michael Kraus, Stephane Cote, and Dacher Keltner, "Social Class, Contextualism, and Empathic Accuracy," *Psychological Science* 21, no. 11 (2010): 1716–23.
8. Ryan Rowe et al., "Automated Social Hierarchy Detection Through Email Network Analysis," Proceedings of the 9th WebKDD and 1st SNA-KDD 2007 Workshop on Web Mining and Social Network Analysis, 2007, 109–117.

第12章　パターン認識、システム思考とは

1. K. Levin et al., "Playing It Forward: Path Dependency, Progressive Incrementalism, and the 'Super Wicked' Problem of Global Climate Change," *IOP Conference Series: Earth and Environmental Science* 50, no. 6 (2009).
2. Russell Ackoff, "The Art and Science of Mess Management," *Interfaces,* February 1981, pp. 20–26.
3. Jeremy Ginsberg et al., "Detecting Influenza Epidemics Using Search Engine Query Data," *Nature* 457 (2009): 1012–14.
4. ハーバード・ビジネススクールのトマス・ダベンポートから聞いた話。
5. しかし、情報の共有は、やっかいな問題にもつながりかねない。データのコントロールをめぐってねたみが生じたり、内輪もめや組織における政治的動きが起こり、情報の共有がさまたげられたり、情報の囲い込みやデータの無視が起こったりする可能性もある。
6. Steve Lohr, "Sure, Big Data Is Great: but So Is Intuition," *New York Times,* December 30, 2012, Business, p. 3の中で、ダベンポートの近著"Keeping Up with the Quants"（仮題）が紹介されている。
7. Lohr, "Sure, Big Data Is Great" を参照。

第13章　システム認識の欠如がもたらすもの

1. 言うまでもなく、その日、会議室で論じられた「システム」は、もっと大きく複雑に絡みあったシステム（たとえば、印刷媒体からデジタル媒体へ

and Attachment Style on Pain Perception," *Pain* 151, no. 3 (2010): 687–93.

23. John Couhelan et al., " 'Let Me See If I Have This Right . . .': Words That Build Empathy," *Annals of Internal Medicine* 135, no. 3 (2001): 221–27.
24. See, e.g., W. Levinson et al., "Physician-Patient Communication: The Relationship with Malpractice Claims Among Primary Care Physicians and Surgeons," *Journal of the American Medical Association* 277 (1997): 553–69.
25. Jean Decety et al., "Physicians Down-Regulate Their Pain-Empathy Response: An ERP Study," *Neuroimage* 50, no. 4 (2010): 1676–82.
26. Decety, ed., *Empathy: From Bench to Bedside,* p. 230に引用されたウィリアム・オスラーの言葉。
27. Jodi Halpern, "Clinical Empathy in Medical Care," ibid.
28. M. Hojat et al., "The Devil Is in the Third Year: A Longitudinal Study of Erosion of Empathy in Medical School," *Academic Medicine* 84, no. 9 (2009): 1182–91.
29. Helen Riess et al., "Empathy Training for Resident Physicians: A Randomized Controlled Trial of a Neuroscience-Informed Curriculum," *Journal of General Internal Medicine* 27, no. 10 (2012): 1280–86.
30. Helen Riess, "Empathy in Medicine: A Neurobiological Perspective," *Journal of the American Medical Association* 304, no. 14 (2010): 1604–1605.

第11章　社会的感受性

1. Prince Philip quoted in Ferdinand Mount, "The Long Road to Windsor," *Wall Street Journal,* November 14, 2011, p. A15.
2. Kim Dalton et al., "Gaze Fixation and the Neural Circuitry of Face Processing in Autism," *Nature Neuroscience* 8 (2005): 519–26を参照。リチャード・デイヴィッドソンは、自閉症の人たちが社会的状況で適切な対応を理解できない原因は、社会的直観を得ることができない点にあるのではないか、と考えている。
3. この点については、いまだ結論が定まっていない。
4. See, e.g., Michael W. Kraus et al., "Social Class Rank, Threat Vigilance, and Hostile Reactivity," *Personality and Social Psychology Bulletin* 37, no. 10 (2011): 1376–88.
5. Michael Kraus and Dacher Keltner, "Signs of Socioeconomic Status," *Psy-*

ろ、脳の反応に関して性差はなかったという。ただし、社会的反応には男女で大きな差があり、女性のほうが自分をより共感的だと評価する割合が高かったという。

13. P. L. Jackson et al., "To What Extent Do We Share the Pain of Others? Insight from the Neural Bases of Pain Empathy," *Pain* 125 (2006): 5–9.
14. ジンガーは、島皮質が痛みや苦しみや否定的な感情を記憶するのに対して、眼窩前頭皮質の別の回路では他人から優しく触れられたときのような快感を記録することを発見した。Tania Singer et al., "A Common Role of Insula in Feelings, Empathy and Uncertainty," *Trends in Cognitive Sciences* 13, no. 8 (2009): 334–40およびC. Lamm and T. Singer, "The Role of Anterior Insular Cortex in Social Emotions," *Brain Structure & Function* 241, nos. 5–6 (2010): 579–91を参照。
15. C. J. Limb et al., "Neural Substrates of Spontaneous Musical Performance: An fMRI Study of Jazz Improvisation," *PLoS ONE* 3, no. 2 (2008).
16. Jean Decety and Claus Lamm, "The Role of the Right Temporoparietal Junction in Social Interaction: How Low-Level Computational Processes Contribute to Meta-Cognition," *Neuroscientist* 13, no. 6 (2007): 580–93.
17. Jean Decety, presentation to the Consortium for Research on Emotional Intelligence in Organizations, Cambridge, MA: May 6, 2011.
18. Sharee Light and Carolyn Zahn-Waxler, "The Nature and Forms of Empathy in the First Years of Life," in Decety, ed., *Empathy: From Bench to Bedside.*
19. See, e.g., Carr, *The Shallows.*
20. C. Daniel Batson et al., "An Additional Antecedent to Empathic Concern: Valuing the Welfare of the Person in Need," *Journal of Personality and Social Psychology* 93, no. 1 (2007): 65–74. Also, Grit Hein et al., "Neural Responses to Ingroup and Outgroup Members' Suffering Predict Individual Differences in Costly Helping," *Neuron* 68, no. 1 (2010): 149–60.
21. 以前に経済ゲームで汚い手を使った相手や外集団のメンバーが苦痛を受ける場面を被験者に見せたところ、通常であれば前部島皮質や前帯状皮質に見られるはずの共感的反応を示さず、側坐核（報酬の処理に関係する部分）が活性化した。Tania Singer et al., "Empathic Neural Responses Are Modulated by the Perceived Fairness of Others," *Nature* 439 (2006): 466–69を参照。
22. Chiara Sambo et al., "Knowing You Care: Effects of Perceived Empathy

and Jean Decety, "The Costs of Empathy Among Health Professionals," in Jean Decety, ed., *Empathy: From Bench to Bedside* (Cambridge, MA: MIT Press, 2011) を参照。

3. Adam Bryant, *The Corner Office* (New York: Times Books, 2011), p. 14に引用されたフォード自動車CEOの Alan Mulally の言葉。
4. John Seabrook, "Suffering Souls," *New Yorker*, November 10, 2008.
5. 共感を利用した残虐性は、脳が他者の苦痛を鏡映する一方で、その人の苦しみから快感を感じることによって起こる。D. de Quervain et al., "The Neural Basis of Altruistic Punishment," *Science* 305 (2004): 1254–58を参照。
6. Seabrook, "Suffering Souls" に引用されたクレックレーの言葉。
7. 反社会性パーソナリティ障害における情動と認知処理の解離については、Kent Kiehl et al., "Limbic Abnormalities in Affective Processing by Criminal Psychopaths as Revealed by Functional Magnetic Resonance Imaging," *Biological Psychiatry* 50 (2001): 677–84; Niels Bribaumer et al., "Deficient Fear Conditioning in Psychopathy," *Archives of General Psychiatry* 62 (2005): 799–805を参照。
8. Joseph Newman et al., "Delay of Gratification in Psychopathic and Nonpsychopathic Offenders," *Journal of Abnormal Psychology* 101, no. 4 (1992): 630–36.
9. See, e.g., Loren Dyck, "Resonance and Dissonance in Professional Helping Relationships at the Dyadic Level" (Ph.D. diss., Department of Organizational Behavior, Case Western Reserve University, May 2010).
10. 情動的共感の神経回路には、扁桃核、視床下部、海馬、眼窩前頭皮質が含まれる。Decety, "The Neurodevelopment of Empathy" を参照。
11. Greg J. Stephens et al., "Speaker-Listener Neural Coupling Underlies Successful Communication," *Proceedings of the National Academy of Sciences* 107, no. 32 (2010): 14425–30.
12. 社会脳の回路は他者の情動、意図、行動などを読み取り、同時に自分の脳内でも同じ領域を活性化させる。それによって、他者の考えていることを自分のこととして感じるのである。この際、ミラー・ニューロンと並んで、腹内側前頭前皮質などの回路も重要な働きをする。Jean Decety, "To What Extent Is the Experience of Empathy Mediated by Shared Neural Circuits?" *Emotion Review* 2, no. 3 (2010): 204–207を参照。ディセティによれば、他者が苦痛を感じているビデオを数百人の被験者に見せる実験をしたとこ

cgi/doi/10.1073/pnas.1108561108.
17. Jeanne McCaffery et al., "Less Activation in the Left Dorsolateral Prefrontal Cortex in the Reanalysis of the Response to a Meal in Obese Than in Lean Women and Its Association with Successful Weight Loss," *American Journal of Clinical Nutrition* 90, no. 4 (October 2009): 928–34.
18. Jonah Lehrer, "Don't!" *New Yorker*, May 18, 2009に引用されたウォルター・ミシェルの言葉。
19. Buddhaghosa, *The Path to Purification*, trans. Bhikku Nanomoli (Boulder, CO: Shambhala, 1979), I, p. 55を参照。

第9章　見えすぎる女

1. Justine Cassell et al., "Speech-Gesture Mismatches: Evidence for One Underlying Representation of Linguistic and Nonlinguistic Information," *Pragmatics & Cognition* 7, no. 1 (1999): 1–34.
2. 夫婦喧嘩の最中の表情をSpecific Affect Coding System(SPAFF)を用いて分析したところ、その後4年間における別居月数を正確に予測することができた。とくに、軽蔑の表情が顔をよぎった場合は、別居の確率が高かった。John Gottman et al., "Facial Expressions During Marital Conflict," *Journal of Family Conflict* 1, no. 1 (2001): 37–57を参照。
3. F. Ramseyer and W. Tschacher, "Nonverbal Synchrony in Psychotherapy: Relationship Quality and Outcome Are Reflected by Coordinated Body-Movement." *Journal of Consulting and Clinical Psychology* 79 (2011): 284–95.
4. Justine Cassell et al., "BEAT: The Behavior Expression Animation Toolkit," *Proceedings of SIGGRAPH* '01, August 12–17, 2001, Los Angeles, pp. 477–86.

第10章　「共感」の三つのかたち

1. 共感の3つのかたちにはそれぞれ特徴的な神経回路があり、発達過程がある。いずれの共感も、脳の広範な回路にもとづいている。分析の一例として、Jean Decety, "The Neurodevelopment of Empathy," *Developmental Neuroscience* 32 (2010): 257–67を参照。
2. それぞれの共感にかかわる回路の詳細については、Ezequiel Gleichgerrcht

皮質、基底核が関係する回路で、ドーパミンによって調節される。

4. 選択的注意はある程度遺伝的影響があると考えられるが、事態に即応する警戒にはほとんど遺伝的影響は見られない。J. Fan et al., “Assessing the Heritability of Attentional Networks,” *BMC Neuroscience* 2 (2001): 14を参照。
5. Lawrence J. Schweinhart et al., *Lifetime Effects: The High/Scope Perry Preschool Study Through Age* 40 (Ypsilanti, MI: High/Scope Press, 2005).
6. J. J. Heckman, “Skill Formation and the Economics of Investing in Disadvantaged Children,” *Science* 312 (2006): 1900–1902.
7. Terrie E. Moffitt et al., “A Gradient of Childhood Self-Control Predicts Health, Wealth and Public Safety,” *Proceedings of the National Academy of Sciences* 108, no. 7 (February 15, 2011): 2693–98, http://www .pnas.org/cgi/doi/10.1073/pnas.1010076108.
8. 評価は教師、両親、専門の観察者、そして子ども自身によって、3歳、5歳、7歳、9歳、11歳の時点で実施された。
9. June Tangney et al., “High Self-Control Predicts Good Adjustment, Less Pathology, Better Grades, and Interpersonal Success,” *Journal of Personality* 72, no. 2 (2004): 271–323.
10. Tom Hertz, “Understanding Mobility in America,” Center for American Progress, 2006.
11. 論文“In Defense of Distraction” (*New York*, May 17, 2009, http:/nymag.com/news/features/56793/index7.html)より着想を得た。著者Sam Andersonに謝意を表する。
12. Jeanne Nakamura, “Optimal Experience and the Uses of Talent,” in Mihaly and Isabella CsikszentMihaly, eds., *Optimal Experience* (New York: Cambridge University Press, 1988).
13. Davidson and Begley, *The Emotional Life of Your Brain*.
14. Adele Diamond et al., “Preschool Program Improves Cognitive Control,” *Science* 318 (2007): 1387–88.
15. Angela Duckworth and Martin E. P. Seligman, “Self-Discipline Outdoes IQ in Predicting Academic Performance of Adolescents,” *Psychological Science* 16, no. 12 (2005): 939–44.
16. B. J. Casey et al., “Behavioral and Neural Correlates of Delay of Gratification 40 Years Later,” *Proceedings of the National Academy of Sciences* 108, no. 36 (September 6, 2011): 14998–15003, http://www.pnas.org/

(2003): 222–29.
2. Bill George and Doug Baker, *True North Groups* (San Francisco: Berrett-Koehler, 2011), p. 28.
3. Nalini Ambady et al., "Surgeon's Tone of Voice: A Clue to Malpractice History," *Surgery* 132, no. 1 (2002): 5–9.
4. Michael J. Newcombe and Neal M. Ashkanasy, "The Role of Affective Congruence in Perceptions of Leaders: An Experimental Study," *Leadership Quarterly* 13, no. 5 (2002): 601–604.
5. Kahneman, *Thinking Fast and Slow,* p. 216.
6. John U. Ogbu, *Minority Education and Caste: The American System in Cross-Cultural Perspective* (New York: Academic, 1978).

第8章 「自制」のコツ

1. M. K. Rothbart et al., "Self-Regulation and Emotion in Infancy," in Nancy Eisenberg and R. A. Fabes, eds., *Emotion and Its Regulation in Early Development: New Directions for Child Development* No. 55 (San Francisco: Jossey-Bass, 1992), pp. 7–23.
2. 科学の多くの分野において、自制は幸福な人生に必須の要素であると考えられている。行動遺伝学では、自制がどの程度遺伝学的な要素に由来し、どの程度生育環境に由来するかを特定しようとしている。発達心理学においては、子どもが成熟するにつれてどのように自制を獲得していくのか、報酬遅延、衝動管理、情動抑制、計画、良心などの能力がどのように向上していくのかを観察しようとしている。専門家は、自制と寿命の関係に着目している。社会学者は、自制の低さが失業や犯罪を予測する要素であるかどうかに注目している。心理学では、幼年期に注意欠如・多動性障害と診断された子どもがのちの人生で精神障害、喫煙、危険なセックス、飲酒運転などにかかわる危険性に注目している。さらに、経済学者は、自制が経済的成功や犯罪率低下のカギになるのではないかと考えている。
3. Posner and Rothbart, "Research on Attention Networks as a Model for the Integration of Psychological Science"を参照。警戒システムのネットワークは視床と右の前頭皮質および頭頂皮質が関係する回路で、アセチルコリンによって調節される。順応のネットワークは上頭頂小葉、側頭頭頂接合部、前頭眼運動野、および上丘が関係する回路で、ノルエピネフリンによって調節される。実行注意のネットワークは前帯状皮質、外側腹側前頭前

12.
17. Ibid.
18. Gary Felsten, "Where to Take a Study Break on the College Campus: An Attention Restoration Theory Perspective," *Journal of Environmental Psychology* 29, no. 1 (March 2009): 160–67.

第6章　人生の内なる指針

1. 意識にのぼらない人生の内なる指針を感じとるテクニックは「フォーカシング」と呼ばれている。Eugene Gendlin, *Focusing* (New York: Bantam, 1981)（ユージン・T・ジェンドリン著『フォーカシング』村山正治、都留春夫、村瀬孝雄訳、福村出版）を参照。
2. John Allman, "The von Economo Neurons in the Frontoinsular and Anterior Cingulate Cortex," *Annals of the New York Academy of Sciences* 1225 (2011): 59–71.
3. Lev Grossman and Harry McCracken, "The Inventor of the Future," *Time*, October 17, 2011, p. 44.
4. A. D. Craig, "How Do You Feel? Interoception: The Sense of the Physiological Condition of the Body," *Nature Reviews Neuroscience* 3 (2002): 655–66.
5. Arthur D. Craig, "How Do You Feel—Now? The Anterior Insula and Human Awareness," *Nature Reviews Neuroscience* 10, no. 1 (January 2009): 59–70.
6. G. Bird et al., "Empathic Brain Responses in Insula Are Modulated by Levels of Alexithymia but Not Autism," *Brain* 133 (2010): 1515–25.
7. 「ソマティック・マーカー」の回路には、右側の島皮質と扁桃核も含まれている。Antonio Damasio, *The Feeling of What Happens* (New York: Harcourt, 1999)（アントニオ・R・ダマシオ著『無意識の脳 自己意識の脳——身体と情動と感情の神秘』田中三彦訳、講談社）を参照。
8. Farb et al., "Attending to the Present."

第7章　他者が見るように自分を見る

1. SeeFabio Sala, "Executive Blindspots: Discrepancies Between Self-Other Ratings," *Journal of Consulting Psychology: Research and Practice* 54, no. 4

リングをひき起こす神経回路の働きが活発で、気が散りやすい。マインド・ワンダリングにかかわる神経回路のうち、前頭前野で少なくとも2つの領域（前頭前皮質背側部と前帯状皮質）が、マインド・ワンダリングに気づく回路を兼ねている。

11. Christoff et al., "Experience Sampling During fMRI Reveals Default Network and Executive System Contributions to Mind Wandering." このマインド・ワンダリングの実験は、10秒間の画像診断にもとづいておこなわれた。10秒は、脳の活動においては長時間である。したがって、脳の実行回路と内側部回路の両方が関係しているという結論には、異論がありうる。さらに、著者が指摘しているように、この結論は、脳がある活動をしているときに一定の領域が活性化されていれば、その領域がその活動にかかわっているはずだ、という前提にもとづいて導かれたものである。しかし、より高度な認知活動に関しては、こうした推論は成立しない可能性がある。なぜならば、複数の異なる精神活動において同一の領域が活性化する場合がありうるからである。もし正しいとすれば、この発見は、脳の実行回路とデフォルト回路がつねに逆の機能をはたす（すなわち、片方が活性化すればもう一方は鎮静化する）という前提に疑問を呈することになる。実際、目前の課題に非常に集中するといったようなきわめて特異的な状況においては、そのとおりかもしれないが、ほとんどの精神状態においては、精神の集中と散漫が混在していたほうがよいのかもしれない。たとえば、長時間のドライブなどにおいては、そのようなことが言える。M. D. Fox et al., "The Human Brain Is Intrinsically Organized into Dynamic, Anticorrelated Functional Networks," *Proceedings of the National Academy of Sciences* 102 (July 5, 2005): 9673–78を参照。
12. Catherine Fassbender, "A Lack of Default Network Suppression Is Linked to Increased Distractibility in ADHD," *Brain Research* 1273 (2009): 114–28.
13. 開かれた意識性のテストは「アテンション・ブリンク」と呼ばれている。H. A. Slagter et al., "Mental Training Affects Distribution of Limited Brain Resources," *PLoS Biology* 5 (2007): e138を参照。
14. William Falk, writing in the *The Week*, August 10, 2012, p. 3.
15. Stephen Kaplan, "Meditation, Restoration, and the Management of Mental Fatigue," *Environment and Behavior* 33, no. 4 (July 2001): 480–505, http://eab.sagepub.com/content/33/4/480.
16. Marc Berman, Jon Jonides, and Stephen Kaplan, "The Cognitive Benefits of Interacting with Nature," *Psychological Science* 19, no. 12 (2008): 1207–

第5章　集中と夢想のバランス

1. この調査は、iPhoneアプリを使って、何千人もの被験者にさまざまな時刻に電話をかける方法でおこなわれた。その結果、被験者の半数は電話をかけたときにやっている行為の内容とは違うことを考えていた。アプリを開発したハーバード大学の心理学者マシュー・キリングワースとダニエル・ギルバートは、2250人のアメリカ人男女からの回答にもとづいて、人はどのくらいの頻度でよそごとを考え、そのときの気分はどのようなものかを分析した。Matthew Killingsworth and Daniel Gilbert, "A Wandering Mind Is an Unhappy Mind," *Science*, November 12, 2010, p. 932を参照。
2. こうした見方がわかりやすいと考える認知神経科学者は多いが、前頭前皮質内側部が「自我」のありかだとする考え方はいささか単純すぎる。もう少し複雑に「自我」をとらえようとする学者たちは、前頭前皮質内側部を含めたより多くの神経回路の活動が表出した結果を「自我」と見る。J. Smallwood and J. W. Schooler, "The Restless Mind," *Psychological Bulletin* 132 (2006): 946–58を参照。
3. Norman A. S. Farb et al., "Attending to the Present: Mindfulness Meditation Reveals Distinct Neural Modes of Self-Reference," *Social Cognitive and Affective Neuroscience* 2 (2007): 313–22.
4. あるいは、自己投影によって、人間は動物がそうであろうと想像している。
5. E. D. Reichle et al., "Eye Movements During Mindless Reading," *Psychological Science* 21 (July 2010): 1300–1310.
6. J. Smallwood et al., "Going AWOL in the Brain—Mind Wandering Reduces Cortical Analysis of the Task Environment," *Journal of Cognitive Neuroscience* 20, no. 3 (March 2008): 458–69; J. W. Y. Kam et al., "Slow Fluctuations in Attentional Control of Sensory Cortex," *Journal of Cognitive Neuroscience* 23 (2011): 460–70.
7. Cedric Galera, "Mind Wandering and Driving: Responsibility Case-Control Study," *British Medical Journal*, published online December 13, 2012, doi: 10.1136/bmj.e8105.
8. つまり、脳の回路は、かならずしも相対する機能を発揮するものではないということ。
9. K. D. Gerlach et al., "Solving Future Problems: Default Network and Executive Activity Associated with Goal-Directed Mental Simulations," *Neuroimage* 55 (2011): 1816–24.
10. 逆に、マインド・ワンダリングに気づきにくい人ほど、マインド・ワンダ

Correlates," *Brain Research* 1428 (January 2012): 51–59.

3. Ibid., p. 57.
4. Kalina Christoff et al., "Experience Sampling During fMRI Reveals Default Network and Executive System Contributions to Mind Wandering," *Proceedings of the National Academy of Sciences* 106, no. 21 (May 26, 2009): 8719–24参照。実行機能を果たす主要部分は、前帯状皮質と前頭前皮質背側部。デフォルトの領域は、前頭前皮質内側部と、それに関連する回路。
5. J. Wiley and A. F. Jarosz, "Working Memory Capacity, Attentional Focus, and Problem Solving," *Current Directions in Psychological Science* 21 (August 2012): 258–62.
6. Jonathan Schooler et al., "Meta-Awareness, Perceptual Decoupling, and the Wandering Mind," *Trends in Cognitive Science* 15, no. 7 (July 2011): 319–26.
7. Steven Johnson, *Where Good Ideas Come From* (New York: Riverhead, 2010)（スティーブン・ジョンソン著『イノベーションのアイデアを生み出す七つの法則』松浦俊輔訳、日経BP社）に引用。
8. Holly White and Priti Singh, "Creative Style and Achievement in Adults with ADHD," *Personality and Individual Differences* 50, no. 5 (2011): 673–77.
9. Kirsten Weir, "Pay Attention to Me," *Monitor on Psychology*, March 2012, pp. 70–72.
10. Shelley Carson et al., "Decreased Latent Inhibition Is Associated with Increased Creative Achievement in High-Functioning Individuals," *Journal of Personality and Social Psychology* 85, no. 3 (September 2003): 499–506.
11. Siyuan Liu et al., "Neural Correlates of Lyrical Improvisation: An fMRI Study of Freestyle Rap," *Scientific Reports* 2, no. 834 (November 2012).
12. アインシュタインの言葉は*Nature* on May 21, 2012に掲載されたRobert L. Oldershawのコメントより引用。
13. Jaime Lutz, "Peter Schweitzer, Code Breaker, Photographer; Loved Music; at 80," *Boston Globe*, November 17, 2011, p. B14.
14. 238名の知的労働者による1万2000回分以上の日記が使われた。Teresa Amabile and Steven Kramer, "The Power of Small Wins," *Harvard Business Review*, May 2011, pp. 72–80を参照。

Psychiatry 68, no. 11 (2010): 982–90.

12. 社交不安のある人に、群衆の中で中立あるいは友好的な表情の人物に目が行くようにしむける治療をおこなったところ、3分の2の患者において不安が解消した。Norman B. Schmidt et al., "Attention Training for Generalized Social Anxiety Disorder," *Journal of Abnormal Psychology* 118, no. 1 (2009): 5–14を参照。
13. Roy Y. J. Chua and Xi Zou (Canny), "The Devil Wears Prada? Effects of Exposure to Luxury Goods on Cognition and Decision Making," Harvard Business School Organizational Behavior Unit Working Paper No. 10-034, November 2, 2009, http://ssrn.com/abstract=1498525 or http://dx.doi.org/10.2139/ssrn.1498525.
14. Gavan J. Fitzsimmons et al., "Non-Conscious Influences on Consumer Choice," *Marketing Letters* 13, no. 3 (2002): 269–79.
15. Patrik Vuilleumier and Yang-Ming Huang, "Emotional Attention: Uncovering the Mechanisms of Affective Biases in Perception," *Current Directions in Psychological Science* 18, no. 3 (2009): 148–52.
16. Arne Ohman et al., "Emotion Drives Attention: Detecting the Snake in the Grass," *Journal of Experimental Psychology: General* 130, no. 3 (2001): 466–78.
17. Elizabeth Blagrove and Derrick Watson, "Visual Marking and Facial Affect: Can an Emotional Face Be Ignored?" *Emotion* 10, no. 2 (2010): 147–68.
18. A. J. Schackman et al., "Reduced Capacity to Sustain Positive Emotion in Major Depression Reflects Diminished Maintenance of Fronto-Striatal Brain Activation," *Proceedings of the National Academy of Sciences* 106 (2009): 22445–50.
19. Ellen Langer, *Mindfulness* (Reading, MA: Addison-Wesley, 1989)（エレン・ランガー著『心の「とらわれ」にサヨナラする心理学——人生は「マインドフルネス」でいこう！』加藤諦三訳、PHP研究所）.

第4章　「うわの空」でいるメリット

1. Eric Klinger, "Daydreaming and Fantasizing: Thought Flow and Motivation," in K. D. Markman et al., eds., *Handbook of Imagination and Mental Stimulation* (New York: Psychology Press, 2009), pp. 225–40.
2. Kalina Christoff, "Undirected Thought: Neural Determinants and

2012を参照。

第3章　心の中のトップ・ダウンとボトム・アップ

1. Arthur Koestler, *The Act of Creation* (London: Hutchinson, 1964), pp. 115–16（アーサー・ケストラー著『創造活動の理論（上・下）』大久保直幹、松本俊、中山未喜、吉村鎮夫訳、ラテイス）に、アンリ・ポアンカレからの引用がある。
2. 認知科学者の中には、この2つのシステムを別の脳と呼ぶ人もいる。わたしは著書 *Social Intelligence* (New York: Bantam, 2006)（ダニエル・ゴールマン著『SQ生きかたの知能指数――ほんとうの「頭の良さ」とは何か』土屋京子訳、日本経済新聞出版社）の中で、これを「表の道」「裏の道」と呼んでいる。ダニエル・カーネマンは著書 *Thinking Fast and Slow* (New York: Farrar, Straus & Giroux, 2011)（ダニエル・カーネマン著『ファスト&スロー――あなたの意思はどのように決まるか?』村井章子訳、早川書房）の中で、これを「システム1」「システム2」と呼んでいる。
3. Kahneman, *Thinking Fast and Slow*, p. 31.
4. 人間の脊椎も、また、完璧な進化をとげたとは言いがたい仕組みだ。1本の脊椎でじゅうぶん機能できた古いシステムをもとにしているが、本来ならば柔軟性のある3本の柱を組み合わせた形のほうが、強度においてはるかに優れていたはずだ。
5. Lolo Jones in Sean Gregory, "Lolo's No Choke," *Time*, July 30, 2012, pp. 32–38.
6. Sian Beilock et al., "When Paying Attention Becomes Counter-Productive," *Journal of Experimental Psychology* 18, no. 1 (2002): 6–16.
7. よいパフォーマンスをしようとして意気込んでいるような場面においては、とくに、リラックスする努力は裏目に出やすい。Daniel Wegner, "Ironic Effects of Trying to Relax Under Stress," *Behaviour Research and Therapy* 35, no. 1 (1997): 11–21を参照。
8. Daniel Wegner, "How to Think, Say, or Do Precisely the Worst Thing for Any Occasion," *Science*, July 3, 2009, pp. 48–50.
9. Christian Merz et al., "Stress Impairs Retrieval of Socially Relevant Information," *Behavioral Neuroscience* 124, no. 2 (2010): 288–93.
10. "Unshrinkable," *Harper's Magazine*, December 2009, pp. 26–27.
11. Yuko Hakamata et al., "Attention Bias Modification Treatment," *Biological*

10. Martin Heidegger, *Discourse on Thinking* (New York: Harper & Row, 1966), p. 56.ニコラス・G・カーは、インターネットがわれわれの脳に及ぼす悪影響を警告する部分で、ハイデガーの言葉を引用している。
11. George A. Miller, "The Magical Number Seven, Plus or Minus Two: Some Limits on Our Capacity for Processing Information," *Psychological Review* 63 (1956): 81–97.
12. Steven J. Luck and Edward K. Vogel, "The Capacity for Visual Working Memory for Features and Conjunctions," *Nature* 390 (1997): 279–81.
13. Clara Moskowitz, "Mind's Limit Found: 4 Things at Once," *LiveScience*, April 27, 2008, http://www.livescience.com/2493-mind-limit-4.html.
14. David Garlan et al., "Toward Distraction-Free Pervasive Computing," *Pervasive Computing* 1, no. 2 (2002): 22–31.
15. Clay Shirky, *Here Comes Everybody* (New York: Penguin, 2009)（クレイ・シャーキー著『みんな集まれ！――ネットワークが世界を動かす』岩下慶一訳、筑摩書房）.
16. 組織政治においては、弱い絆も目に見えない力となる場合がある。マトリックス型組織においては、命令系統に沿った働きかけをするよりも、直接的コントロールの埒外にある人物に対して影響力を行使しなければならないケースも多い。弱い絆は、援助や助言を得られる人間関係として、ソーシャル・キャピタルに匹敵するものとなる。影響力を行使しようとする対象グループにこうした絆がなければ、結果は望み薄である。
17. See Thomas Malone's interview at Edge.org, http://edge.org/conversa tion/collective-intelligence.
18. Howard Gardner, William Damon, and Mihaly CsikszentMihaly, *Good Work: When Excellence and Ethics Meet* (New York: Basic Books, 2001); Mihaly CsikszentMihaly, *Good Business* (New York: Viking, 2003)（M・チクセントミハイ著『フロー体験とグッドビジネス――仕事と生きがい』大森弘監訳、世界思想社）.
19. Mihaly CsikszentMihaly and Reed Larson, *Being Adolescent: Conflict and Growth in the Teenage Years* (New York: Basic Books, 1984).
20. いわゆる「ゾーンにはいった」状態にあるときには、デフォルト回路さえもいくぶん活性化した状態になるのかもしれない。Michael Esterman et al., "In the Zone or Zoning Out? Tracking Behavioral and Neural Fluctuations During Sustained Attention," *Cerebral Cortex*, http://cercor.oxfordjournals.org/content/early/2012/08/31/cercor.bhs261.full, August 31,

第2章　基本

1. Jonathan Schooler et al., "Meta-Awareness, Perceptual Decoupling and the Wandering Mind," *Trends in Cognitive Science* 15, no. 7 (July 2011): 319–26に、William James, *Principles of Psychology,* 1890より引用。
2. Ronald E. Smith et al., "Measurement and Correlates of Sport-Specific Cognitive and Somatic Trait Anxiety: The Sport Anxiety Scale," *Anxiety, Stress & Coping: An International Journal* 2, no. 4 (1990): 263–80.
3. ひとつのことに集中し、ほかのすべてを捨象しようとするとき、脳内では一種の葛藤が生じている。こうした葛藤を仲裁するのは前帯状皮質で、前帯状皮質は問題を感知すると脳の他の部分に働きかけて葛藤を解消しようとする。注意の対象に焦点を合わせるために、前帯状皮質は前頭前野に働きかけて認知制御を惹起する。前頭前野は注意を散漫にする回路を鎮め、集中に役立つ回路を活性化させる。
4. 人生に欠くべからざるさまざまな能力は、どれも、本書で取り上げる注意にかかわる側面を反映している。Richard J. Davidson and Sharon Begley, *The Emotional Life of Your Brain* (New York: Hudson Street Press, 2012)(リチャード・デビッドソン、シャロン・ベグリー著『脳には、自分を変える「6つの力」がある。』茂木健一郎訳、三笠書房).
5. Heleen A. Slagter et al., "Theta Phase Synchrony and Conscious Target Perception: Impact of Intensive Mental Training," *Journal of Cognitive Neuroscience* 21, no. 8 (2009): 1536–49.
6. 前頭前皮質が注意を維持しようとする一方で、近い部位にある頭頂皮質が特定の目標に集中を向ける役割を果たす。集中がとぎれてくると、これらの領域が鎮静化し、集中が衰えて、気が散るようになる。
7. 注意欠如障害のある被験者の脳は、そうでない被験者の脳に比べて前頭前野の活動レベルがいちじるしく低く、位相同期も弱い。A.M.Kelly et al., "Recent Advances in Structural and Functional Brain Imaging Studies of Attention-Deficit/ Hyperactivity Disorder," *Behavioral and Brain Functions* 4 (2008): 8を参照。
8. Jonathan Smallwood et al., "Counting the Cost of an Absent Mind: Mind Wandering as an Underrecognized Influence on Educational Performance," *Psychonomic Bulletin & Review* 14, no. 12 (2007): 230–36.
9. Nicholas Carr, *The Shallows* (New York: Norton, 2011)(ニコラス・G・カー著『ネット・バカ——インターネットがわたしたちの脳にしていること』篠儀直子訳、青土社).

原注

第1章　鋭敏な能力

1. たとえば、脊髄のすぐ上にある脳幹には、自分と周囲との関係を感知する神経的バロメーターがあり、必要な警戒の程度に応じて神経覚醒や注意のレベルを調節している。注意のさまざまな側面には、それぞれ特定な回路が存在する。詳しくはMichael Posner and Steven Petersen, "The Attention System of the Human Brain," *Annual Review of Neuroscience* 13 (1990): 25–42を参照。
2. たとえば、生物的・環境的システム、経済的・社会的システム、化学的・物理的システムなど。
3. M. I. Posner and M. K. Rothbart, "Research on Attention Networks as a Model for the Integration of Psychological Science," *Annual Review of Psychology* 58 (2007): 1–27, at 6.
4. Anne Treisman, "How the Deployment of Attention Determines What We See," *Visual Search and Attention* 14 (2006): 4–8.
5. See Nielsen Wire, December 15, 2011, http://blog.nielsen.com/nielsenwire/online_mobile/new-mobile-obsession-u-s-teens-triple-data-usage.
6. Mark Bauerlein, "Why Gen-Y Johnny Can't Read Nonverbal Cues," *Wall Street Journal,* August 28, 2009.
7. 「依存症」の診断基準は、ゲームをプレーする時間数や飲む酒の量ではなく、その習慣が日常生活、学校生活、社会生活、家庭生活においてどの程度の問題をひき起こしているかによる。ゲーム依存症でも、重症になれば、薬物依存症やアルコール依存症と同等の問題をひき起こす可能性もある。Daphne Bavelier et al., "Brains on Video Games," *Nature Reviews Neuroscience* 12 (December 2011): 763–68参照。
8. Wade Roush, "Social Machines," *Technology Review,* August 2005.
9. Thomas H. Davenport and John C. Beck, *The Attention Economy* (Boston: Harvard Business School Press, 2001), p. 11（トーマス・H・ダベンポート、ジョン・C・ベック著『アテンション！ ――経営とビジネスのあたらしい視点』高梨智弘、岡田依里訳、シュプリンガー・フェアラーク東京）に、Herbert Simon, "Designing Organizations for an Information-Rich World," in Donald M. Lamberton, ed., *The Economics of Communication and Information* (Cheltenham, UK: Edward Elgar, 1997) より引用。

訳者あとがき

ダニエル・ゴールマンの著書*Emotional Intelligence*（邦題『ＥＱ　こころの知能指数』土屋京子訳、講談社）が刊行され、世界的ベストセラーになったのは、一九九五年だった（邦訳は一九九六年刊）。「社会に出て成功するのに必要な能力はＩＱが二割、ＥＱが八割である」「ＩＱ至上主義ではダメだ、ＥＱをしっかり教えないと将来たいへんなことになる」というゴールマンの問題提起は、それまで人々がなんとなく直観的に感じていたことに心理学や脳神経科学の裏づけを与え、多くの読者から共感を得た。

本書は、そのゴールマンが二〇一三年に発表した新著*FOCUS:The Hidden Driver of Excellence*の全訳である。

『ＥＱ　こころの知能指数』が発表されてから約二〇年のあいだに、心理学や脳神経科学の研究は大きく進み、人間の脳（精神）の働きについて、多くの新事実がわかってきた。一方、わたしたちの社会では、そうした科学の成果を上回る勢いで変化が進行している。

本書でゴールマンは、今日の社会が直面する多様な問題を鋭い視線でとりあげている。インターネットやスマホに広く深く浸食された日常。ネットの情報に右往左往する人々。ゲームに夢中で、生身の人間どうしで遊んだりけんかしたりする機会が激減した子どもたち。ネット依存症で子どもに視線を向けなくなった親たち。あふれる情報に追いたてられ、長い文章を読んだり深く考えたりする心の余裕を失った人々。人類が生得的に不得意なシステム思考による解決策を必要とする、地球温暖化のような危機的状況の出現。

最先端の心理学や脳神経科学の研究成果を縦横に駆使して現代社会の問題を論じている本書は、けっして楽に読める本ではない。また、われわれの社会が直面している問題も、質・量ともに、一冊の本で論じきれるようなものでもない。本書には大海の一滴程度の力しかないが、それでも、ここがスタートである。本書を手に取った読者のみなさんが問題意識を共有する一助となれば幸いである。

翻訳にあたっては、『EQ　こころの知能指数』同様、訳者の大学時代からの友人であり、茨城県立医療大学医科学センター准教授（精神科医）である山川百合子博士に、原稿のチェックをお願いした。ここにお名前を記して感謝を申し上げるとともに、訳文に誤りがあれば、それは訳者の責任であることを申し添えておく。

二〇一五年一〇月

土屋京子

本書は、２０１５年11月に刊行された
『フォーカス』（日本経済新聞出版社）を文庫化したものです。

日経ビジネス人文庫

FOCUS《フォーカス》
集中力《しゅうちゅうりょく》

2017年10月 2 日 第1刷発行
2017年10月20日 第2刷

著者
ダニエル・ゴールマン

訳者
土屋京子
つちや・きょうこ

発行者
金子 豊

発行所
日本経済新聞出版社
東京都千代田区大手町1-3-7 〒100-8066
電話(03)3270-0251(代) http://www.nikkeibook.com/

ブックデザイン
大岡喜直（next door design）

本文デザイン
相京厚史（next door design）

印刷・製本
中央精版印刷

Printed in Japan ISBN978-4-532-19836-7